书山有路勤为泾，优质资源伴你行
注册世纪波学院会员，享精品图书增值服务

U0449525

重塑培训管理

培训管理精英实战手册

REINVENTING TRAINING MANAGEMENT

Training Management Elite Practice Manual

凌宇航 ● 著

电子工业出版社

Publishing House of Electronics Industry

北京·BEIJING

未经许可，不得以任何方式复制或抄袭本书之部分或全部内容。
版权所有，侵权必究。

图书在版编目（CIP）数据

重塑培训管理：培训管理精英实战手册 / 凌宇航著. —北京：电子工业出版社，2022.7
ISBN 978-7-121-43638-3

Ⅰ. ①重⋯　Ⅱ. ①凌⋯　Ⅲ. ①企业管理－职工培训　Ⅳ. ①F272.92

中国版本图书馆 CIP 数据核字（2022）第 093393 号

责任编辑：杨洪军　　特约编辑：王　璐
印　　刷：中煤（北京）印务有限公司
装　　订：中煤（北京）印务有限公司
出版发行：电子工业出版社
　　　　　北京市海淀区万寿路 173 信箱　　邮编：100036
开　　本：720×1 000　1/16　　印张：15.5　　字数：323 千字
版　　次：2022 年 7 月第 1 版
印　　次：2022 年 7 月第 1 次印刷
定　　价：78.00 元

凡所购买电子工业出版社图书有缺损问题，请向购买书店调换。若书店售缺，请与本社发行部联系，联系及邮购电话：(010) 88254888，88258888。
质量投诉请发邮件至 zlts@phei.com.cn，盗版侵权举报请发邮件至 dbqq@phei.com.cn。
本书咨询联系方式：(010) 88254199，sjb@phei.com.cn。

序

近些年，请我写新书推荐序的作者络绎不绝，可当宇航请我为他的新书作序时，我仍有一种受宠若惊的感觉。尽管我在国内属于最早一批进入专业培训领域且具有较丰富的国内外大型企业业务管理工作经历的人，但在"流量为王"的当下，我又不火，真不知自己是否担得起这项殊荣。不过，听到他真诚地表达我是他离开甲方企业成为职业培训师之后认识的第一位"大咖"之后，我无法拒绝了。

我把书稿通读了一遍，印证了宇航在前言里和与我沟通时介绍的出版此书的初衷：重塑培训管理的基本功。我不敢说，此书能对国内各类、各家企业的培训工作起到多么大的改善与促进作用，但我敢保证，此书确实是一部能够帮助国内企业培训人适应市场发展趋势、夯实培训管理基本功的不可多得的用心且实用之作。原因至少有以下三个：

第一，这本书体现了宇航作为培训人必须拥有的自省。

第二，这本书体现了企业培训人适应趋势必须拥有的设计思维。

第三，这本书体现了企业培训人尤其必须拥有的系统格局。

第一，我要特别说说培训人的自省。

成熟、优秀的企业，将培训部门视为"生产人才"的部门。你若是这一部门的管理和/或专业人员，你就应该是本企业"人才中的人才"。如果你连自己都无法确认和坚信这一点，那你还能担此重任吗？尴尬的现实是，由于培训的成果不像企业价值链上业务部门的业绩那样直观可见，企业中乐于并勇于从事培训岗位的精英人才凤毛麟角。企业的培训人需要具有宁静致远的奉献心态和修为，所以，如果你正在从事或打算从事企业培训工作，尤其是能像宇航这样17年矢志不渝地坚守在这一行业，那么我由衷地向你表示敬佩。

既然培训人是企业"人才中的人才"，那你就应该是人才的楷模。人才的楷模是什么样的？起码应做到两点：成为学习的楷模和爱岗敬业的楷模。这两点的基础都是拥有足够的自省，表现为善于发现自己和企业需要学习什么并提出方案、付诸行动，灵活地学以致用、用以促学；发自内心地热爱并胜任培训工作，并为企业和自身发展真正增值。这两点我从宇航的职场经历和此书中都看到了，也感受到了。

宇航的这本书基于他比较成熟的一门同名公开课，学员主要为企业的培训管理者。我和他都发现，很多企业培训管理人员虽然学习过各种培训相关理论，手中也拥有大量优秀企业的培训管理案例，但还是无法有效开展所在企业的培训工作。在我看来，这已经不是这些学员是否胜任培训管理这一岗位的问题了，而是他们是否由衷地热爱和适合干培训这一行的问题了。适合培训岗位的人，一定是善于灵活地学以致用的人。

人才的自省首先要做到对本职工作拥有发自内心的热爱和激情。除此之外，作为人才楷模的培训人还必须有足够的适合度，然后才能解决胜任度问题。我首先强调培训人的自省，是因为在我看来，这本书只有在那些热爱并适合从事企业培训工作、想改善和提升自己培训管理相关的胜任力的人身上，才能发挥最大的价值。

第二，为什么我说这本书体现了企业培训人适应趋势必须拥有的设计思维呢？

优秀的企业越来越讲求员工对待自己的工作如同产品经理经营企业产品那样，而设计思维是产品开发的趋势性方法和工具。

设计思维的第一步是用同理心洞察用户。宇航通过对自身任职过的企业及提供过培训服务的企业的深入洞察，总结了培训管理的九大普遍和共性痛点。书中每章都针对一个痛点，提供了经过实践反复验证的、经得起推敲的理论、方法和实操工具。宇航自己创立的五行理论在培训管理中的应用，更是这本书的一大亮点。

在我看来，宇航总结的九大痛点及相关理论、方法和实操工具，对夯实读者的培训管理基本功意义重大。

第三，这本书的价值还在于体现了培训人尤其必须拥有的系统格局。

全球优秀企业都力图将自身打造成为学习型组织，培训部门当仁不让地作为企业的学习与发展显性职能。而系统思考是学习型组织的根本思维方式和培训管理及专业人员必须具有的思维格局。

宇航的系统格局，首先体现为抓问题本质的能力。这本书每章开头都开宗明义地点出了一个培训管理痛点的本质。例如，第 3 章针对培训"走形式"这一痛点，就直指培训计划的核心：培训计划是落地执行的"作战图"。而各章接下来提供的相关理论、方法和实操工具，目的也是从根本上解决培训管理的相关痛点。

宇航的系统格局，还体现为他对培训管理的使命认知。正如他在第 9 章中所言："培训要做的事情不是注满水桶，而是点燃火种。"企业的学习与发展，远不局限于培训部门的责任，而是企业整个系统的工程，最终应成为各职能和各员工自驱、自发、自觉的思维与行为习惯。培训部门应该成为助推企业形成这种学习系统、场域和文化的强大力量。

写到这里，我不禁要提及为我开启专业培训领域之门的摩托罗拉企业大学。摩托罗拉企业大学的培训曾引领和代表了全球企业的学习与发展趋势。在这里，我明白了企业培训既能提升诸如领导力、演讲能力、团队协作等适用于各种岗位的通用能力，也可以有针对性地帮助解决业务部门具体场景下的问题。同时，我还认识到企业培训管理涉及学习需求洞察、内容开发与设计、学习方法与形式、评估与应用、师资和组织管理等方面和环节。然而，最令我震撼的是，摩托罗拉对企业大学和培训的定位是战略性的，不仅要能够为企业提供解决问题的理论、方法和工具，更要能够预防重大问题的发生，即培训应有前瞻性。摩托罗拉企业大学通过培训课程而引发的六西格玛质量改善管理技术的创立，就是体现培训战略性和前瞻性的经典范例。围绕公司"让顾客完全满意"的最高宗旨而设计实施的新员工培训，从流程、内容和形式的安排上，都能有效帮助员工预防上岗履新后在工作中出现重大失误。另外，摩托罗拉企业大学的培训还具有普世性：员工缺乏的素质和能力，如英语能力、Office 软件操作能力，只要对其职业发展有帮助，摩托罗拉企业大学都会尽力满足。因为，摩托罗拉不仅把自己看作营利企业，也把自己视为社会公民一分子；不仅确保员工具备完成现时绩效的胜任力，还能帮助员工在离职后仍具有职场竞争力。

从 1993 年进入专业培训领域至今，我越来越坚信：好的企业培训和管理，一定能够兼顾与企业战略的衔接，预防问题的发生，解决现实的挑战，以及员工的职业发展。这几点，希望同宇航和读者们共勉。

感谢宇航，这本书又燃起了我对自己近 30 载培训领域激情岁月的回顾。这本书也再次强烈印证了在过往业务和团队管理过程中培训带给我的赋能和推动作用。我相信，这本书对读者的培训管理专业水准的提升和职业发展一定大有裨益。

李家强
PE 私募投资人
企业管理咨询、培训、教练定制化专家
中国最早国际化培训专家代表
2022 年 5 月 1 日

前言

让培训创造价值

说起写这本书的初衷，我想到的词是"价值"。价值既是培训的核心，也是很多同人的困惑所在。2022 年是我从事培训行业的第 17 个年头，其中在甲方企业如万达集团、华润零售集团、国美电器等就职 10 年，之后做专业咨询和培训师 7 年。在 17 年的职业生涯中，我看到过很多将培训作为自己终生使命的培训人，同时也看到过很多逐渐偏离初心、变得疲惫、不再追随的同伴。

你可能听过《道德经》中的一句话："有道无术，术尚可求；有术无道，止于术。"我想在这句话的基础上补充一句："道心不明，术会偏；术偏，蒙道心。"偏离初心会导致培训管理动作的变形。例如，到了新公司将上家的培训体系改个名字继续用；制订培训计划时闭门造车，欠缺与业务部门的必要沟通；发现自己的培训技巧和工具用不起来，反而责怪业务部门不够"专业"，等等。这些动作的变形和不断重复，对培训管理者的影响是很大的，因为这种"温水煮青蛙"的方式会慢慢浇灭培训管理者心中的那团火，潜移默化地改变他们的心智模式和行为方式，令他们褪去本应有的光芒。

同时，我也看到在培训领域有非常多渴望学习和成长的伙伴，他们利用业余时间参加各种论坛、线上和线下课程。每次看到他们，我心中都会有种莫名的感动。而当发现他们当中有些人非常努力但学习效果不理想时，我也会很心疼他们。

其实，很多人都忽略了一个重要的事情——夯实基本功。有些人认为基本功是不需要特意学习的，因为随着从业时间的增加，基本功自然就有了；还有些人认为学习知识就是在修炼基本功，如参加线上和线下论坛，听各位大咖和标杆企业的经验分享等。不知道你有没有过这样的感觉，参加论坛听嘉宾分享就像观看一场武林大会，被邀请的嘉宾都会拿出自己最好的经验进行分享，但你听完之后还是难免会产生这样的困惑："少林、武当、崆峒、峨眉……的功夫都不错，各有千秋，但我怎么把他们的优点融入自己的武功中呢？"

首先，你要有自己的修炼功法，通过系统学习建立自己的培训管理思路，看清培训管理的各项基础动作。当你有了自己的"武功心法"和"招式"之后，整个人就会变得更加清澈、坚定和富有创造力。这时，你再去听各位大咖和标杆企业分享经验，就能够结合自己的管理思路，从"看热闹"式的学习转变为"看门道"，从而更好地博采众家之长。

重塑培训管理的基本功，正是我写这本书的初衷。

谁适合读本书

本书适合在工作中承担培训管理职能的人阅读。如果你是企业总部的培训管理专家、培训总监、培训经理，或者是刚入门的培训新人，培训是你的主要工作；或者你是人力资源管理人员，培训只是你工作中的一部分；又或者你是业务部门的管理者，有时会负责培训管理工作，那么本书就是为你量身打造的。

培训新人：系统学习，掌握工具

如果你是刚入门的培训新人，我推荐你阅读本书。本书最大的价值不是教你入门，也不是简单地普及实用工具，而是帮助你搭建一个系统的培训管理认知框架。在互联网高速发展的今天，人们缺少的不再是免费的知识，而是把知识转化为能力的时间。本书将在你踏入培训管理大门之初，帮助你看清整个培训管理"大陆"，少走弯路。

当然，除了系统学习，解决痛点和困惑也是必不可少的。这些痛点和困惑有我从业十多年亲身体验过的，也有大量学员亲口讲述的，它们全部来源于真实的工作情境，发生在过去，同样也发生在现在（也许此时此刻就发生在你的身上），而我希望它们能够更少地出现在你的未来。

本书的每一章都以痛点和困惑作为切入点，首先帮助你看清培训管理活动的本质，然后帮助你厘清思路，结合实用的工具，解决实际问题。这些实用工具不是空中楼阁，而是实实在在的来自实战经验的总结，可以帮助你省去走弯路和探索试错的时间。（思考无法代替学习，要学会如何学习，而不是盲目地思考。）

培训"老兵"：看得更清，优化动作

如果你是一名培训管理行业的"老兵"，有着大量实操探索的经验，我也推

荐你阅读本书。因为它会帮助你从根本上把培训管理的各个动作看得更加清晰，从而有利于你优化和创新现行做法，让你"溯本清源，优化创新"，提升培训效果。

为什么要从根本上看清培训管理的各个动作？

随着企业对培训的要求越来越高，越来越多的培训管理者开始重视学习专业知识和技巧。但同时，有些培训管理者在学习和实践的时候，容易陷入某些技巧应用的误区。不知道你有没有遇到过这样的情况：你学了一些培训管理知识或技术，感觉很有道理，但到实际应用时总觉得用不上？例如，做培训计划时，经常会用到需求访谈技术，有些培训管理者准备得很充分，提前设计了访谈结构，甚至连话术都写好了，但在和业务领导访谈的过程中发现对方根本就不按照自己的思路来，结果设计好的访谈结构完全没有用武之地，真实的需求根本挖掘不出来。

问题出在哪里呢？是访谈技术错了吗？是访谈结构不合理吗？是话术太生硬或不够精准吗？可能都不是，问题很可能在于你过于专注技术层面，而忽略了培训计划的本质是落地执行的"作战图"。你首先要和业务部门建立作战伙伴关系，然后才有机会和对方一起讨论作战计划方案，否则对方根本不想和你一起工作，又怎么会跟你认真讨论需求呢？慢慢地你会发现，业务部门不配合你很可能和你以往的一举一动都有关系。例如：

- 你搭建了培训体系，做了精美的 PPT，可当你把业务部门的人员叫过来向他们展示的时候才发现，他们并不感兴趣。问题出在哪里？单纯是培训体系结构设计的问题吗？业务部门是否对培训部门有什么看法？
- 你在没有和业务部门充分沟通的情况下，就按标杆企业的案例直接抄了一份人才晋升班的培养计划，然后直接公布实施。你猜，这个动作会产生怎样的影响？会不会是第一种情况发生的原因之一呢？
- 你在邀请业务讲师授课的时候，明显看到对方有些为难，但你担心自己不够专业，于是选择"不过多插手"，告知讲师授课主题和时间后便道谢离开。你猜，对方下次再遇到与培训有关的事情，第一感觉是什么？这会不会也是第一种情况发生的原因之一呢？

作为培训管理者，要警惕陷入方法工具的迷阵，不要做理论工具的"装备派"，而是要做装备精良的"实战派"。从更高的视角俯瞰全局，调整自己的管理动作，将"基本功"进阶到"格斗术"，取得最好的作战成果。这也是本书想帮助你实现的效果——用最少的时间，看清培训管理的本质，学到最有用的知识、技能和工具，助力实战应用，实现培训的更大价值。

阅读本书的方法

本书共 9 章，分别对应培训管理中的 9 个痛点，如图 0-1 所示。各章从痛点切入，然后直指痛点的本质，最后结合实战案例给出解决思路和方法工具。

弄不清　不落地　走形式　靠面子　无章法
培训本质　培训体系　培训计划　业务合作　人才培养

不专业　效果差　价值低　变空谈
课程设计与开发　内训师激励　总结汇报　学习型组织

图 0-1　培训管理中的 9 个痛点

第 1 章主要探讨培训的本质和核心，你可以把它理解为培训管理的"心法"，建议你先读这一章。从第 2 章开始讲述具体的工作模块，包括培训体系（第 2 章）、培训计划（第 3 章）、业务合作（第 4 章）、人才培养（第 5 章）、课程设计与开发（第 6 章）、内训师激励（第 7 章）、总结汇报（第 8 章）和学习型组织（第 9 章）。

你可以按照顺序阅读，也可以用下面的"培训管理现状梳理清单"来测试一下自己的培训管理现状，然后选择优先阅读的内容。

培训管理现状梳理清单

请阅读下面的问题，然后按照你所在企业的实际情况，在问题前的□中打√。

是	不涉及	否	问题	章
□	□	□	1. 你所在的培训部门是否有清晰的角色定位？	2
□	□	□	2. 企业是否有清晰的培训体系或整体规划？	2
□	□	□	3. 年度培训计划中是否有对企业战略的解读和目标分解？	3
□	□	□	4. 年度培训计划中是否有对业务部门问题的聚焦和解决？	3
□	□	□	5. 培训计划实施过程中是否能够做到灵活调整？	3
□	□	□	6. 培训部门与业务部门的配合是否高效、顺畅？	4
□	□	□	7. 培训部门是否盘点过各业务部门对培训的认可程度？	4

☐	☐	☐	8. 企业关键人才的选拔是否有明确、统一的标准？	5
☐	☐	☐	9. 企业是否有完善的人才培养体系或人才发展路径？	5
☐	☐	☐	10. 企业是否有匹配人才培养体系的课程地图？	5
☐	☐	☐	11. 培训部门每年是否持续开发和完善课程？	6
☐	☐	☐	12. 企业是否培养了内训师队伍？	7
☐	☐	☐	13. 内训师每年是否会持续开发新的课程或完成课程的迭代更新？	7
☐	☐	☐	14. 培训部门是否能够对内训师的成长提供有效的指导和帮助？	6
☐	☐	☐	15. 培训部门组织的培训是否有培训课程或项目营销动作？	7
☐	☐	☐	16. 每次培训结束后是否有培训效果评估？	7
☐	☐	☐	17. 培训效果评估的结果是否反馈给了相关的授课老师？	7
☐	☐	☐	18. 企业是否有复盘工作的习惯？	8
☐	☐	☐	19. 年度培训总结是否能得到老板的认可？	8
☐	☐	☐	20. 企业是否有涉及学习型组织的思考或尝试？	9

每个问题后面都给出了与该问题相关的解决方案所在的章，你可以先翻阅选择"不涉及"或"否"选项的相关章，书中会给你提供快速了解的"干货"和实用可操作的工具，然后你可以考虑一下是否适合在企业中进行实践。对于你选择"是"选项的相关章，也建议你阅读一下，也许书中的一些实践经验和工具正是你优化现有工作所需要的。当然，你也可以依照自己的兴趣选择想看的部分。

阅读本书的推荐心态

如果你想从本书中收获更多，我推荐你尝试以下两种心态阅读本书。

空杯心态

空杯心态，相信很多人都听说过。有些人说学习时要把自己的大脑清零，把自己当作一张白纸，这样才能更好地学习新的知识。关于这一点，我有不同的看法，和大家讲一个故事吧。

几年前，我和一位做培训咨询的朋友一起到呼和浩特出差，在完成项目之后，我们去了大召寺。当时是中午，我们在漫无目的地闲逛时看到了一位老人坐在树下喝茶。因为对佛教感兴趣，所以我们决定上前讨杯茶喝，顺便和老人聊聊天。老人很热情地让我们坐下，问了我们的职业。当得知我们是做培训咨询的之后，他似乎很感兴趣，问了很多我们对培训的理解，还说我们和他是"同道之人"，这让我们受宠若惊。

在聊得有些熟络了之后，老人提到了"空"，我们脱口而出了一个词——"空杯心态"。老人问："你们如何理解空杯心态？"朋友一听就来了精神，他拿起桌子上的茶杯，将里面的茶水泼到了地上，然后将空杯放在了桌上，笑呵呵地看向老人，脸上还有一丝得意。老人看了看我们，将空杯向下扣在了桌子上。朋友满脸疑惑，我在那一瞬间就知道了，这是一位"高人"，于是连忙道谢。老人笑笑，只说了句："喝茶，喝茶。"

离开之后，朋友问我："那位老人是什么意思？"我说："老人告诉我们，真正的空杯不是把水泼出去，而是打开自己的内心。你把水泼出去了，然后得意扬扬地看着老人，他就知道你的内心并没有真正打开，所以他用扣杯的动作告诉你，你是封闭的，不是真正的'空'。"朋友听后沉默了。

所以说，空杯心态的关键不是"清零"，而是开放心态。我建议你在阅读本书的时候也不要把自己当作一张白纸，而是用开放的心态多思考自己已有的经验。你要做的不是"清零"，而是盘活，盘活已有的经验，让自己看得更清楚，在现阶段已有能力的基础上实现跨越式成长。

知者为师

我曾在万达集团总部负责商业地产的培训。万达集团有一个众人皆知的说法叫"知者为师"。简单地说，就是知道问题答案的人就是我们的老师。这个人可能是讲台上分享课程的讲师，可能是课堂上分享经验的学生，也可能是在线学习平台上与大家素未谋面的案例提供者，甚至可能根本不是人，而是一本书、一部电影或生活中的一场游戏。总之，能够给予我们启发和答案的，就是我们的老师。我很认同这个理念。

同样，我建议你在阅读本书的时候，不要一味地看书中的内容，而要在看书的同时也想想自己以往的经历，或者和身边的同事聊一聊，写一写读书心得和行动计划。也许你身边的同事才是你真正的老师，才是你能力转化的关键所在。而我本人和本书都愿意作为一个启发的工具，帮助你有所收获。

如果你准备好了，就立刻开始你的旅程吧！让我们一起努力，让培训创造价值！现在，就是最好的时刻！

目 录

第1章 认识培训 ... 1

1.1 老板眼中的培训 ... 1
培训是答案吗 ... 2
从经营角度看培训项目 ... 3

1.2 员工眼中的培训 ... 7
学员动机管理 ... 7
激发学员动机的关注点 ... 8

1.3 培训真正的核心 ... 12

小结 ... 14

第2章 搭建有效的培训体系 ... 15

2.1 定方向：偏重"系统"还是"本质" ... 15
培训体系的两种类型 ... 15
根据所属的行业和企业特征选择培训体系 ... 18
评估培训部门在企业中的角色定位 ... 19

2.2 巧设计：培训体系融合升级全垒打 ... 21
培训体系优化模型 ... 21
与培训体系优化模型配套的部门架构 ... 24
在培训体系优化模型的基础上做调整 ... 24

2.3 缓公布：别让培训体系只停留在图纸上 ... 27
提前共识 ... 27
爆款项目 ... 27
暂缓公布 ... 28

小结 ... 29

第3章 合理制订培训计划 ... 30

3.1 如何制订老板喜欢的高价值培训计划 ... 30

	基础数据	32
	计划回顾	32
	培训体系建设	32
	关键项目回顾	32
	反思总结	33
	下年度计划	33
3.2	如何让培训计划有章法	33
	对培训部门的角色定位进行评估	34
	调整培训体系优化模型	34
3.3	如何找到关键培训项目	36
	培训项目从哪里来	36
	通过战略解读锁定关键培训项目	38
	通过问题聚焦锁定关键培训项目	46
	听懂话，会分析，能聚焦	49
	问卷调研	51
	评估培训项目的价值	55
3.4	如何管控培训计划的落地实施	57
	把控两个原则	58
	建立一套沟通机制	58
	掌握一种管控工具	59
	小结	61
第4章	**发挥业务伙伴作用**	**63**
4.1	三步破局：认清现实，重塑协同作战关系	63
	了解培训管理的关键动作	63
	看清培训所处的业务环境	64
	知道如何在当前的业务环境中实现目标	68
4.2	视人为人：针对不同的性格，制定差异化策略	77
	性格五行理论	77
	与5种性格的人合作的要点	80
4.3	6个要点：让业务合作开出"真诚之花"	84
	客户第一	85
	结果导向	85
	积极主动	85
	重诺守信	85

互相尊重 ······ 85

成果共享 ······ 86

小结 ······ 86

第5章 从根本上看清人才发展体系 ······ 87

5.1 用系统思维看人才供应链和人才生态 ······ 87

人才发展还是人才培养 ······ 87

用系统思维看打造人才供应链 ······ 88

用系统思维看构建人才生态系统 ······ 91

5.2 选拔关键人才的标准和方法 ······ 92

选拔关键人才的标准 ······ 92

关键人才选拔矩阵 ······ 94

关键人才选拔九宫格 ······ 96

关键人才发展九宫格 ······ 97

5.3 人才培养的模式与方法 ······ 99

人才的纵横双线培养模式：专业序列与管理序列的双线发展 ······ 99

人才培养的 3 种方式 ······ 104

小结 ······ 114

第6章 轻松掌握培训课程设计与开发 ······ 115

6.1 "透视"培训项目 ······ 115

培训过程飓风模型 ······ 115

培训项目透视 CT 图 ······ 115

培训项目透视 CT 表 ······ 117

6.2 造课图：一张图搞定课程设计与开发 ······ 123

吸睛：课程名称之 BC 命名法 ······ 123

聚焦：授课对象与课程目标 DB 制定法 ······ 124

明向：痛点分析与解决思路三要点 ······ 125

保效：明确课程交付物 ······ 125

换位：看清学员关注内容 ······ 126

说清：6 种常用课程逻辑及 MECE 原则 ······ 127

举例：案例开发模板 ······ 131

交互：设计实用的互动方式 ······ 133

提升：课程六大系列配套工具 ······ 134

小结 ······ 135

第 7 章　打造激情内训师"铁军" · 137

7.1　内训师激励因素大揭秘 · 137
为什么需要培养内训师 · 137
培养内训师队伍的五大挑战 · 138
激励内训师的关键因素 · 139
内训师的差异化激励策略 · 140

7.2　如何识别真正"能战"的内训师 · 143
明确内训师选拔方向 · 143
建立内训师选拔标准 · 144
制定内训师选拔流程 · 146

7.3　专业课程运营：你的身份是项目经理 · 148
你的真实身份：项目经理 · 149
告别单点模式：弹性课程运营模式 · 150
课前"预"标准四动作：沟通、邀请、营销、翻转课堂 · 150
课中"热"标准四动作：建群、班规、主持、竞争机制 · 153
课后"续"标准四动作：回顾、指导、互动、反馈 · 158

7.4　专业授课辅导：你可能缺失的角色 · 161
瞄准靶心：内训师痛点大盘点 · 161
专业辅导的 4 个步骤 · 163
有用、高效的课程设计与开发 · 163
课堂信息收集：看什么、问什么 · 167
课后评估反馈：沟通的艺术 · 169

7.5　内训师激励方案：经典课程项目全流程操作解析 · 175
"魅力演讲"培训项目全流程操作指引 · 175
内训师激励辅助方案 · 180

小结 · 180

第 8 章　总结汇报有诀窍 · 182

8.1　培训总结的真正内核：复盘思维 · 182
复盘的作用 · 182
复盘的操作思路 · 184
将复盘思维嵌入经营管理 · 185

8.2　系统地做好培训总结 · 186
年度培训总结和计划 · 186
培训项目的复盘总结 · 187

8.3 如何向不同的领导做汇报 · 189
- 不同部门领导关注内容的差异 · 190
- 向不同性格领导汇报的差异化策略 · 191

8.4 超越复盘,提升组织效能 · 192
- PDCA 的全貌解析 · 193
- 通过复盘来提升组织效能 · 194

小结 · 195

第 9 章 如何打造学习型组织 · 197

9.1 构建学习型组织场域 · 197
- 学习型组织场域模型 · 198
- 横向的场域闭环循环 · 198
- 纵向的场域频率拉升 · 202

9.2 组织生态系统的 4 层形态与知识星云终极构想 · 204
- 组织生态系统的 4 层形态 · 204
- 学习型组织 · 205
- 生态型组织 · 213
- 知识星云终极构想 · 217

小结 · 222

后记 万物皆备于我,我为万物所用 · 223
- 学的心境:万物皆备于我 · 224
- 做的心境:我为万物所用 · 224

致谢 · 226

参考文献 · 227

第 1 章

认识培训

1.1 老板眼中的培训

在做培训管理咨询时,我经常问企业培训管理者的一个问题是:"你觉得培训是在做什么?"很少有人可以直接给出答案,而且大家回答的内容也五花八门:"传道、授业、解惑""能力的提升""业绩的增长""信息的传递"……也有人问我:"为什么要问这个问题?它重要吗?"我把它理解为做培训管理的根本,就像武功心法一样,先正确地理解心法,再学武功就很容易,甚至可以自创武学;而如果心法不明,学再多技巧都无用,只会使动作变形。这就是所谓的"有道无术,术尚可求;有术无道,止于术"。

要弄清楚"培训是在做什么"这个问题,可以从两个视角来看:老板视角和员工视角。首先来看老板视角,从企业经营的角度来看,培训是怎样的呢?针对这个问题,我采访过很多企业老板,通过对他们的答案进行整理,我发现大多数老板的想法都可以用两个标点符号来概括(见图1.1)。

简单来说,老板认为培训要起到的作用就是"一个问号+一个叹号"。问号,就是企业面临的挑战和问题。叹号,就是希望培训可以解决它。因此,在很多老板的眼中,培训就是用来解决企业面临的问题和挑战的。

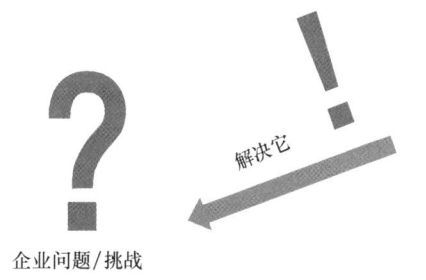

图 1.1 老板眼中的培训

当然，做培训管理的伙伴都知道，培训是不可能解决企业遇到的所有问题和挑战的。很多伙伴也在反复向老板灌输这一观点，这本身是没有错的。但这一观点的重点不是让老板别对培训抱有太高的期望，而是让老板清楚地知道：培训不能解决企业遇到的所有问题，但培训必须以企业遇到的问题和挑战为根本出发点。只有这样，老板才愿意投资培训项目，业务部门才愿意和你一起做项目。相反，如果你在企业中做了一些"形式大于内容、内容大于效果"的培训项目，慢慢地你就会发现，老板和业务部门会看轻培训，他们的参与度也会逐渐降低，这也是很多企业培训做不起来的原因。

培训是答案吗

培训不能解决企业遇到的所有问题，那它可以解决什么、不能解决什么呢？从企业经营遇到的问题来看，老板和高层管理者首先要保证公司的战略方向正确，而培训，尤其是在企业中处于发展初期的培训主要聚焦于战略落地和绩效达成层面。从"人做事"的视角来看，"事"的结果不理想，问题往往出在"人"的层面上。员工做事出问题，原因主要聚焦在 3 个方面：没有完成工作的意愿、没有完成工作的能力和方法，以及没有得到允许去这样做（见图1.2）。

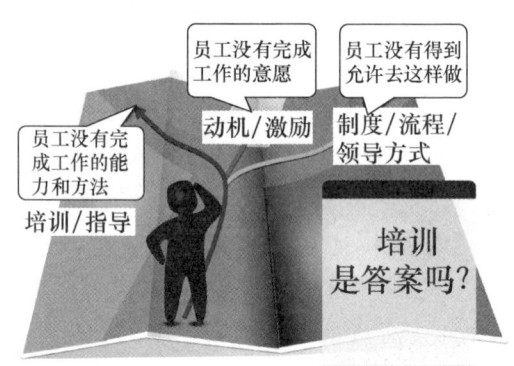

图1.2　培训是答案吗

第一个原因是"员工没有完成工作的意愿"，问题主要出在员工动机管理和激励方案上，简单地说，就是绩效激励出了问题。对于这一问题，培训是很难解决的。很多企业都存在这样一个误区：明明是缺少员工绩效激励机制，却非要通过一场讲敬业的培训来提升员工工作的主动性，结果适得其反。

第二个原因是"员工没有完成工作的能力和方法"，这里的能力既包括专业技术能力，也包括领导力、跨部门协作、员工辅导等关键能力。这部分是培训和指导的"主战场"，一方面通过培训和指导可以提升员工相关方面的能力，使其掌握必要的工作方法；另一方面也比较容易看到培训前后的效果差异，尤其是专业技术和工作方法类的培训。

第三个原因是"员工没有得到允许去这样做",这部分问题主要出在企业制度、流程和领导方式方面。例如,有些企业鼓励员工积极创新,但没有相关激励措施,同时企业制度中严格规定"出错就罚",导致员工形成"多做多错、不做不错"的心态;再如,有些企业鼓励员工发现问题及时上报,但直接上级的反馈往往是"你不用管这些,做好自己的工作就行了",结果员工就不再上报问题了。面对这些情况,如果用传统的课堂授课式培训,一味地强调员工要去创新、发现问题要上报,效果不会理想。问题的关键还是在企业制度、流程和领导方式方面,培训管理者可以运用专项咨询、行动学习研讨和案例分析复盘等技术发现其中制约员工行动的地方,然后加以调整和完善,之后再进行相关人员的培训,这样效果才会比较理想。

整体来说,在企业战略落地的"人"这个层面,培训能解决的问题主要聚焦在员工能力和工作方法方面,同时可以运用专项咨询、行动学习研讨和案例分析复盘等技术发现和解决一部分管理机制问题。至于绩效激励方面的缺失,只有通过制定和调整相关的政策才能得到真正的改善。

从经营角度看培训项目

前面讲了,培训在很多老板的眼中是两个标点符号——问号和叹号。下面从经营一个培训项目的角度来看看培训到底是在做什么。为方便理解,下文把培训项目简化为大家熟悉的课程,即组织一次培训课程需要做哪些事情。

从商业经营的角度来看,如果你要打造一款产品,"问号"对应的是战略层面,也就是搞清楚市场需求是什么,具体来说包括市场分析和产品定位两个模块;"叹号"对应的是运营层面,也就是要想打造产品满足市场需求,可以通过对设计、生产、营销、使用和改进 5 个环节的把控来制造和优化产品,进而实现对产品生命链的全程经营管控(见图 1.3)。

这样的商业经营模型应用在培训课程开发领域,就成了一个非常经典的 ADDIE 模型(见图 1.4),即开发一个课程可以从分析(Analysis)、设计(Design)、开发(Develop)、实施(Implement)和评估(Evaluate)5 个环节来进行。简单来说,如果你想开发一门课程,首先需要分析你想解决的问题,然后设计解决思路(课程大纲),之后着手开发课程,组织实施培训,最后评估整个过程,完成优化迭代。(注意,课程开发不等同于做 PPT。)

可见,商业经营模型和课程开发 ADDIE 模型之间具有对应关系(见图 1.5)。问号,战略层面的部分,对应的是 ADDIE 模型中的需求分析环节,即搞清楚培训课程要解决的具体需求;而叹号,运营层面的 5 个模块刚好大致对应 ADDIE 模型的后面 4 个环节，设计对应课程设计，生产对应课程开发，营销和使用对应课程实施（含课程推广），改进对应课程评估。通过对以上环节的精心管控，实现课程产品的呈现和持续优化迭代。

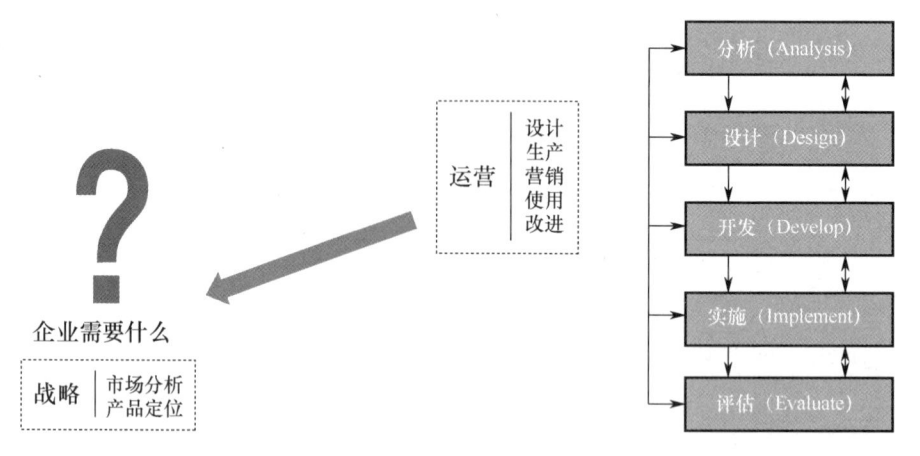

图 1.3　从商业经营的角度看产品生命链　　图 1.4　课程开发 ADDIE 模型

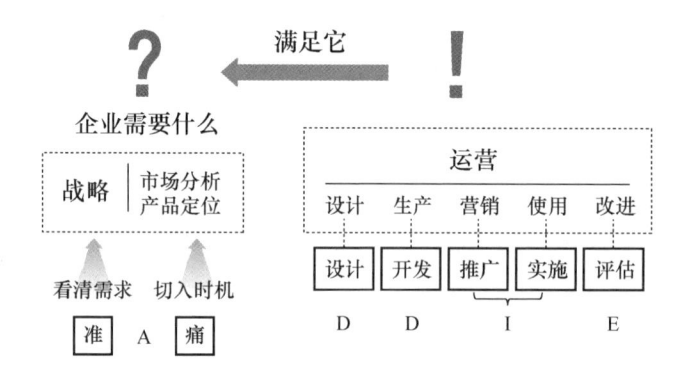

图 1.5　商业经营模型和课程开发 ADDIE 模型之间的对应关系

这样的对应很有意思，更妙的是这样的对应可以给你带来很多启发，有助于你更好地理解培训究竟是在做什么。

启发 1：培训不是"做个课件，讲讲课"

看到这里，相信你已经知道，培训并不是"做个课件，讲讲课"那么简单。培训真正在做的是组织诊断、解决问题和挑战，它"始于需求诊断，终于解决问题和挑战"，整个过程要经过精心设计并形成闭环，而一个企业的培训往往是多个闭环的穿插，终点也是新的起点，最终"以终为始，终就是始，无始无终"，逐渐形成学习型组织场域。

启发 2：做培训，需求分析很重要，"准""痛"是关键

很多企业的培训管理者都喜欢直接上手做内容，做到一半才发现，问题根本不是最初想象的那个问题，原因也不是最初想象的那个原因，结果进退两难。重新做？时间来不及，之前投入精力做的"成果"也舍不得扔掉；继续做？明知道这条路走不通，难道还要继续走下去？之所以出现这种情况，问题就在于培训项目前端的需求分析和定位没有做好。怎么做？"准""痛"是关键，看清需求要"准"，切入时机要"痛"。

启发 3：培训项目的设计和开发是两个环节

很多培训管理者都存在一个误区，认为培训的设计和开发是一个环节，典型的做法就是开发课程时直接动手做 PPT，殊不知这正是课程效果不佳的主要原因之一。以课程设计为例，什么是课程设计？课程设计是你解决问题的思路和主线，它是课程的"骨架"，在某种程度上，它直接决定了你的课程是否能真正解决问题。只有在课程设计清晰的基础上，才能做课程开发，"往骨架里面填肉"。中国有句老话叫"有骨头不愁肉"，原意是说孩子在成长过程中如果只长个头不长肉不用发愁，因为只要有了骨头就不愁长不出肉来，这句话同样适用于课程开发。

启发 4：不要忽略培训实施中的营销推广

中国有句古话叫"酒香不怕巷子深"，意思是只要你的商品好，不用沿街叫卖也能广为人知。但今日不同往昔，在当今信息大爆炸的时代，员工的工作和生活节奏都是非常快的，在工作和生活中接收的信息量也是巨大的，这就要求培训管理者在实施培训项目时要"从巨量的信息海中脱颖而出，抓住学员的注意力"，也就是做好项目营销。实践证明，这是让学员充分参与到培训项目中必不可少的一环。

启发 5：评估不仅针对结果，更针对全过程

培训评估对培训管理者来说并不陌生，柯氏四级评估更是经典中的经典。它告诉我们，培训评估不仅要评估现场的吸引力（反应层级），还要评估学员对所学内容的掌握情况（学习层级），最好能进一步评估学员的行为改变进展（行为层级），而最高层级是评估结果的变化（结果层级）。这是从培训项目效果的角度进行分解的，那从培训管理者能力成长和项目运作优化提升的角度来看，还需要评估哪些内容呢？重新看一下课程开发 ADDIE 模型（见图 1.4）。

图 1.4 中左侧的箭头分别指向分析、设计、开发和实施，什么意思呢？就是说培训管理者要做的不仅是针对最终效果的评估，更是全过程评估。就像开

发销售一款手机，产品团队最终的评估不仅是对销售数据的评估，更重要的是对市场需求的重新判断，对产品设计的重新思考，对生产环节的管控提升，对销售策略和渠道的不断优化，以及对产品体验的不断升级，只有这样才能实现产品的有效迭代更新。

在培训项目中，培训管理者最终及在整个过程中要不断评估对需求的把握是否准确、切入的时机是否适合、项目的设计是否合理、开发的内容是否有效、营销的方式是否有吸引力、实施的过程是否到位，以及在整个过程中每个环节有哪些亮点是可以保留的，又有哪些不足是需要进一步改善提升的。这样做对培训管理者的能力成长和培训项目的运作优化都是非常有益的。

启发6：培训不是闭门造车，需要配合作战

无论是从商业经营的角度还是从培训管理的角度，都有几个问题值得思考。

- 需求分析由谁来做？
- 产品设计由谁来做？
- 产品开发由谁来做？
- 产品营销由谁来做？
- 产品实施由谁来做？
- 评估改进由谁来做？

如果你对其中一个问题的答案是"培训部门或业务部门独立来做"，那么你可能就需要重新思考一下了，因为以上所有问题的答案都应该是"由培训部门和业务部门一起完成"。我接触了很多企业培训管理者之后发现，培训部门最大的误区就是闭门造车。当然这里面有业务部门不配合的因素，但通过分析我发现，大部分业务部门的不配合是培训管理者缺乏专业技巧造成的，例如：

- 做需求访谈，上来就问业务部门需要什么，提问简单粗暴。有时业务部门是真的不知道自己需要什么，又怎么配合你呢？
- 找业务部门开发课程，就简单地告诉对方课程名称、听课学员和讲课时间，然后转身离开，留下满脸痛苦的业务人员，脸上写着"谁来帮帮我"几个大字。
- 做完课程评估，不反馈给讲师。每次讲师讲完课都在猜效果怎么样，既不知道好在哪里，也不知道有哪些地方可以改进一下……然后培训部门又来请他讲课了，你猜猜他此时的心情如何？

这样的事情做多了，就会形成恶性循环。培训管理者不够专业，导致业务部门反感，业务部门越反感，培训部门越不敢多沟通合作，慢慢地，闭门造车的情况就会越来越多。到底是谁的错呢？尽管"雪崩时没有一片雪花是无辜的"，大家都有一定的责任，不过究其根本，这是培训管理者的专业领域，提升专业能力和构建良好的合作关系理当从培训管理者自身做起。

1.2 员工眼中的培训

从老板视角看完培训是在做什么之后,再来从员工视角看看培训究竟是在做什么。

我做过一项调研,调研对象是企业员工,调研问题很简单:"你愿意参加什么样的培训?"同时,我在培训管理者群体中也发起了一项调研,调研问题是:"你认为什么样的培训最受员工欢迎?"这两项调研同时进行,最终的结果趋于一致。有两种培训是员工最愿意主动参加的,我把它们总结为"增值"培训和"升值"培训。

增值培训,是指通过培训能够"长本事",能够确实提高自己的能力,这样的培训员工愿意主动参加。升值培训,是指通过培训能够帮助员工得到职业发展或额外收入,这样的培训员工愿意主动参加。培训管理者都清楚有一种培训班是最好带的,学员主动配合的意愿很强,那就是"职位晋升班",这种培训就属于"升值"培训。

学员动机管理

其实,不管是"增值"培训还是"升值"培训,它们背后都有一个对培训管理至关重要的词——动机管理。从学员面对老师的视角来看,培训究竟是在做什么呢?古希腊生物学家、散文家普罗塔戈(Plutarch)在 3000 年前就给出了答案,他说:"头脑不是一个需要被填满的容器,而是一把需要被点燃的火把。"无独有偶,《掌控大趋势》一书的作者、世界著名未来学家约翰·奈斯比特(John Naisbitt)给出的答案是:"教育不是把篮子装满,而是把心点亮。"

总结来说,学员需要的培训不是内容灌输,而是把心点亮。什么是点亮?就是做好学员动机管理。学员有了改变的动机,培训自然能顺利推进,甚至可以激发出更多的"自学"行为。接下来,让我们以学员的视角,尝试重新对柯氏四级评估进行分析,提炼出各层级的关键词及相互关系(见图 1.6),这样也许会让你看得更加清楚。

柯氏四级评估把培训评估分为 4 个层级:反应层级、学习层级、行为层级和结果层级。反应层级主要评估学员对培训现场的满意程度,可以用关键词"吸引"来聚焦,也就是培训现场是否能有效吸引学员参与到课程中;学习层级比反应层级更进一步,主要评估学员到底学到了什么,可以用关键词"记住"或"掌握"来聚焦,看看学员通过培训记住了哪些知识或掌握了哪些技能;行为层级则比学习层级更进一步,主要评估学员学到了知识或技能之后,具体在行为（尤其是长期行为）方面有哪些持久的改变，可以用关键词"改变"来聚焦；结果层级是最高的评估层级，主要评估学员的行为改变对结果产生了怎样的影响，可以用关键词"生成"来聚焦。

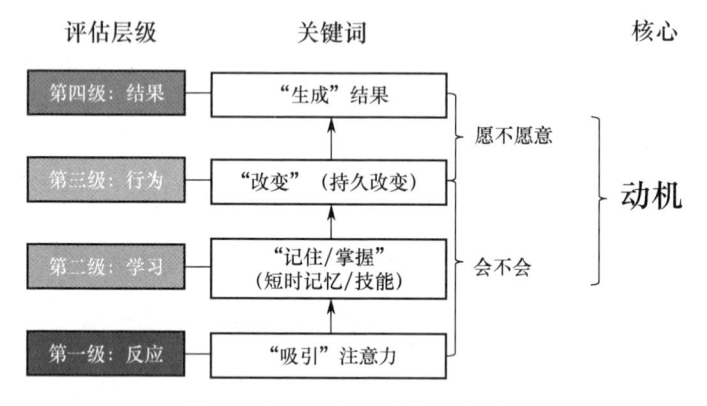

图1.6　柯氏四级评估核心关联图

也许你已经注意到了，柯氏四级评估的前两级（反应层级和学习层级）关注的是"会不会"的问题，如培训有没有吸引学员学会知识或掌握技能。而从行为层级开始，评估将同时关注"会不会"和"愿不愿意"的问题，也就是学员学会了知识或技能还不足以促成他持久的行为改变，还要关注他"能不能持久掌握"和"愿不愿意做出改变"。最后的结果层级实际上是行为层级的生成，"愿不愿意持久改变"是将行为转化为理想结果的关键。

其实，无论是"会不会"还是"愿不愿意"，背后都有一个关键词——"动机"，用行动学习的理念概括就是，"心智模式决定行为，行为决定结果"，所以激发学员的动机很重要。

激发学员动机的关注点

从某种角度来说，组织就像人体生态系统，员工就像人体生态系统中的细胞，细胞的活力将直接影响整个生态系统的良性运行。按照满意度和敬业度两个维度，可以将员工划分为3种类型：活性细胞、中性细胞和惰性细胞（见图1.7）。

满意度是指员工的满意程度；敬业度是指员工愿意为工作付出的程度。如果用细胞来形容这3种类型的员工，既满意又愿意付出（满意度和敬业度都很高）的员工属于活性细胞；

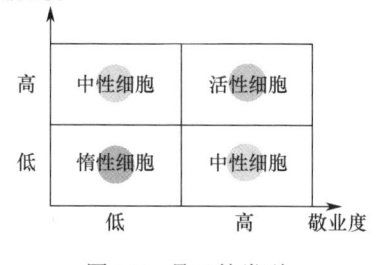

图1.7　员工的类型

满意但不情愿付出（满意度高但敬业度低）或愿意付出但不满意（敬业度高但满意度低）的员工属于中性细胞；既不愿意付出也不满意（满意度和敬业度都很低）的员工则属于惰性细胞。从这个视角出发，你会发现培训要做的不是"线性管控"的课程项目，而是持续激发人体生态系统中细胞的活力，即"激发学员成长的动力"。你可以按照柯氏四级评估重新反思一下传统培训的做法，进而找到激发员工改变和成长的关注点（见表1.1）。

表1.1 柯氏四级评估关注点新解

评估层级	传统培训的关注点	激发学员动机的关注点
反应层级	课程的吸引力（内容、讲师、场地、时间等）	激发学员的成长动力
学习层级	对所学知识和技能的考核（笔试、口试、实际操作等）	提供学习的资源和支持
行为层级	对短期行为改变的评估（行为观察、访谈等）	促进行为的持久改变
结果层级	很少涉及	评估行为改变的结果

燃起学员心中的"火"

在反应层级，传统培训的关注点聚焦在提升课程的吸引力方面，评估内容包括但不限于课程内容及相关度、培训形式及参与度、场地和时间安排的满意度等；而激发学员动机的关注点则是学员的成长。

那么，如何激发学员动机、燃起学员心中的那团"火"呢？

求而不得，是人们寻求改变和主动学习的激发器。例如，新员工培训和晋升培训的效果通常要比其他培训好一些，也更容易进行后期的管控和转化。其中的关键，正是学员具备"融入新环境"和"胜任新岗位"的动机。

培训管理者要做的正是激发学员"求而不得"中的"求"。对于3种类型的员工，要采取不同的驱动策略，具体的操作方法可分为3个方向：正向、中性和负向（见图1.8）。

对于"活性细胞"类员工，可以采用正向驱动方式——梦想驱动，如用实现个人理想和职业发展等要素进行驱动。对于"中性细胞"类员工，如果他们属于对工作环境满意但不愿意付出的类型，可以采用中性和负向驱动方式：中性方式是责任驱动，强调工作敬业度和胜任岗位的责任心；负向方式是风险驱动，侧重于强调如果不做某事会产生怎样的风险或损失处罚。对于"惰性细胞"类员工，则需要考虑是否采用淘汰机制。

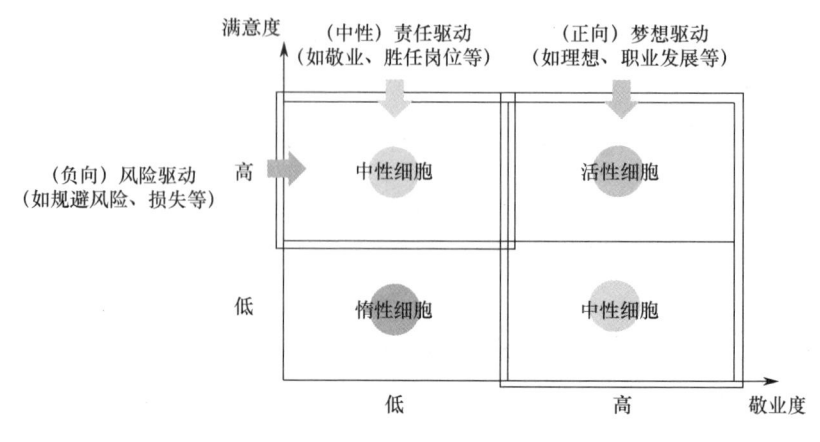

图 1.8　员工驱动策略

多维度立体化的学习支持

在学习层级，传统培训的关注点主要聚焦在对所学内容的考核方面，评估方式一般包括笔试、口试和实际操作等；而激发员工动机的关注点则放在为学员提供学习资源和支持上。

在充分激发学员"求"的欲望之后，要为他们顺利获得"得"提供充足的资源和支持。从这个视角出发，培训技术和管理工具都是为学员成长提供支持的方式（见图1.9）。

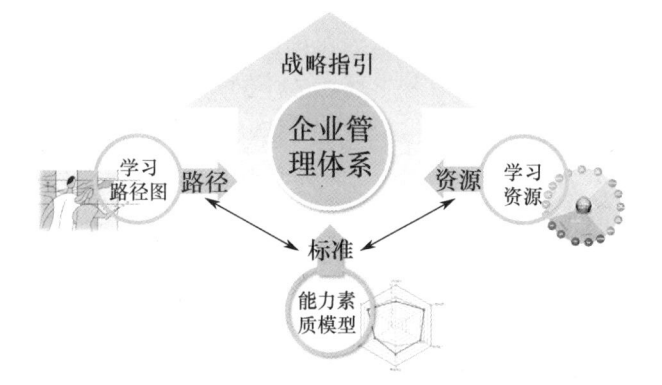

图 1.9　多维度立体化的学习支持

个人的职业成长要与企业的管理需要相结合。企业管理体系（如企业文化、组织架构、工作流程、规章制度等）将为员工的成长提供战略指引；而基于岗位的能力素质模型能够为员工的成长提供具体标准；学习路径图可以根据员工的实际情况描绘出明确的成长路径；学习资源则可以为员工的成长提供养料支持，有效助力他们保持活力和快速成长。

持久改变的支持系统

在行为层级，传统培训的关注点主要聚焦在对短期行为改变的评估方面，评估方式一般包括行为观察和访谈等；而激发学员动机的关注点则聚焦在促进学员行为的持久改变上。

组织要为学员提供一个帮助他们巩固和优化行为持久改变的支持系统，通过监督校准、发现机会、引导反思和激励强化 4 个环节提供有力的支持（见图 1.10）。

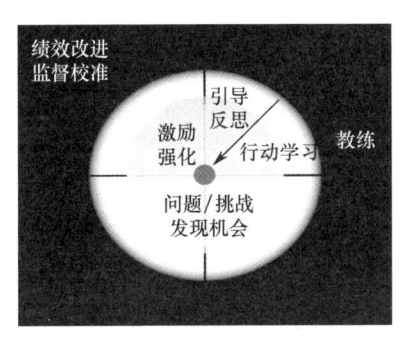

图 1.10　持久改变的支持系统

绩效改进可以作为学员行为改变的校准器，通过引导学员进行自我能力和学习的反思，持续发现问题和挑战，然后结合培训、行动学习或教练技术进行能力提升，再通过激励的方式进行行为的强化。这样的做法有 3 个优点：第一，当学员发现问题和挑战时，不会第一时间将其视为困难，而是更愿意将其视为一个学习和提升的机会；第二，基于解决问题和挑战的学习是有针对性的学习，学员学习知识后可以立即加以应用，将打破学习和应用之间的壁垒；第三，通过激励进行强化，鼓励学员不断进行实践，促进他们行为的改变和新习惯的养成。

心甘情愿的情感保障

由于传统培训在行为层级大多停留在短期行为的改变上，所以结果层级很少涉及对所产生的结果的评估；而激发学员动机的关注点则是以行为持久改变为基础，进而评估产生的结果变化。

柯氏四级评估的前两个层级聚焦的是学员"会不会"的问题，而要想促成结果的改善，还需要关注学员"愿不愿意"把行为真正落实。在此环节，可以再次从正向、中性和负向 3 个方向进行驱动，促使学员在工作中真正进行实践，取得预期成果（见图 1.11）。

企业通过定期回顾梦想和培训目标等方式，能够使学员正向看到自己的行为调整给企业和个人带来的重大意义；同时还可以通过激发学员的企业公民和岗位责任感，促进他们转变。在正向和中性激励无效的情况下，可以采用负向激励法，使学员看到不能完成目标的后果，进而督促其实现改变。

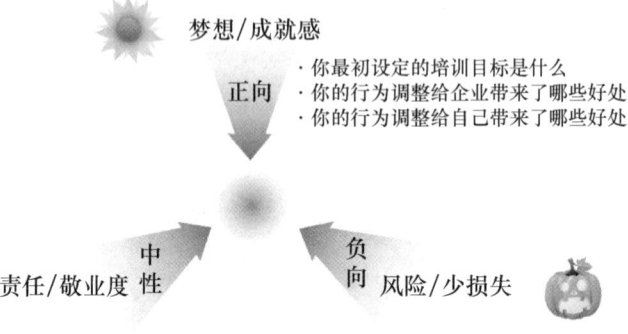

梦想/成就感

正向
- 你最初设定的培训目标是什么
- 你的行为调整给企业带来了哪些好处
- 你的行为调整给自己带来了哪些好处

中性 责任/敬业度
- 你与企业的关系是怎样的
- 你如何做到尽职尽责

负向 风险/少损失
- 如果你不能完成预期目标，会出现什么后果
- 你愿意承担这样的后果吗你该如何做

图 1.11　心甘情愿的情感保障

1.3　培训真正的核心

说了这么多，培训究竟是在做什么呢？

结合老板的经营视角和员工的体验视角，我给培训下了一个定义。

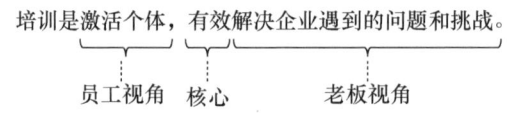

培训是激活个体，有效解决企业遇到的问题和挑战。

员工视角　核心　老板视角

"激活个体"符合员工成长体验的需要，同时也是培训效果落地的重要前提；"解决企业遇到的问题和挑战"是在企业内组织培训的根本出发点，也是保证培训效果落地、企业持续投入资源和建立学习型组织氛围的关键所在；而"有效"则是培训真正的核心。

万达集团总部培训中心的校训没有引经据典，只有非常简练的两个字——"有用"。但正是这两个字，点出了培训真正的核心所在。有人觉得老板对培训"有用"的要求太高了，那是不是从一开始老板对培训就是这样要求的呢？还真不是。企业对培训的要求是与企业的竞争环境密切相关的（见图1.12），你只有先理解它，才能更好地理解培训。

如果你做了多年培训，你就会发现老板对培训的要求并不是一开始就这么高的，而是有一个递进变化的过程。下面从两个层面来分析：企业面临的竞争环境和企业对培训的要求。

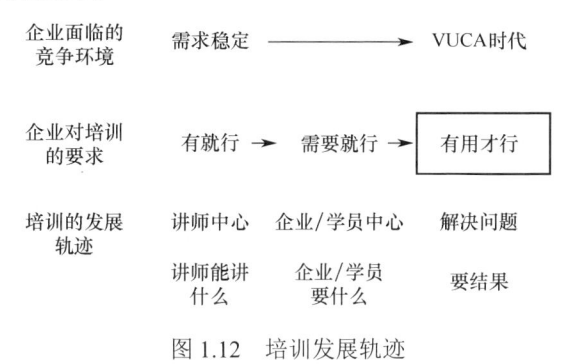

```
企业面临的      需求稳定 ──────────→ VUCA时代
竞争环境

企业对培训      有就行 → 需要就行 → │ 有用才行 │
的要求

培训的发展      讲师中心   企业/学员中心   解决问题
轨迹
              讲师能讲    企业/学员      要结果
              什么        要什么
```

图 1.12　培训发展轨迹

随着经济的不断发展，企业面临的竞争环境发生了很大的变化。总体来说，企业从需求稳定的环境进入了 VUCA[①]时代，也就是从产品不愁卖的时代进入了具有易变性、不确定性、复杂性和模糊性的时代。简单地说，就是企业的生意越来越难做，竞争越来越激烈。在当今商业社会，同类型的商品有无数个品牌可供选择，世界 500 强企业名单每年都有变化，每年都有很多企业宣布破产，而直接倒闭的中小企业就更多了，这些现象背后就是企业市场竞争的白热化。

随着企业面临的竞争环境的改变，企业对培训的要求也发生了变化。在竞争不激烈的年代，企业对培训的要求是"有就行"。什么意思？就是只要组织一次培训就可以了，至于讲什么、效果怎么样，没有严格的要求和考核标准。这个阶段培训市场是以讲师为中心的，主要看讲师能讲什么。随着竞争的逐渐激烈，企业对培训的要求从"有就行"变成了"需要就行"。什么意思？只"有"不行了，还要说清楚为什么要做培训，对企业发展和学员有什么帮助。随着竞争的进一步加剧，企业对培训的要求又提升了，变成了"有用才行"。当你向老板汇报培训方案时，他可能会问你："你怎么能保证这次培训最后是有用的？"这就是老板对培训的要求——解决问题，要结果。其实，现在培训在有些企业处于尴尬境地的主要原因也正是如此——不够有用。很多培训管理者对培训的认识还停留在第二阶段"需要就行"，甚至第一阶段"有就行"，这可能会直接造成老板对培训效果的不认可。

最终你会发现，关于培训管理一切的核心是"有用"。有用和务实，是所有方法和技巧发挥作用的前提，培训的最终目的不在于培训，而在于通过培训来提升企业的核心竞争力，更好地解决企业面临的挑战和问题。

---

① VUCA 即 Volatility（易变性）、Uncertainty（不确定性）、Complexity（复杂性）和 Ambiguity（模糊性）的缩写。

小 结

1. 培训是激活个体，有效解决企业遇到的问题和挑战。

2. 培训不能解决企业遇到的所有问题和挑战，但是培训必须以企业遇到的问题和挑战为根本出发点。

3. 在企业战略落地的"人"这个层面，培训能解决的问题主要聚焦在员工能力和工作方法方面，同时可以运用专项咨询、行动学习研讨和案例分析复盘等技术发现和解决一部分管理机制问题。至于绩效激励方面的缺失，只有通过制定和调整相关的政策才能得到真正的改善。

4. 学员需要的培训不是内容灌输，而是把心点亮。

5. 培训管理的核心是"有用"。培训的最终目的不在于培训，而在于通过培训来提升企业的核心竞争力，更好地解决企业面临的挑战和问题。

第 2 章

搭建有效的培训体系

2.1 定方向：偏重"系统"还是"本质"

培训体系不是一张图，而是培训部门支持业务的思路。无论你所在的企业规模是大还是小，是初创企业还是成熟企业，无论老板是否明确要求你建立培训体系，我都建议你要具备培训体系的思维。你要做的不是画出那张图，而是清楚培训部门支持业务的思路。

培训体系的两种类型

搭建有效的培训体系的第一步是定方向，选择适合企业的培训体系。从这个角度来看，培训体系大致可以分为两种类型：完善系统型培训体系和直指本质型培训体系。

完善系统型培训体系（以下简称"系统打法"）偏重于搭建系统的培训体系，建立完善的培训职能分工和工作规划，统筹开展人才梯队培养和组织变革等工作。下面看一个案例。

如图 2.1 所示是一家世界 500 强企业的培训体系，从图中可以看到整体结构很系统，层次分明，分工明确。图中的主要内容有：

- 企业文化/战略/业务。
- 领导力类课程（基层领导力类、中层领导力类、高层领导力类、集团领导力研讨会等）。
- 通用技能类课程（有效会议类、沟通管理类、时间管理类、问题解决类、PDCA 类等）。

- 专业技能类课程（产品知识类、行业前沿类、研发类、生产类、营销类、物流类、财务类、人力资源类等）。
- 人才发展（新人训、基层管理培训班、中层管理培养计划、高层管理继任计划等）。
- 变革发展（行动学习、群策群力、变革加速过程、创造性解决问题等）。
- 知识管理平台（师资体系、课程体系、E-learning）。
- 学习发展支持环境（软/硬件）。

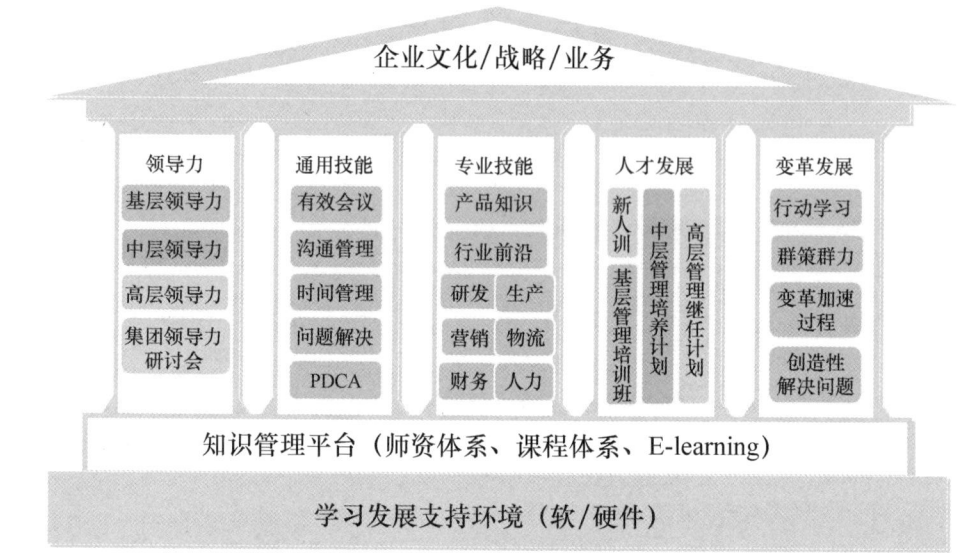

图2.1　系统打法：某世界500强企业的培训体系

这种培训体系的考核重点是有没有完善的培训体系和流程，有没有规范的培训管理制度，有没有系统的人才发展计划，开发了多少门课程，以及培训了多少名员工等（见图 2.2）。同时，培训部门的架构设计与培训体系一致，也就是与培训部门支持业务的思路一致。

从部门架构来看，该企业按照不同的职能模块设置了不同的职能部门：学习发展部、人才发展部和变革发展部。每个职能部门内部再按照具体分工不同，设立了不同的科室。例如，领导力室专门负责企业管理人员的领导力提升；通用技能室负责各部门的通用技能提升，如沟通技巧、时间管理、问题分析与解决等；学习管理室负责培训管理制度和流程的优化，以及培训档案的管理等；新人养成室主要负责新员工培训等。除此之外，还有专业技能室、人才评估室、人才发展室、组织能力室等，各科室各司其职，各负其责。

第 2 章　搭建有效的培训体系

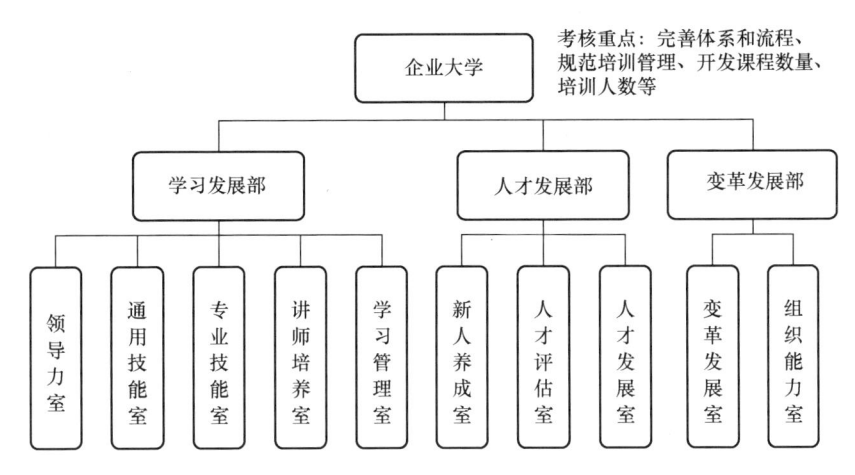

考核重点：完善体系和流程、规范培训管理、开发课程数量、培训人数等

图 2.2　系统打法：某世界 500 强企业的培训部门架构

当然，中小型企业的培训管理人员有时需要身兼数职。如果企业中只有你一个人负责培训管理工作，你也可以对照这个架构梳理一下自己现有的工作内容，了解一下哪些内容是现在正在做的，如新员工培训、培训管理制度的修订、培养内训师等；哪些内容是接下来需要完善的，如管理人员的领导力提升、在岗人员的通用技能提升、人才选拔和晋升培养等。通过不断对照反思，你会对培训管理这件事情看得更加全面和清晰，对你未来的发展也会有更明确的规划。

直指本质型培训体系（以下简称"本质打法"）直接聚焦于解决企业遇到的问题和挑战，一切部门的分工和工作的重心都围绕解决业务问题和挑战来设置。

如图 2.3 所示是另一家世界 500 强企业的培训体系，与系统打法不同，在图 2.3 中，没有结构化的培训体系，也没有领导力、通用技能等模块的划分。这个培训体系就是两个字——有用，直指培训的核心。考核重点就是培训的有用度，具体分解为 3 个关键考核指标：解决问题、业务评价和培训课时。解决

图 2.3　本质打法：某世界 500 强企业的培训体系

— 17 —

问题考核的是一年中培训部门解决问题的数量和效果，以及总结积累的案例数；业务评价是按季度、半年度和年度由业务部门对培训部门进行评分，以及每次培训项目结束后业务部门和学员的评价；培训课时也就是人天量，是用各期培训项目的学员人数乘以项目天数，之后汇总求和。前两个指标直指功劳，最后一个体现苦劳，三者整体反映培训的价值和有用度。

与本质打法配套的部门设置是按照企业的事业部进行划分的，教学一部、二部和三部分别对应不同的事业板块（见图 2.4），对应在中小型企业可以理解为部门一、部门二、部门三……也就是每个重点业务部门对应一个教学部。

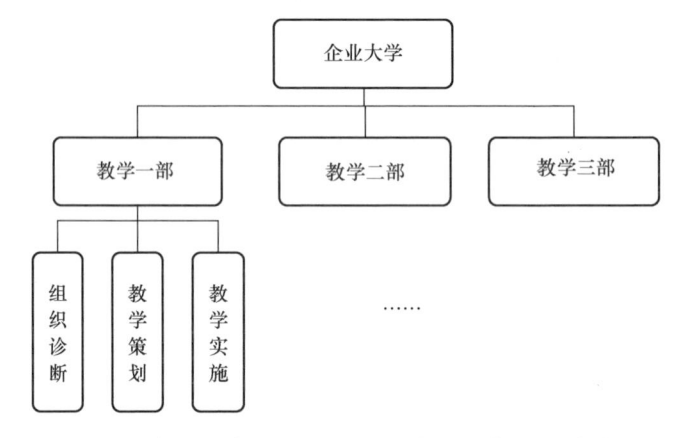

图 2.4　本质打法：某世界 500 强企业的培训部门架构

每个教学部都围绕解决问题和挑战这个核心设立 3 个职能：组织诊断、教学策划和教学实施。组织诊断是指发现企业遇到的问题和挑战，教学策划和教学实施是指解决问题和挑战，然后形成闭环，不断发现和解决企业遇到的问题和挑战。整体架构设置和工作重点都围绕培训的核心——有用——展开。

两种培训体系都有成功企业案例，并无好坏之分，只有适不适合之别。那如何选择适合你的企业的培训体系呢？

看清环境和自己的定位，即分析你所在行业和企业的特征及培训部门在企业中的角色定位。针对不同的行业和企业特征，以及不同的培训部门的角色定位，要采用不同的策略才能让培训发挥真正的效用。

根据所属的行业和企业特征选择培训体系

先来判断一下行业和企业的特征。如果让你用一个字来形容你所在企业的特征，在"稳"和"快"之间，你会选择哪个字？（见图 2.5）

第2章 搭建有效的培训体系

快 本质打法
行业竞争激烈，瞬息万变，节奏快，更新快；
企业发展方向和重点多变，更新快，调整多；
企业管理体系粗放（或来不及细化），更新较快；
团队和员工工作节奏快，压力大，加班多

系统打法

稳 系统打法
行业竞争相对稳定，更新速度相对平稳；
企业发展方向相对稳定，变化较少；
企业的管理体系和标准比较明确，且相对稳定；
团队和员工的工作节奏相对平稳

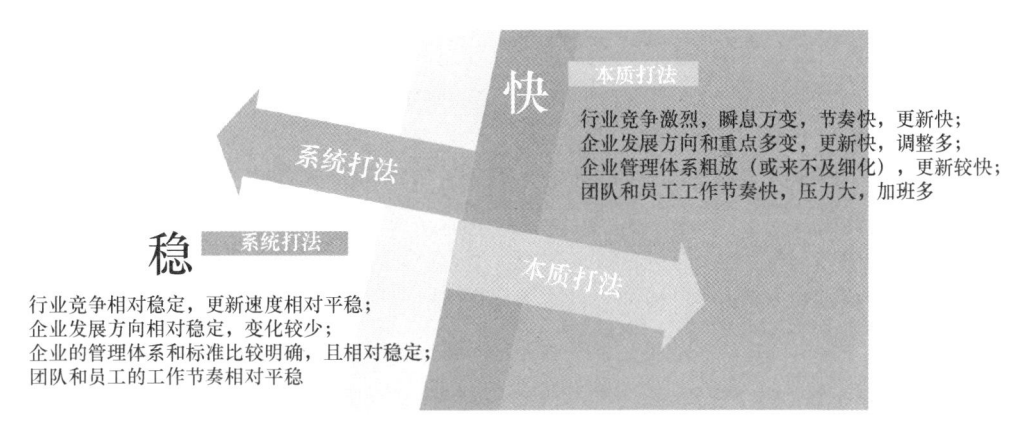

本质打法

图 2.5　行业和企业特征

如果你所在的行业和企业的主要特征是"稳"，即：
- 行业竞争相对稳定，更新速度相对平稳；
- 企业发展方向相对稳定，变化较少；
- 企业的管理体系和标准比较明确，且相对稳定；
- 团队和员工的工作节奏相对平稳。

那么，你可以优先选择系统打法。例如，传统制造业和餐饮服务业的竞争模式相对固定，大多数企业以渐进式优化现有产品或服务为发展方向，企业内部有明确的管理体系和操作标准，团队和员工的工作节奏比较规律和平稳。

如果你所在的行业和企业的主要特征是"快"，即：
- 行业竞争激烈，瞬息万变，节奏快，更新快；
- 企业发展方向和重点多变，更新快，调整多；
- 企业管理体系粗放（或来不及细化），更新较快；
- 团队和员工工作节奏快，压力大，加班多。

那么，你可以优先选择本质打法。例如，互联网和新媒体行业竞争激烈，节奏快，行动快，业务发展方向调整得也快，企业大多是"打仗"的节奏，内部强调执行力，各部门专注解决眼前的"战事"。同时，由于企业的变化节奏很快，人们首先需要做的往往是直接解决问题，你要想慢慢搭建系统的培训体系，建立岗位模型……你可能会发现自己根本跟不上大家的节奏——你还没做完，情况可能就变了。

评估培训部门在企业中的角色定位

除了行业和企业的特征可以作为参考因素，还可以通过评估培训部门在企业中的角色定位来选择培训体系。培训部门在企业中的角色定位大体可以划分为 4 种：学习平台、绩效顾问、业务伙伴和变革推手。

- 学习平台是为员工搭建学习的平台，组织培训，提供各种学习资源的支持，传统培训部门的定位多聚焦于此。
- 绩效顾问关注员工的岗位绩效，清楚地知道岗位的理想绩效目标是什么，现在的绩效差距在哪里，然后想办法帮助员工提高绩效水平。
- 业务伙伴从业务部门的角度出发，提供部门发展的管理建议，相当于企业内部咨询顾问的角色。
- 变革推手主要聚焦在企业的战略和变革推动方面，推动企业战略的制定和落实。

你可以用如图 2.6 所示的坐标系评估一下培训部门的角色定位评分，看看自己的部门在 4 个角色中的现有水平分布。请根据培训部门当前的实际情况，分别在学习平台、绩效顾问、业务伙伴和变革推手 4 个角色维度进行打分，满分 40 分，最低 0 分。完成评分后，请将 4 个得分点用直线连接，你会得到一个四边形。

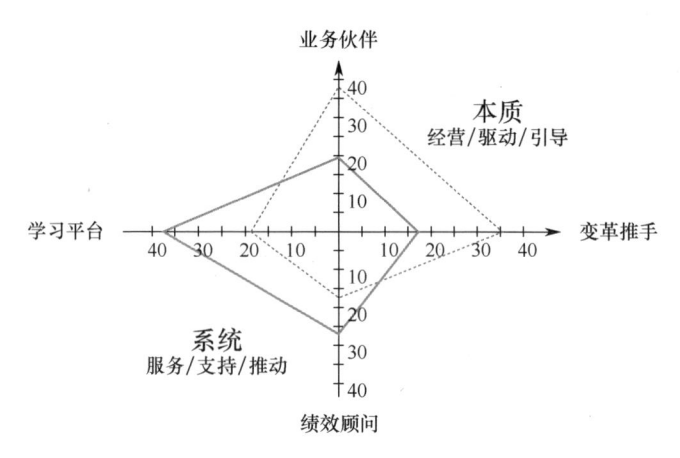

图 2.6　培训部门的角色定位

如果你得到的四边形偏重于学习平台和绩效顾问的角色（图 2.6 中的实线四边形），那么你可能比较适合采用系统打法，培训目前在企业中主要起到服务、支持和推动的作用。如果你得到的四边形偏重于业务伙伴和变革推手（图 2.6 中的虚线四边形），那么你可以优先考虑本质打法，培训目前在企业中主要起到经营、驱动和引导变革的作用。

结合行业和企业特征，以及培训部门的角色定位，相信你已经对适合自己企业的培训体系大方向有了一个初步判断，下一节将进一步讲解设计培训体系的要点和方法。

2.2 巧设计：培训体系融合升级全垒打

有了大方向之后，就可以设计培训体系了。设计不是做选择题，更不是复制粘贴，而是梳理和构建培训支持业务的思路。下面先分析一下前面介绍的两种培训体系——系统打法和本质打法。两种打法都有自身的优势和劣势。

系统打法的优势在于更系统，更有章法，所有的动作都在体系中明确地列出，按部就班，规规矩矩。但正因如此，这种培训体系很容易越做越"重"，失去了快速应变的灵活性，同时容易陷入培训人的专业陷阱中，也就是培训人在企业中"自己跟自己玩儿"，苦苦钻研各种培训技术，却离业务越来越远。时间一长，你会发现越来越重的培训体系就像"飘"在空中，不那么接地气了。

相比系统打法，本质打法的优势在于更贴近业务，够直接，直指企业的问题和挑战。但它也有自身的劣势，那就是缺少系统打法的系统性、规划性和整合能力。使用本质打法，你可以看到每年都解决了多少业务问题和挑战，总结积累了多少案例，这些内容和经验是有价值的，但如何应用它们呢？本质打法缺乏系统打法的结构，就像商人进了很多货，却没有分类展示的货架一样，等到想用的时候就找不到了。时间一长，这些每年总结的内容和经验就会被封存入箱，束之高阁，从而对企业经验和成长机会造成严重浪费。

那么到底该如何设计培训体系呢？

我的建议是两个都选，灵活运用两种打法，结合两种打法的优势，即在系统打法中加入对完成目标和解决问题的关注和考核。

培训体系优化模型

如图 2.7 所示的培训体系优化模型结合了系统打法和本质打法的优势，可以作为构建培训体系初模的工具。下面先来看该模型中属于系统打法的部分。

整体来说，培训体系优化模型分为 4 个内容部分：底层是学习发展支持环境，包括培训管理的软性和硬件支持；第二层是知识管理平台，包括师资体系、课程体系和 E-learning（在线学习平台）等；第三层是不同的培训项目模块，包括领导力模块、通用技能模块、专业技能模块、人才发展模块和变革发展模块，每个模块对应不同的培训项目和课程库；顶层是企业文化、战略制定和业务落地管控。

对培训体系优化模型来说，内容并不是重点，结构才是真正反映培训支持

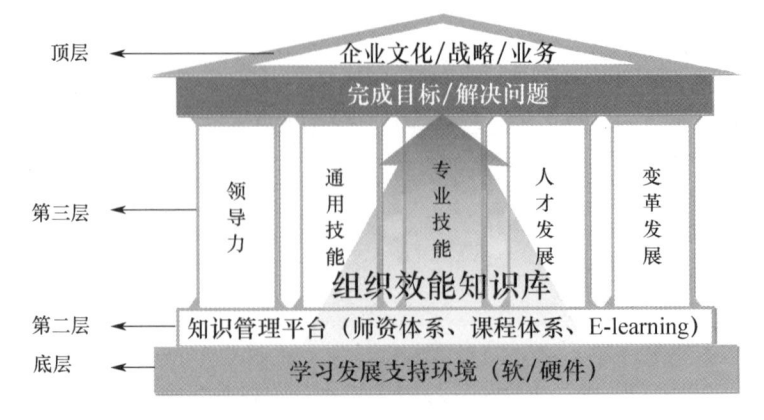

图 2.7 培训体系优化模型

业务思路的关键。在系统打法的培训体系中，整体结构就像一座房子，很多企业的培训体系模型都会采用类似房子的图形。这种图形有什么特点呢？有基础——地基部分；有支撑——柱子部分；有引领——屋顶部分。因此，之所以有很多企业选用房子的结构来呈现培训体系，看中的并不是房子的外形，而是其内在的"基础—支撑—引领"结构。接下来把图 2.7 中的培训体系优化模型变化一下（见图2.8），从本质上来看一看它的各个部分到底是在干什么。

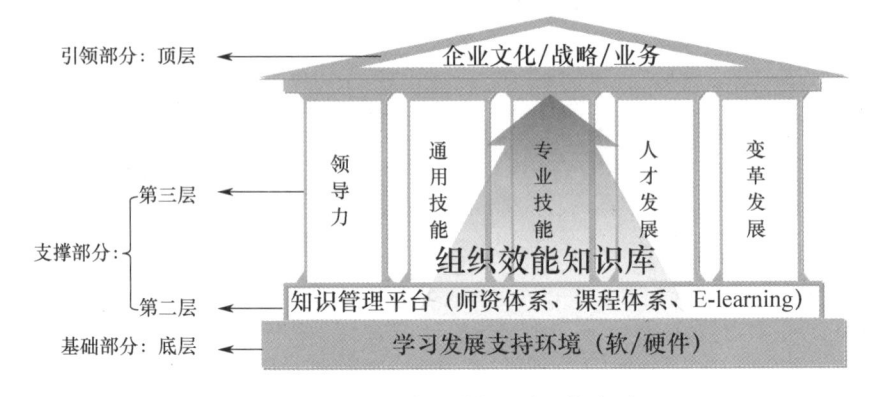

图 2.8 培训体系"系统打法"的本质

基础部分：底层

底层，是基础部分，是指学习发展的支持环境，既包括像培训管理制度这样的软性支持，也包括培训教室、培训物资等硬件设施，主要对企业的培训管理起到保障作用。

支撑部分：第二层和第三层

第二层和第三层是支撑部分，它的本质是组织效能知识库的完善和应用。

第二层中的师资体系、课程体系和 E-learning（在线学习平台）是在做什么？从本质上看是企业知识的管理平台（这里的知识是广泛的定义），不管是内训师的培养和激励、课程的开发和案例的沉淀，还是在线学习平台的应用，都是对组织经验和智慧的萃取。而第三层，在知识管理平台之上列出的各个模块，实际上是对组织经验和智慧的梳理和应用。按照内容不同，可以把课程分为领导力类、通用技能类和专业技能类。按照应用方向不同，可以把课程分为人才发展和变革发展两个方向，人才发展方向包括新员工培养项目、管培生培养项目、在职员工能力提升项目和各层级人员晋升培养项目等；变革发展方向包括应用行动学习、群策群力等催化引导技术和企业变革创新技术等。

引领部分：顶层

支撑部分支撑的是什么呢？就是顶层——起到引领作用的企业文化、战略落地和业务运营，可以说顶层下面所有的内容都是为顶层服务的。也就是说，培训是为企业经营服务的，这也是我把支撑部分称作"组织效能知识库"的原因。很多企业的培训管理者都更看重基础和支撑部分，总想着把培训管理制度不断细化，开发多少门课程，组织多少场培训，让第二层和第三层看起来丰富多彩。殊不知对培训管理来说，引领部分比基础和支撑部分更重要。这个误区正是很多采用系统打法的企业培训越做越"飘"的主要原因之一。

因此，培训体系优化模型在系统打法的基础上进行了强化，在引领部分和支撑部分之间增加了完成目标和解决问题部分，从而形成一个纽带，一方面，通过完成目标和解决问题，可以有效地将公司战略落地；另一方面，可以把培训的资源导向解决问题和挑战，指向性更加明显，提升资源整合的有效性。这样就可以将已有的资源盘活，让它们更加聚焦于对具体业务问题的解决，从而发挥更大的作用。同时也可以对解决问题的经验进行梳理，方便企业进行更好的总结和应用，最终建立一个既关注结果又有系统性的培训体系。

同时需要注意的是，培训体系中各个部分之间的联动关系是非常重要的，如果出现断点，会直接影响实施效果。例如，如果你制定的培训管理制度没有与企业战略落地或业务运营挂钩，那么很可能会变成一纸空文；很多企业做完内训师培训后，没有开发课程或开发的课程很少得到应用，这就是只看到了组织经验萃取的点，而忘记了萃取是为应用服务的，只有应用才会产生效果；还有些企业的业务部门对人才培养效果不满意，觉得培训部门培训出来的管理人员并不是他们所需要的，这就是人才培养与业务运营需要之间出现了断点。培训部门应该时刻谨记以终为始，为经营服务，而不是单纯地完成工作任务。因此，培训体系的作用绝不只是一张图，而是时刻帮助你梳理和反思支持业务的思路，让各项培训管理活动变得更加清晰和准确。

与培训体系优化模型配套的部门架构

与培训体系优化模型配套的部门架构，可以采用"培训+BP"的结构方式搭建（见图2.9），其中BP是指Business Partner，即业务伙伴。现在很多企业都开始采用这一架构模式，它融合了系统打法和本质打法部门架构的优势，更有利于打破培训部门与业务部门之间的部门墙，能够更快速地发现业务部门的需求，也更利于制订和实施解决方案，跟踪培训效果的落地。

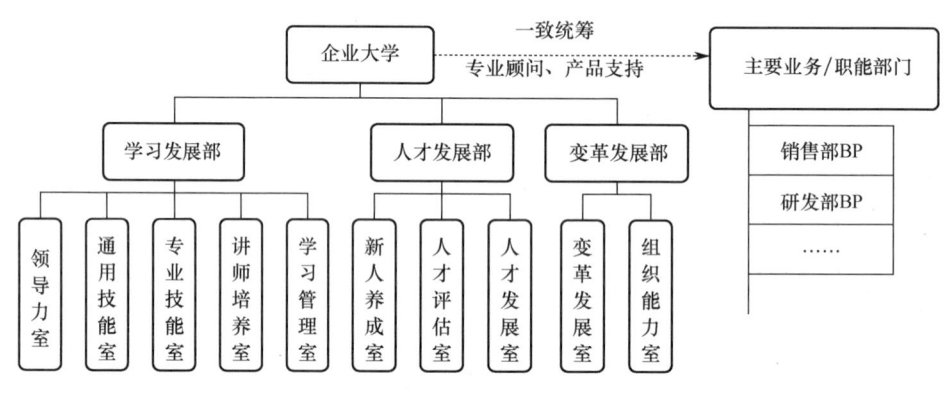

图2.9 与培训体系优化模型配套的部门架构

该部门架构整体分为培训管理部门和业务部门BP两个角色，分管不同的内容。培训管理部门在系统打法架构的基础上，增设"业务部门BP"角色，由培训管理人员兼任。培训管理部门角色主要负责对企业具有重大意义、需要统一标准和具有普遍性的项目，如企业文化培训、企业战略解读、领导力培训等，都是具有企业层面意义或具有共通性的培训项目。业务部门BP角色承担了本质打法的架构职能，重点发现和解决其所负责的业务部门的需求和问题，这样一方面能够及时地发现需求，另一方面可以更敏捷地组织和实施培训，在一定程度上减少"因业务部门需求属于个别需求而一拖再拖"的现象，从而实现培训部门下沉到业务部门，与业务部门协同作战，"聚是一团火，散是满天星"。（注：如果是中小型企业，培训管理人员数量有限，则业务部门BP角色可以由业务部门人员兼任。）

在培训体系优化模型的基础上做调整

看到这里，相信你已经了解了培训体系优化模型，它可以作为你搭建培训体系的初模工具。之所以说"初模"，是因为如果想搭建适合自己企业的培训体系，你还需要在此基础上做调整。培训体系优化模型就像一个靶子，为你提供了调整的方向。

第2章 搭建有效的培训体系

具体如何调整呢？有两个步骤要点：现有和增减。

第一步，现有。对照培训体系优化模型，看看当前都有哪些内容，把它们标注出来。

第二步，增减。按照企业实际情况，删除不需要的内容，同时增加需要的内容。注意，此环节应由上至下进行，即从屋顶（企业文化、战略、业务）向下梳理，参考培训体系打法定位，不为求全，只为实用，尽量避免发生列出的内容长期无法实现的情况。

下面来看一家企业的实操案例。

甲企业是一家全国规模的制造型企业，在国内有两个生产基地，销售网络遍布14个省、市、自治区。甲企业内部一直组织培训工作，但没有搭建过培训体系。为了满足企业发展规模扩大的人才需求，甲企业决定重新梳理培训工作，搭建一个能够支撑业务发展的培训体系。

首先，培训部门通过分析，判断制造行业及企业的特征为相对偏"稳"，同时培训部门的角色定位目前偏向于学习平台和绩效顾问的角色，所以初步拟订培训体系重点偏向系统打法。

其次，培训部门对照培训体系优化模型，盘点了目前正在做的培训工作，同时根据企业的发展规划和需求，对整体模块和相关项目进行了增减调整（见图2.10）。

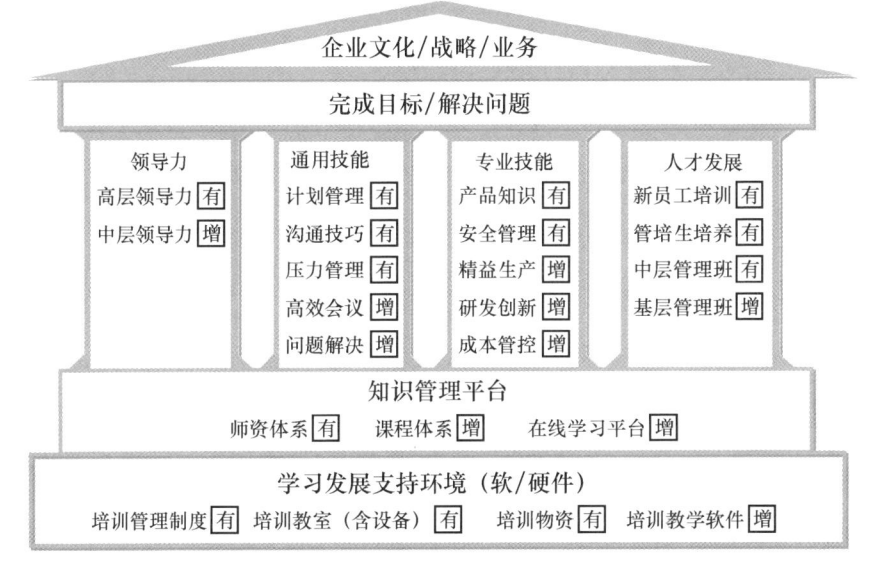

```
                    企业文化/战略/业务
                    
                    完成目标/解决问题
    
    领导力           通用技能        专业技能        人才发展
    高层领导力[有]   计划管理[有]    产品知识[有]    新员工培训[有]
    中层领导力[增]   沟通技巧[有]    安全管理[有]    管培生培养[有]
                    压力管理[有]    精益生产[增]    中层管理班[有]
                    高效会议[增]    研发创新[增]    基层管理班[增]
                    问题解决[增]    成本管控[增]
    
                    知识管理平台
    师资体系[有]    课程体系[增]    在线学习平台[增]
    
                学习发展支持环境（软/硬件）
    培训管理制度[有]  培训教室（含设备）[有]  培训物资[有]  培训教学软件[增]
```

图2.10 甲企业搭建培训体系优化模型

根据企业发展规模扩大的大背景，经过与管理层沟通分析，培训部门决定

— 25 —

在组织效能知识库应用中设定领导力、通用技能、专业技能和人才发展等模块（变革发展模块暂不涉及）。其中：

- 领导力模块，目前企业已有针对高层领导力提升的培训项目，但是中层领导力普遍不足，直接影响了企业各项决议的执行力和实施效果，所以需要增加中层领导力提升项目。
- 通用技能模块，企业现有"计划管理""沟通技巧""压力管理"培训课程，但考虑到目前企业内部普遍存在会议效率不高和问题解决不彻底的情况，培训部门决定增加"高效会议"和"问题解决"两门课程。
- 专业技能模块，目前已有"产品知识""安全管理"课程，以及适合生产部门的一些技能类培训项目。根据企业发展规模扩大提出的"精益生产、重研发、控成本"要求，培训部门决定增加"精益生产""研发创新""成本管控"课程，加强研发创新能力，提升全员精益生产和成本管控意识。
- 人才发展模块，目前已实施新员工培训项目、管培生培养项目和中层管理班。根据企业高层人员结构比较稳定、暂无岗位空缺且外招可以满足需求的特点，培训部门决定暂不设定高层管理晋升班。同时考虑到企业发展的人才需要和一直以来基层管理人员培养的断档，培训部门决定在基层管理人员供给方面的重点由"外招转向内培"，开设基层管理班，一方面加强基层管理人员的人才供给，另一方面也为中层管理培养提供充足的人才保障。

在组织效能知识库的知识管理平台模块，当前已有内训师培养项目，但产出的课程一直存在问题，所以培训部门决定加强内训师课程产出，同时建立课程体系，提升对课程整理和应用的效果。考虑到企业当前的发展情况，生产基地在不同的地区，销售团队遍布 14 个省、市、自治区，后期还将扩大规模，为了提升企业内部信息协同和学习效率，培训部门决定上线在线学习平台。

在学习发展支持环境模块，目前已有培训管理制度、培训教室和培训物资等支持条件，拟采购培训教学软件，提供线上课前调研、电子签到、课堂线上实时互动点评、线上考试和效果评估等功能，提高培训管理效率和培训实施效果。

以上所有的内容和项目设置均为企业发展战略落地服务，以完成各层级业务目标和解决实际问题为导向。同时在各业务部门设立一个 BP 岗位，由业务部门经理以上级别的人员兼任，与培训部门配合，共同落实培训工作。

所以说，在培训管理的路上，有很多好的经验可以参考，但一定要注意，参考不是简单的复制，领悟精髓，以终为始，灵活运用，才是真正的王道。

2.3 缓公布：别让培训体系只停留在图纸上

通过前面的学习，你为培训体系的搭建确定了大方向，设计了培训体系优化模型，那什么时候向企业员工公布呢？很多培训管理者在做出培训体系优化模型后，迫不及待地就公布出去了，结果悲剧了——费劲搭建的培训体系到最后被员工忘得一干二净，只剩下计算机里的那张图。

那应该怎么做呢？记住一句口诀："提前共识，爆款项目，暂缓公布。"

提前共识

培训体系在正式公布之前不仅要向老板汇报，进行调整，还要与各个业务部门进行沟通，达成共识。有的培训管理者认为这个环节是可以忽略的：有些业务部门并不关心培训体系的事情，何必非要上赶着和他们沟通呢？我不这么认为，理由有两个。

理由一：还记得培训体系的本质是什么吗？是培训部门支持业务的思路。因此，即便你做得很好，老板也认可了，但是如果不能和业务部门达成共识，培训体系是无法落地的。缺失了这一环节，后面推进具体项目时你会发现自己不仅要向业务部门反复解释培训体系的思路，而且会遇到大量需要耗时协调的工作。

理由二：有些培训管理者认为老板都同意了，即便和业务部门沟通了培训体系的思路，他们也不会提出太多的调整意见，到最后还是按照原来的思路执行，这不是浪费时间吗？这当然不是浪费时间。和业务部门沟通共识的价值不仅在于达成一致的结果，更重要的是沟通的过程体现了培训部门对业务部门的尊重。如果你能得到业务部门的认可，让他们亲口同意按照这样的思路推进后面的工作，那么业务部门的重视程度和参与度就会大幅提升。

爆款项目

在获得了老板和业务部门的认可之后，是不是就可以公布了？还不行。这时候你要做的是打造爆款培训项目——足以让员工感兴趣、有期待，能够创口碑的培训项目。

通过调查我发现，几乎所有的企业都在做培训，只不过有的企业做得更完善一些，有的企业可能只做了一些简单的新员工培训和基础培训。不论是哪种情况，都意味着你在全体员工面前推出培训体系并不是从零开始的，员工对企业之前的培训是有自己的评价的。如果员工对企业之前的培训评价不高,那你面对的首要问题可能不是推出培训体系,而是改变员工对培训的认知和评价,让员工对这些培训感兴趣。让员工对接下来的培训有期待是正式推出培训体系的必要基础。

暂缓公布

为什么要暂缓公布?除了通过爆款培训项目为推出培训体系造势,这里还有一个员工预期管理的因素。试想以下两种情境,你更愿意接受哪种?

情境一:企业公布了培训体系,员工满心期待,想着自己很快就有机会参与其中了。之后企业组织了一次高层领导力培训和一次"问题分析与解决"培训,反馈很好,但有些员工发现自己等了 4 个月也没有得到参加培训的机会,于是去询问培训部门,得到的回复是:"咱们的培训项目需要逐个开展,根据今年的培训预算和计划,您这个岗位的培训课程可能要等到明年启动了。"

情境二:企业做了一次高层领导力培训,反馈很不错。之后,企业又组织了一次参与人员更广泛的"问题分析与解决"培训,同样得到了很好的反馈。之后,培训部门公布了培训体系:

全体员工:

之前企业组织的高层领导力培训和"问题分析与解决"培训得到了大家的热烈反馈。不过我们企业的培训内容不止这些,我们的培训体系是有规划、有系统的,下面向大家展示企业的培训体系规划。

我们企业不仅有领导力和通用技能方面的培训,后期还将开设重点专业领域的专业技能提升课程,以及管理人员晋升培养项目,企业希望按照这样的思路帮助全体员工提升核心能力,助力企业经营发展。当然,整个培训体系的落地是需要时间的,也是需要我们共同努力逐步实现的。在这里,真诚地邀请大家参与到后面的培训体系建设中来,让我们与企业共同成长。

相信你已经感受到了这两种情境的不同之处。

情境一中员工的心态变化是:企业要组织培训了—听说组织的培训效果还不错—没有我—没有我—怎么还没有我—明年才可能有我的培训!唉!

情境二中员工的心态变化则是:听说企业组织的培训效果还不错—不止这两次培训,企业要长期做下去—我也有机会参训,真不错!

同样是组织两场培训和公布培训体系,情境一中员工的心态是高开低走,最后失望;情境二中员工的心态是低开高走,对未来充满期待。这就是对员工预期的管理。

培训体系是企业培训部门支持业务的思路。作为培训管理者,你可以不搭建培训体系优化模型，但是不能不清楚支持业务的思路，不仅自己要清楚，还需要与老板和业务部门达成共识，只有这样，其他培训管理活动才能够有效开展。

小　结

1. 培训体系是培训部门支持业务的思路。
2. 搭建培训体系"三步走"：定方向，巧设计，缓公布。
3. 培训体系从打法来看可以分为两种类型：完善系统型培训体系（系统打法）和直指本质型培训体系（本质打法）。系统打法偏重于搭建系统的培训体系，建立完善的培训职能分工和工作规划，统筹开展人才梯队培养和组织变革等工作；本质打法直接聚焦于解决企业遇到的问题和挑战，一切部门的分工和工作的重心都围绕解决业务问题和挑战来设置。
4. 对培训体系的选择可以参考行业和企业特征，以及培训部门的角色定位。如果行业和企业特征偏"稳"，优先考虑系统打法；如果行业和企业特征偏"快"，则优先考虑本质打法。如果培训部门角色偏重于学习平台和绩效顾问，优先考虑系统打法；如果培训部门角色偏重于业务伙伴和变革推手，则优先考虑本质打法。
5. 培训体系优化模型结合两种打法的优势，在系统打法的基础上，加入对完成目标和解决问题的关注和考核，形成纽带的作用。建立初模后，通过盘点现有内容和增减内容进行调整，聚焦实用，尽量避免发生列出的内容长期无法实现的情况。
6. 培训体系公布三步骤：提前共识，爆款项目，暂缓公布。

关注订阅号"匠心宇航"，领取本章检视/行动工具：培训部门角色定位图、培训体系优化模型。

第 3 章

合理制订培训计划

培训计划是落地执行的"作战图"。培训计划对培训管理来说是至关重要的，可是我发现很多企业在做培训计划时却草草了事，以至于后期实施培训时遇到各种困难。既然知道培训计划的重要性，为什么还会出现这样的情况呢？我总结了培训管理者做培训计划的四大痛点：价值低、无章法、找不到关键培训项目和无法管控培训计划的落地实施。

3.1 如何制订老板喜欢的高价值培训计划

第一个痛点是做的培训计划价值低。很多培训管理者都存在一个误区，那就是大多数老板削减培训预算就是为了省钱，反正怎么做都会削减预算，不如随便做一下应付差事算了。其实，对做培训计划来说，真正重要的不是花多少钱，而是你如何花培训预算。向老板汇报培训计划，不仅是和老板对下一年度培训要做的事情达成共识，也是你展示自己管理思维和专业能力的绝好机会。

要想做出有价值且能够得到老板认可的培训计划，你要做的第一件事情就是换位思考，站在企业经营者的角度想清楚两个问题。

- 培训的核心是什么？
- 在老板眼中培训的价值如何体现？

第一个问题的答案相信你已经知道了，培训的核心是"有用"。第二个问题的关键则在于如何体现培训的有用度。对于这个问题，万达集团总部培训中心的做法（见图 3.1）值得借鉴。

第3章 合理制订培训计划

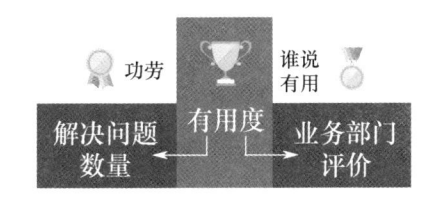

图 3.1 老板关注的数据

万达集团总部培训中心把对培训有用程度的评价分为"功劳"和"谁说有用"两部分。功劳，就是用来证明培训有用的事情，主要聚焦在帮助企业切实解决问题和挑战的数量上；"谁说有用"用来评估功劳的质量。那么谁来评估培训的效果呢？培训最终是为企业经营服务的，所以除了每次培训结束时学员的直接打分，业务部门的打分和评价也是非常重要的，可以按照季度、半年度或年度请业务部门对培训进行打分和评价。这样，培训的"有用度"在老板看来就很清楚了，通过了解培训都做了哪些有价值的事情，以及业务部门（培训服务的内部客户）对这些项目的评价，老板就基本可以判断培训的具体价值了。

当然，除了以上内容，一份完整的培训计划还应该有一系列关键的价值点。那都有哪些关键的价值点呢？在解决这个问题之前，要先明确一个理念：培训计划和培训总结本是一体，不能分开。简单地说，就是培训计划和培训总结应该放在同一份汇报文件里。为什么？因为展望未来与回顾过往密切相关，只有做好复盘过去，才能更好地规划前路。

具体来说，可以把年度培训计划和总结分成 6 个模块：基础数据、计划回顾、培训体系建设、关键项目回顾、反思总结和下年度计划（见图 3.2）。

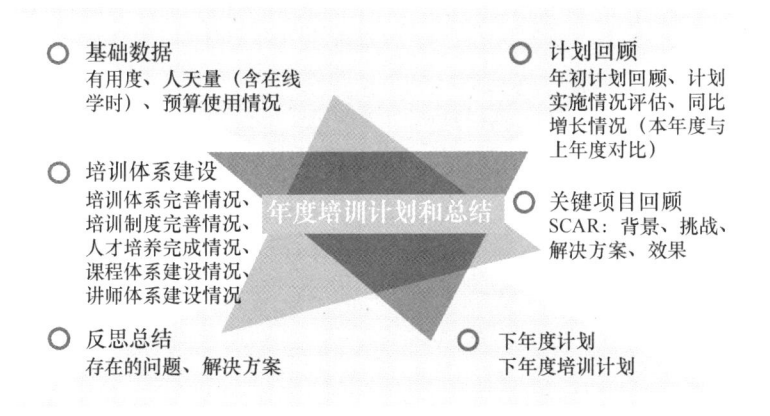

图 3.2 年度培训计划和总结的关键价值点

基础数据

先用数据呈现的方式概括一下年度培训工作的整体情况,包括但不限于有用度(线下培训和线上学习课程满意度学员评分、业务部门打分和评价等数据)、人天量(线下培训人次、线上培训人次和在线学时等数据)、预算的使用情况等。

计划回顾

使用绩效考核思维,先对年初制订的培训计划进行回顾,然后汇报实施完成情况,包括但不限于年初培训计划的内容、年度培训计划的实施情况、同比增长情况,如"2022 年度与 2021 年度相比,培训工作的增长情况"等。

培训体系建设

使用系统思维,对培训体系的各个模块进行复盘,包括但不限于以下内容。

- 培训体系完善情况,最好与公司战略和业务重点工作相结合。
- 培训制度完善情况,突出重点修订的内容。
- 人才培养完成情况,可以分为 3 个部分,即新员工培训、在职岗位培训和晋升培训。新员工培训的数据包括开班次数、培训人天量、满意度、新员工的转正率和留存率等;在职岗位培训的数据包括领导力、通用技能和专业技能的开班次数、培训人天量和满意度等;晋升培训的数据包括开班次数、培训人天量、满意度和晋升人数等,其中晋升人数又可以按职级和业务线进行细分。
- 课程体系建设情况,包括课程体系的结构优化情况、新开发课程数量、完善和迭代的课程数量、萃取和整理的案例数量等。
- 讲师体系建设情况,包括讲师培训班次、新增讲师人数、进阶讲师人数、讲师授课次数、培训满意度等,在这部分还可以按业务部门进行横向比较,看看哪个部门的讲师多,开发的课程多,授课的次数多。

关键项目回顾

抓住重点,在所有培训项目中选择最有价值和亮点的 2~3 个项目进行重点介绍,具体可以参考 CCAR 结构,即背景(Context)、挑战(Challenge)、行动(Action)和结果(Results)。也就是说,在回顾关键项目时,可以分别从项目的背景信息、项目的挑战和难点、具体采取的行动方案和最终取得的结果 4 个方面进行介绍。

反思总结

使用复盘思维，基于对前面 4 部分内容的总结，反思目前培训工作的优势和有待完善的地方，为接下来的培训计划提供持续改进的方向。反思总结是很多培训管理者容易忽略的部分，因此要多加注意。

下年度计划

使用规划思维，有效制定下年度培训要做的管理动作和关键项目。这里需要注意两个要点。第一，先搞清楚一个问题："在着手做培训计划时，我们的目光应该定位在哪个时点？"这里我建议用"未来回想法"，即做培训计划时最好把目光定位在年底的培训总结汇报上。也就是说，在刚开始做计划时就想清楚年底究竟要向老板汇报哪些内容，这样有利于让你制订的行动计划更加聚焦和有效。第二，尽管培训总结中有很多数据，但你要清楚地认识到更重要的是数据背后的思路。做培训计划和总结不仅要看"数"，更要看"路"，精确的数据无法代替大方向上的判断，战术上的勤奋不能弥补战略上的懒惰，最重要的是找到能真正有效地支持业务的行动点。

利用这样的方式汇报培训计划和总结，可以体现培训管理者的数据思维、绩效考核思维、系统思维、复盘思维和规划思维等关键管理能力。在这个环节，你越能展示出优秀的专业性和管理能力，就越有可能争取到更多的培训资源，同时为自己争取更大的发展空间。

3.2 如何让培训计划有章法

做培训计划容易遇到的第二个痛点是无章法。想做的项目不少，但总感觉很"散"，缺什么？缺一个思维，培训体系思维。没错，培训体系与培训计划是密切相关的，培训体系是培训部门支持业务的思路，培训计划是落地执行的"作战图"。

要想让培训计划成体系、有章法，需要回顾一下第 2 章介绍的两个检视行动工具：培训部门角色定位图和培训体系优化模型。培训部门角色定位的调整和培训体系完善重点的聚焦可以作为制订培训计划的指南针和总地图。

对培训部门的角色定位进行评估

第一步，先按照目前培训部门的实际情况对学习平台、绩效顾问、业务伙伴和变革推手 4 个角色进行打分。第二步，根据企业下年度战略和业务发展规划，以及培训部门的实际情况，标出下一年培训部门需要调整的角色评分。下面来看一个例子。

甲企业是一家制造型企业，按照下一年的企业发展规划，管理工作重点将聚焦在精益生产和推行有效的绩效考核方面。培训部门根据目前的实际情况进行评分（图 3.3 中的实线四边形），其中学习平台角色 37 分，绩效顾问角色 20 分，业务伙伴角色 20 分，变革推手角色 15 分，比较偏重于学习平台的角色。公司下一年重点推进精益生产和绩效考核方面的工作，对发现和解决业务经营问题与绩效达成方面的要求大幅提升，相应地，培训部门的角色也应进行调整。经过讨论，培训部门决定下一年适当减少学习平台角色的评分，由原来的 37 分调整至 25 分，同时提升绩效顾问和业务伙伴的角色评分，由原来的都是 20 分分别调整至 35 分和 30 分，变革推手角色评分维持不变。这样一来，培训部门就能明确下一年培训计划调整的大方向了。

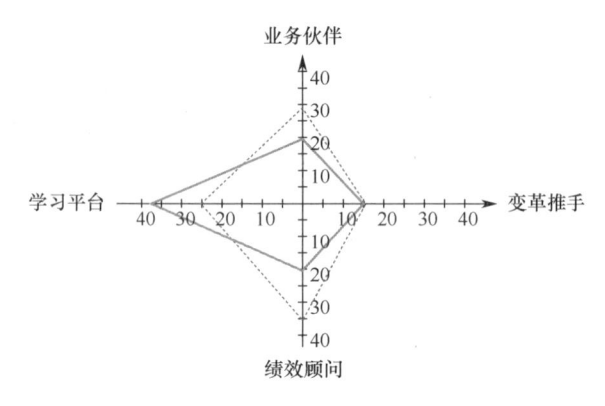

图 3.3　甲企业培训部门角色定位的调整

调整培训体系优化模型

结合企业发展规划和培训部门的角色定位调整情况，在上年度培训体系的基础上做出相应的调整，并标注图标："原"表示维持不变，"调"表示在原有的基础上需要调整，"增"表示添加的新项目。仍以甲企业为例（见图 3.4）。

结合甲企业的发展规划，首先明确下一年度培训体系的重点聚焦在完成目标和解决问题方面。在这个大背景下，调整相应的培训项目，为企业精益生产和推行有效的绩效考核的目标落地提供保障。

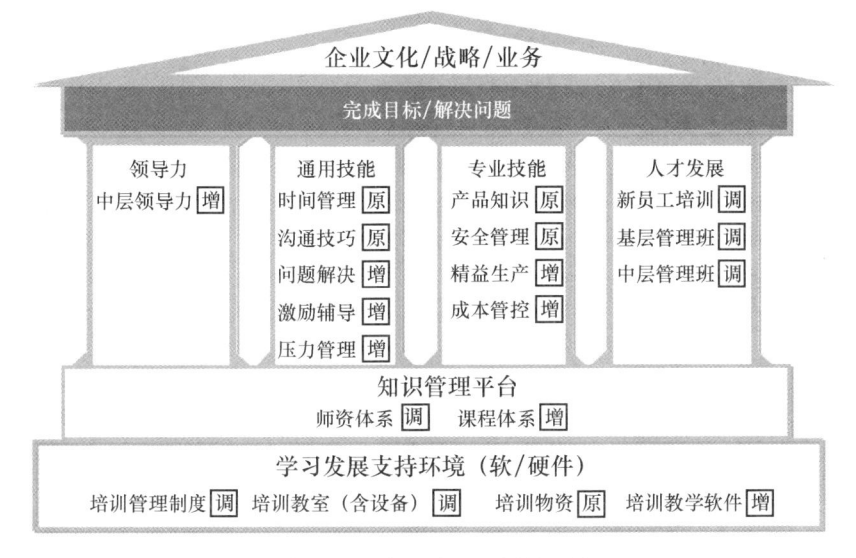

图 3.4　甲企业培训计划的调整

- 增加领导力提升模块，重点提升中层管理人员的团队领导能力。
- 对于通用技能模块，在原有"时间管理""沟通技巧"培训课程的基础上，增加"问题解决""激励辅导""压力管理"培训课程，重点解决精益生产和绩效考核涉及的相关问题。
- 专业技能模块，在原有"产品知识""安全管理"培训课程的基础上，引进"精益生产""成本管控"培训课程，提升相关岗位人员的意识和技能。
- 对于人才发展模块，对原有的新员工培训、基层管理班和中层管理班中涉及绩效考核的内容进行更新。
- 对于知识管理平台模块，对原有师资体系进行调整，重点关注内部讲师课程产出的部分；新增课程体系，对内外部课程进行整体梳理和规划。
- 对于学习发展支持环境模块，调整原有培训管理制度，加强员工学习激励和考核机制；调整培训教室配置，采购可移动式桌椅，有利于培训分组研讨；同时采购培训教学软件，实现无纸化培训管理，提高培训课堂趣味性和管理效率。

可见，如果你能够结合这两个工具向老板做培训工作汇报，就可以大大提升你的培训计划的条理性和系统性。

3.3 如何找到关键培训项目

培训计划有了价值和章法之后，培训管理者还可能会遇到一个无法避开的问题，那就是如何找到关键培训项目。这里同样需要明确一个理念：对用于确定培训计划的关键培训项目而言，你的个人优势不是定位的依据，内部客户的需求才是唯一的标准。我在做管理咨询的时候，有时会看到企业实施的培训课程并不是企业和员工需要的，课程评估的效果也不理想，但仍然一直列在企业每年的培训计划中。通过进一步询问原因我才知道，这些课程是培训经理在上一家企业任职时开发的，然后就"理所当然"地用在了当前这家企业中，并且成了企业每年培训计划中的固定项目。这是一个误区，对企业培训来说，不是"有，总比没有好"，如果这个"有"不能让业务部门和员工给培训加分，甚至有可能造成减分，那这样的项目就会消磨大家对培训的期望和热情，反而会得不偿失。

从具体的动作来看，制订培训计划是在做企业资源和目标的匹配。企业资源是培训计划管理的对象，既包括培训预算、教室、物资等实体资源，也包括企业机会成本、员工时间成本等虚拟资源。企业目标是培训计划管理的靶心和基准。因此，要想把企业资源和目标相匹配，找到关键的培训项目就变得至关重要了。

培训项目从哪里来

企业发展需要什么样的培训项目呢？打个比方，如果把企业发展看作一棵树的话，那么培训要做的事情就是通过不断地收获果实来帮助树茁壮成长。从这个角度出发，在选择关键培训项目时，需要考虑两个关键指标（见图3.5）。

一是培训项目必须是企业成长所需要的，也就是培训项目能够帮助企业解决问题；二是培训项目必须能够获得成功，取得效果。这两个标准可以帮助你评估培训项目的有效性。具体来说，在选择培训项目时，通常可以考虑两个方向：一是目标和挑战，二是问题聚焦。

目标和挑战，是你将要完成的目标，以及为了完成目标所面临的挑战和困难，这通常与企业和业务部门制定的年度目标密切相关，如下一年企业发展的重点目标是什么、面临怎样的挑战等。

问题聚焦就是识别在实现目标的过程中遇到的具体问题，如聚焦公司和业务部门在运营过程中遇到了哪些问题。为方便理解，也可以把目标和挑战理解为前瞻性需求分析,把问题聚焦理解为解决过去和当下遇到的情况。

图 3.5 培训项目的选择指标

说得再详细一些,你可以从 3 个维度来进行培训需求分析,分别是组织分析、任务分析和人员分析(见图 3.6)。

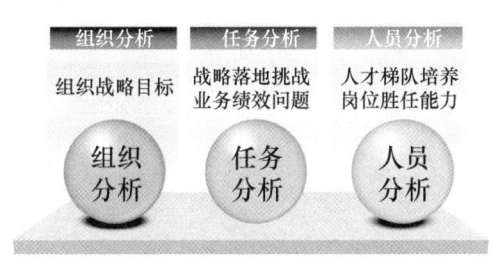

图 3.6 培训需求分析的 3 个维度

组织分析主要是从组织战略目标的角度出发,分析培训的助力点;任务分析包括分析战略落地面临的挑战和业务运营产生的绩效问题两个方面;人员分析主要是指分析企业战略落地和业务运营的人才需求,既包括人才梯队培养需求,也包括在职岗位胜任能力的提升需要。

以上 3 个维度是企业培训需求分析的主要考虑维度,员工个性化的培训需求可以作为培训计划的补充需求,往往会对培训形式的优化提供很多好的建议。

具体操作时,需要站在企业经营的视角审视全局(见图 3.7),从战略目标和业务落地两个关键点切入。

在战略目标层面,要使员工了解企业最新的战略目标,从而对下一年的重点发展方向、发展计划和关键项目有所认知;同时,关注企业战略在业务落地过程中出现的问题,包括业务部门遇到的痛点和实际产生的绩效差距等。下面将从战略解读和问题聚焦两个方面详细讲解如何锁定关键培训项目。

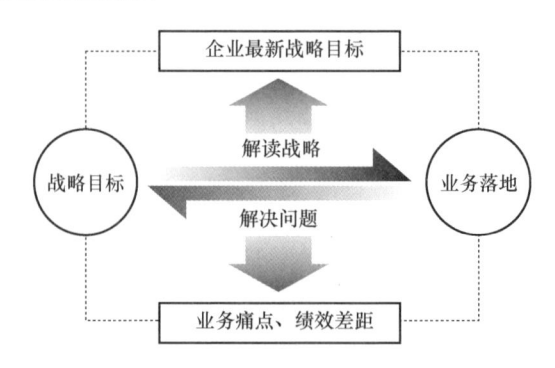

图 3.7 从企业经营视角看培训需求分析

通过战略解读锁定关键培训项目

先来说说战略解读。很多培训管理者都不清楚到底应该怎么解读企业的战略，所以干脆就不碰这方面的内容。但是，让员工了解企业的发展计划是一件很有必要的事情，也是老板很看重的一件事情。组织的一致性取决于全员对战略理解的一致性，只有当你能把培训层面与企业高层所要求的成果之间画出关联路线时，培训才能发挥战略性作用。

还有些培训管理者直接就把企业的年度发展计划当作附件群发给全员学习，结果可想而知：有多少人看了？又有多少人认真看了？又有多少人真正理解了？培训的价值在哪里？最终效果如何？战略落地是需要分解的，在战略目标到落地行动计划之间需要"转换器"进行衔接。转换器要做的事情是战略解读、战略分解和战略落地，然后形成一个闭环，再促进新一轮的战略制定和解读。

战略五要素解析

解读企业战略对培训管理者来说是一项非常重要的基本功。企业战略解读工具"战略五要素解析"（见图 3.8）可以帮助你把企业的年度发展计划梳理得更加清晰。

对企业战略的解读可以从 5 个要素进行分析：商业模式、领域、差异化、发展路径和发展轨迹。

- 商业模式。企业在做什么事情？意义是什么？客户是谁？他们的需求是什么？企业是如何满足客户需求的？在这个过程中企业是如何获取利润的？
- 领域。企业所在的细分行业是什么？精准客户是哪部分人？解决客户哪些具体的痛点或需求？

图 3.8 战略五要素解析

- 差异化。和其他企业相比，我们不一样的竞争优势或差异化的竞争策略是什么？
- 发展路径。企业如何实现发展目标？具体要做哪些重点项目？有哪些新增业务板块？哪些原有业务板块的比重需要重新调整？
- 发展轨迹。企业的发展速度是怎样设定的？1～3 年的发展计划是什么？重点项目的优先顺序是怎样的？业务重点调整的时间计划是怎样的？目标达成的具体考核指标有哪些？

前 3 个要素对应企业的核心获利模式、目标客户画像和竞争优势，是企业制定战略的基础；后两个要素对应企业的业务发展计划，描述了企业制定和实现战略的整体规划路径，企业的年度发展计划主要讲的就是这两个要素。当然，企业的年度发展计划中一般还有老板对企业管理、员工心态和能力提出的具体要求，这些都是做培训计划时要重点参考的内容。

在解读企业战略时，注意不要独自进行解读，一定要邀请具有话语权的人来解读，你则扮演采访者和组织方的角色。我建议你向企业老板和高管分享你的见解，他们会觉得你真正关注企业的整体发展。在企业中，你会发现与企业战略相关的项目比较容易推动，因为这是从上到下推动的，培训部门和业务部门一起将企业目标落地，是协同作战的关系；而如果你忽略这个部分，只想从下往上发起和推动培训项目，有时业务部门会觉得这是负担，甚至是没有必要参与的事情，培训实施的难度就会大大增加。

在进行企业战略和业务发展计划解读时，可以重点参考以下 4 个问题。

- 企业最新的战略目标是什么？
- 关键动作有哪些？
- 业务重点和方向是什么？

- 有哪些痛点或薄弱环节？

第一个问题：企业最新的战略目标是什么？这是个方向问题，只有方向明确，才能清楚地了解具体的重点工作。第二个问题：关键动作有哪些？这个问题是在方向明确的基础上聚焦企业的关键动作。第三个问题：业务重点和方向是什么？这个问题开始聚焦具体的业务工作重点。最后，有哪些痛点或薄弱环节？这个问题直指培训需求，在方向、关键动作和业务重点工作都明确的基础上，聚焦企业将面临的业务痛点或薄弱环节。

通过回答这 4 个问题，就可以从战略解析的角度初步锁定培训支持业务的关键方向和一部分重点培训项目，然后通过和业务部门进行需求访谈，细化和精准聚焦其他培训项目。

进行需求访谈

需求访谈是企业中普遍应用的需求调研方式，它的优点是可以进行一对一（或多对多）的深入沟通，更精准地聚焦关键培训需求，并且是和业务部门建立良好合作关系的关键时机。

企业战略到部门需求分解表

很多培训管理者都清楚需求访谈的重要性，但很少在企业中实施，因为他们不知道如何才能进行有效的需求访谈。需求访谈不是培训部门和业务部门找个会议室聊聊天那么简单，它是需要经过精心准备和设计的，只有这样才能保证需求访谈的效果。你可以使用"企业战略到部门需求分解表"（见表 3.1）来梳理、分析和记录访谈的内容。

表3.1 企业战略到部门需求分解表

企业重点工作	部门重点工作及成长需求							
	部门1		部门2		部门3		部门4	
	重点工作	成长需求	重点工作	成长需求	重点工作	成长需求	重点工作	成长需求
1.								
2.								
3.								
4.								
5.								

在访谈之前，先根据企业的发展计划在表 3.1 中的"企业重点工作"一列中列明企业下一年度的重点工作项，然后将"部门 1"等替换成具体的部门名称，之后重点分析各项企业重点工作分别与哪些部门有关。有些工作可以由某个部门独立完成，有些工作则需要多个部门配合完成。如果有无法判断的情况，可以与负责经营管控的部门进行沟通确认。这样一来，就初步清楚了企业每项重点工作的关联部门分布情况。

需求访谈自检的 4 个问题

进入访谈阶段，要想聚焦真实的需求，你要问自己 4 个问题（见图 3.9）。前两个问题是在需求访谈前问自己的，后两个问题是在需求访谈后用来检查需求分析结论的准确性的。

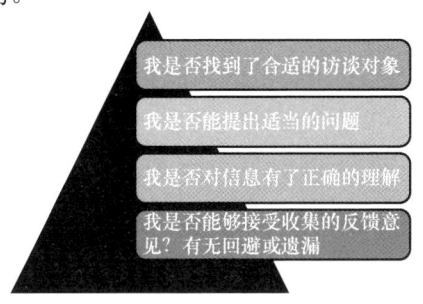

图 3.9　需求访谈自检的 4 个问题

在进行需求访谈前，要先确定是否找到了合适的访谈对象，选择访谈对象的标准是对方"说了算"。首先，要找业务部门"说了算"的人，这样才能够保证你们访谈的内容是有效的。在实际工作中，有些培训管理人员比较抵触和业务部门领导沟通，于是就选择找业务部门的中层管理人员进行访谈。访谈过程很顺利，但当培训部门把需求分析的结果汇报给业务部门领导时就出现问题了，业务部门领导很生气地说汇报文件里的内容对他们部门的工作理解有误，还询问是谁和培训部门说的这些内容。结果，不但需求访谈白做了，还弄得接受访谈的同事很尴尬，既破坏了培训部门的专业形象，也伤害了与业务部门的合作关系。因此，需求访谈一定要找对人。

其次，要考虑问哪些问题才能聚焦真正的培训需求。我向你推荐一个需求访谈模型——需求访谈黄金圈（见图 3.10）。

在做需求访谈时，可以按照"What-What-How-What"思路来设计访谈结构。问第一个"What"，是为了明确业务部门面临的挑战或问题是什么。在弄清楚第一个 What 的基础上，问第二个"What"：到底是部门内的哪部分人和哪些具体能力会遇到挑战？或者造成问题的主要原因是什么？接下来问"How"：

我们要如何解决这样的挑战或问题?其中培训可以做什么?最后问"What":判断成功的标准是什么?如何证明我们成功了?

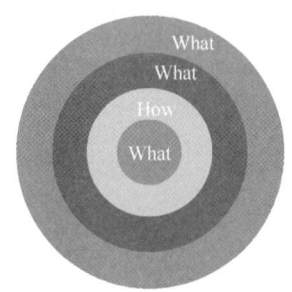

```
What    1. 挑战/问题是什么
What    2. 哪部分人?哪些能力
How     3. 如何解决?培训能做什么
What    4. 判断成功的标准是什么
```

图3.10 需求访谈黄金圈

可以看到,需求访谈黄金圈的整体思路是从业务部门遇到的挑战或问题切入,聚焦到人或能力,然后讨论解决方案和培训项目,最终明确评估标准。

解读需求访谈的内容

具体到关于战略解读的需求访谈,可以按照需求访谈黄金圈结构把访谈内容分为 5 个模块来进行,分别是业务重点、关键人群、挑战分析、解决方案和成功标准。

○ 业务重点

访谈问题:结合企业的战略目标,您部门的业务重点是什么?

为什么要先问这个问题?因为这是对方无法回避的问题。有时候,如果你直接问业务部门:"您有什么培训需求?"对方可能会直接告诉你:"没什么需求,谢谢。"——访谈到这里基本就结束了。因此,我建议你从询问业务部门的重点工作入手,一方面,你可以了解对方接下来的工作重心;另一方面,对方面对这样的问题,几乎不会说不知道,因为如果他们连这个问题都不清楚,那他们的工作就不称职。这个问题的作用是直入主题,确立访谈主线,同时为后面访谈内容的推进奠定基础。

访谈时,你可以结合企业战略到部门需求分解表,先从企业层面的重点工作切入,逐步了解业务部门下一年度的整体重点工作,既包括与企业层面重点工作相关的,也包括本部门设定的重要工作。然后,根据重点工作的内容,初步分析和记录该部门的成长需求。在完成所有部门的需求访谈之后,你可以根据企业战略到部门需求分解表中的内容填写部门重点工作需求分解表(见表 3.2),这样各部门的重点工作和成长需求就一目了然了。

○ 关键人群

访谈问题:挑战主要聚焦在哪个层面?哪部分人承受主要压力?

第3章 合理制订培训计划

表3.2 部门重点工作需求分解表

企业重点工作	部门重点工作及成长需求							
	部门1		部门2		部门3		部门4	
	重点工作	成长需求	重点工作	成长需求	重点工作	成长需求	重点工作	成长需求
1.								
2.								
3.								
4.								
5.								

部门	部门重点工作	成长需求
部门1	1. 2. 3.	1. 2. 3.
部门2		
部门3		
部门4		
……		

这个问题可以帮助你从部门重点工作聚焦到重点岗位。如果你有留意，就可能会发现在同一个部门，压力的分布是不均匀的。有的部门压力集中在高层，底层的员工大多处于观望状态，整个部门压力最大、最累的是部门负责人；有的部门压力集中在中层管理人员，部门指标分解到中层管理者身上，但底层的员工不给力，导致中层管理人员苦不堪言；还有的部门压力集中在基层人员身上，工作强度很大，反而中层和高层比较轻松。通过这个问题，你可以聚焦主要压力人群，看看究竟是哪些岗位承受了主要的挑战压力，同时你可以填写部门到关键岗位需求分析表（见表3.3）中的"关键岗位"一栏，对访谈内容进行梳理和记录。

○ 挑战分析

访谈问题：哪些因素是完成挑战的关键？

在明确关键岗位的基础上，可以对岗位的具体工作任务进行细化，填写部门到关键岗位需求分析表中的"工作任务"一栏。然后分析以下问题：完成工作任务的挑战是什么？是部门的管控激励机制需要完善，还是工作方法需要调整？是员工的意识需要转变，还是员工的能力存在短板？到底是哪些因素导致岗位工作人员完成工作目标存在潜在风险？分析完成后填写部门到关键岗位需求分析表中的"挑战分析"一栏。

表3.3 部门到关键岗位需求分析表

关键岗位	工作任务	挑战分析	培训价值点	成功标准

○ 解决方案

访谈问题：您觉得如何才能完成这个挑战？培训能做些什么？

聚焦完成挑战的解决方案。和业务部门一起讨论应该如何完成面临的挑战，先不要想培训能不能参与，那样的话思维会受到局限，有可能会走弯路。要从完成挑战这个目标本身出发，看看能做些什么。然后讨论解决方案中有哪些是培训可以帮助完成的？和业务部门一起把可以做的事情确定下来，填写部门到关键岗位需求分析表中的"培训价值点"一栏，这样就聚焦了业务真正需要的培训项目。

○ 成功标准

访谈问题：您觉得如何判断咱们成功完成了这个挑战？标准是什么？

确定培训项目的成功标准。培训评估发生在培训项目的收尾期，但培训评估标准要在立项时就明确、清楚地确定下来，它是解决问题的终点，也是起点。从某种意义上来说，评估标准就是问题的答案和行动指引。明确评估标准之后，填写部门到关键岗位需求分析表中的"成功标准"一栏。

按照以上5个模块操作，你就可以通过访谈把培训需求从企业的战略重点工作分解到部门重点工作，再聚焦到部门关键岗位，然后通过进一步明确岗位工作任务，分析关键挑战点，确定解决方案和培训助力点，最后共同制定培训项目的评估标准，这样就完成了从企业战略到培训项目的聚焦工作。注意，整个过程是由培训部门和业务部门一起完成的，大家对完成挑战的思路达成了共识，后期彼此之间的配合度自然会大大提高，这就是制订培训计划的本质——

落地执行的作战图。

在实际操作中，培训需求访谈对象并不局限于业务部门负责人，问题也并不局限于以上提到的几个，你还可以参考以下问题清单。

高管访谈清单（主要围绕企业战略）：
- 咱们今年的战略重点有哪些？
- 针对每个战略重点，您认为应对各个部门提出哪些具体要求？他们需要采取哪些具体举措？
- 这些举措对不同层级和岗位的员工提出了哪些具体要求？
- 您认为他们在哪些方面需要提升？
- 您希望培训对他们产生怎样的影响？
- 您对我们的培训工作还有哪些建议？

业务负责人访谈清单（主要围绕业务关键动作）：
- 今年咱们部门的考核指标有哪些？
- 为了完成这些指标，您会采取哪些举措？
- 这些举措对哪些岗位的人员提出了哪些新的要求？
- 在这些工作任务中，您认为哪些存在挑战或目前看来绩效存在差距？
- 在实际工作中，这些挑战会出现在哪些具体的工作情境中？可以举例说明吗？
- 您认为理想状况下，应该达到怎样的水平？有案例或标准可以参考吗？
- 哪些挑战是意识层面的？哪些挑战是能力、方法或管控层面的？
- 您希望培训后学员的行为有哪些具体改变？如何判断学员发生了这些改变？标准是什么？
- 为了保证培训效果落地，您觉得需要克服的障碍可能有哪些？有什么好的应对建议吗？您能提供什么支持呢？
- 您对我们的培训还有哪些建议？

员工访谈清单（主要围绕员工提升要点）：
- 您在当前的岗位上工作多长时间了？
- 您当前主要的工作职责是什么？
- 在接下来的工作任务中，您认为哪些存在挑战？
- 这些挑战会在哪些具体的工作情境中发生？可以举例说明吗？
- 您认为需要提升自己哪些方面的能力来应对这些挑战？
- 您希望参加培训后有哪些收获？
- 为使培训效果落地，您会在培训结束后采取哪些行动？
- 您对培训还有哪些建议？

通过问题聚焦锁定关键培训项目

要确定培训计划的关键项目,除了进行战略解读,完成目标挑战,还有一个很重要的方向,那就是问题聚焦。

同样可以参考需求访谈黄金圈的结构,与战略解读的需求访谈思路一样,关于问题聚焦的需求访谈,也可以分为 5 个模块来进行,分别是业务痛点、关键人群、原因分析、解决方案和成功标准。

业务痛点

与战略解读的"业务重点"不同,关于业务痛点的问题设计,我不建议你直接询问业务部门:"您的部门有什么问题?"因为这样的提问方式很尖锐,尤其是在对方业绩或管理指标完成得不够理想的情况下,就更难做到坦诚的沟通了。我推荐你参考需求访谈 KISS 模型(见图 3.11)。这个模型的访谈结构不是聚焦过去,而是通过分析问题面向更好的未来。

开始:
哪些是可以做但还没有做的

保持:
哪些是您觉得做得很好的/需要继续保持的

停止:
哪些是您认为会阻碍企业/部门发展而要停止的

提升:
哪些是已经在做但可以做得更好的

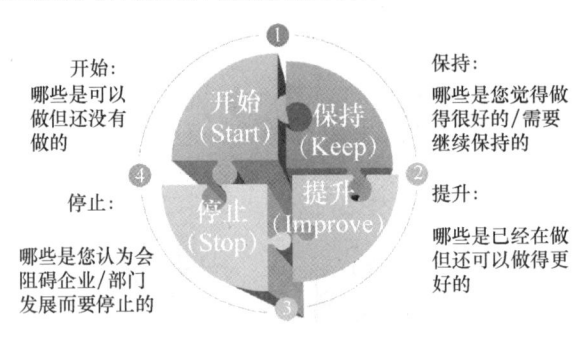

图 3.11 需求访谈 KISS 模型

保持(Keep)

访谈问题:回顾上一年度的部门工作,哪些工作是您觉得做得很好或需要继续保持的?

你可以从部门工作的亮点开始访谈,一方面可以了解业务部门以往的工作业绩和优秀做法,有些优秀的做法是可以推广到其他部门的;另一方面也可以让对方更轻松和安心地进入访谈状态。

提升(Improve)

访谈问题:哪些工作是已经在做但还可以做得更好的?

在了解部门工作亮点之后,你可以进一步询问对方有哪些工作是业务部门一直在做但希望可以做得更好的。然后共同讨论培训可以在这方面提供哪些帮助,这也是培训需求的价值点。

停止（Stop）

访谈问题：哪些工作或现象是您认为会阻碍企业和部门发展而需要停止的？

在工作亮点和待完善的工作清晰之后，就要聚焦问题了。和业务部门一起探讨有哪些工作或现象会阻碍企业和部门的发展，又有哪些方式和方法可以避免类似情况的持续发生，重点关注培训可以帮助解决哪些方面的问题。

开始（Start）

访谈问题：哪些工作是可以做但还没有做的？

不要把这个阶段的访谈结束在第 3 个问题上，否则这一阶段的访谈就会以相对"沉重"的基调结束，不利于下一阶段访谈的开展。比较好的收尾问题是面向未来的，如"有哪些工作是我们可以做但还没有做的"。然后，和对方一起找到可以让培训协助启动的关键培训项目。

这一阶段整体的访谈思路是从"好"到"可完善"，再到"可解决"，最后到"可启动"。整个访谈过程不仅是培训需求聚焦的过程，同时也是你帮助业务部门反思其工作的过程，通过提问引导他们认真思考部门工作，总结工作亮点和存在的问题。这是一个复盘的过程，对业务部门是很有价值的。

这一阶段的访谈结束后，你可以和业务部门一起用需求访谈 KISS 模型分析表（见表3.4）对访谈内容进行梳理和确认，以便后期将其整理到培训计划中。

表3.4 需求访谈 KISS 模型分析表

分析维度	工作内容/现象	培训价值点
保持（Keep）		可推广：
提升（Improve）		可助力：
停止（Stop）		可解决：
开始（Start）		可启动：

同时，对于阻碍企业和部门发展的现象和问题，需要进行进一步的分析，这将是聚焦关键培训项目的重要一环。你可以使用问题聚焦需求分析表（见表3.5）进行进一步梳理，结合需求访谈 KISS 模型分析表中的内容，将阻碍企业和部门发展的关键现象和问题填写在表3.5 的"现象/问题描述"一栏。

关键人群

访谈问题：在这个问题上，您的部门哪个层面承受了主要压力？问题主要聚焦在哪些岗位？

表 3.5　问题聚焦需求分析表

现象/问题描述	关键岗位	原因分析	培训价值点	成功标准

在业务痛点明确之后，需要找到目前承受压力的主要群体，他们很可能是最想改变现状的那部分人。然后，聚焦问题存在于哪些关键岗位，注意承受压力的群体和存在问题的群体可能不是同一群人。在某些情况下两者是同一群人，如一线工作人员本身能力就有问题，造成工作压力大，完不成工作指标；在某些情况下承受压力的是问题所在的岗位（包括上级、平级和下级）的周边人群，主要问题并不在这些人身上，但他们承受的压力是最大的，如上级安排的工作有问题、平级跨部门沟通有问题、下级执行力有问题等。

承受主要压力的人群是你后期推动培训实施的关键人群，同时你应该锁定主要问题所在的关键岗位人员，他们是培训项目的主要参与者。分析完成后，填写问题聚焦需求分析表中的"关键岗位"一栏。

原因分析

访谈问题：哪些原因是造成问题的关键？

要找到问题的根本原因：是部门整体管理方式存在问题，还是目标岗位的人员不能胜任？是思维意识的问题，还是缺少工作方法上的指导，抑或是某些能力方面有所欠缺？分析完成后，填写问题聚焦需求分析表中的"原因分析"一栏。

解决方案

访谈问题：您觉得如何才能解决这个问题？培训能做些什么？

在分析清楚原因之后，要针对原因讨论具体的解决方案。如果是绩效激励和管控机制方面的原因，你可以运用行动学习研讨等方式发现问题所在，然后通过调整相关政策和制度来解决问题；如果是员工的工作方法和能力方面存在短板，可以通过培训的方式进行提升。在能力提升方面有两种情况：一种情况是岗位要求的能力没有变化，但是员工达不到岗位所要求的能力水平，这就需要将员工现有的能力进行强化；还有一种情况是由于业务调整对岗位提出了新的要求，需要提升原岗位要求中没有的能力，此时就需要引入新能力培养项目。例如，营销推广人员原来只需要做传统渠道的推广，现在企业要求进行新媒体营销，那么培训部门就需要为他们组织新媒体营销方面的培训。确定培训项目后，填写问题聚焦需求分析表中的"培训价值点"一栏。

成功标准

访谈问题：您觉得如何判断咱们成功解决了这个问题？

明确各个培训项目的成功标准，将它们作为整个培训项目设计的靶心和行动指引。填写问题聚焦需求分析表中的"成功标准"一栏。

整个访谈过程既关注了访谈对象的心理状态，又结构清晰、层层递进地分析了业务和培训需求，从复盘部门工作入手，通过聚焦痛点问题、分析原因和制定解决方案，最终聚焦有价值的培训项目。

听懂话，会分析，能聚焦

回顾一下之前的内容，要想让需求访谈这件事情有效，你首先需要找到合适的访谈对象，也就是找到"说了算"的人。然后，设计你的访谈结构，从战略解读和问题聚焦两个方向分析业务部门的工作重点和痛点所在，进而聚焦关键培训项目。在整个过程中，只会"问"是不够的，还要学会"听"，会分析从需求访谈中得到的信息。

例如，一家企业主管人力资源的副总裁在访谈中说道："我们要打造学习型、管控型和服务型职能管理团队。"听到这样的部门发展目标，你应该如何分析其中所包含的培训需求呢？

如果你锁定了"学习"、"管控"和"服务"这3个关键词，那么恭喜你，你完成了很重要的第一步。但如果你就此认定这个部门需要高效学习、管理控制和服务意识的培训课程，那你的分析还不够透彻。应该如何分析呢？要学会换位思考，让自己站在访谈对象，也就是那位主管人力资源的副总裁的立场来分析他为什么会这样说。

每个访谈对象在当下说的话都是指向过去和未来的。这位副总裁之所以会提出"我们要打造学习型、管控型和服务型的职能管理团队"，多半是因为他管理的团队过去在这3个方面做得不够好，而未来企业发展又对他们提出了这样的要求。下面来具体分析一下。

- 学习。什么样的事情会让部门负责人觉得下属学习能力不足呢？多半是下属完成工作任务的效果让领导不满意，其中既包括发现和解决问题的能力，也包括应对之前没有接触过的新挑战的学习能力。因此，"学习"这个关键词背后隐含的需求是提高主动学习的意识和能力，以及提高分析与解决问题的能力。
- 管控。什么样的情况会让部门负责人觉得下属需要提高管控能力呢？很可能是下属完成工作的进度和质量出现了问题，而人力资源部门是一个需要和各个部门密切配合的职能部门。因此，"管控"这个关键词背后隐含的需求是提高落地执行的项目管理能力、提升领导力中的横向影响力，以及完善业务部门和职能部门之间的沟通机制。
- 服务。人力资源部门的角色定位之一是服务，那为什么部门负责人还要重新提出这个词呢？多半是因为现有团队在这个角色上做得还不够好。具体来说，团队可能需要在意识和技巧两个方面有所提升，"意识"是指能不能想到、愿不愿意提供服务；"技巧"是指能不能和其他部门配合把服务做好。因此，"服务"这个关键词背后隐含的需求是主动服务的意识和跨部门协作的技巧。

在进行需求分析时，可以使用期望与课题矩阵（见表 3.6）进行梳理，这样会让你的分析更加清晰，也利于做好培训项目的聚焦。先在标题"期望/目标"一行填写你总结出的目标关键词，然后在每个目标对应的列中填写你分析出的关键提升要点。

表 3.6 期望与课题矩阵

项目/课题	期望/目标		
	目标 1	目标 2	目标 3
课题 1			
课题 2			
课题 3			

结合上面的案例，填写期望与课题矩阵（见表3.7）。

在"期望/目标"一行填写聚焦的 3 个目标关键词：学习、管控和服务。然后分别在每个目标下方列出分析出的关键提升要点。

- 学习：主动学习的意识和能力、分析与解决问题的能力。
- 管控：项目管理、横向领导力、业务部门和职能部门之间的沟通机制。
- 服务：主动服务意识、跨部门协作。

表 3.7 期望与课题矩阵填写案例

项目/课题	期望/目标		
	学习	管控	服务
课题 1	主动学习意识和能力	项目管理	主动服务意识
课题 2	问题分析与解决	横向领导力 ←合并→	跨部门协作
课题 3		业务部门与职能部门之间的沟通机制	

填写之后,从这些关键提升要点中选出最有价值的培训项目,首选方法技能和能力提升方面的项目,有些内容相近的项目可以合并。这样,该企业人力资源部门的培训项目就可以聚焦为"问题分析与解决""项目管理""横向领导力——跨部门协作"课程,以及完善业务部门和职能部门之间的沟通机制项目。

期望与课题矩阵有助于你提升理解需求访谈内容的能力,多加练习之后会使你和业务部门的需求访谈过程更加流畅和精准。

为了更加准确地理解需求访谈的内容,在完成访谈之后,你还可以用需求访谈自检的 4 个问题中的后两个进行一下自检。问一下自己:"我是否对收集的信息有了正确的理解?""我是否能够接受收集的反馈意见?有没有回避或遗漏什么信息?"整个需求访谈的过程其实也是一个项目咨询的过程,培训部门和业务部门一起找到问题、挑战和解决方案,这正是培训应该做的事情。

问卷调研

在企业中还有一种方式可以帮助你了解培训需求,那就是问卷调研。这种方式一般比较适合做大范围的信息收集和数据分析,是需求访谈分析的有益补充。

调研问卷的设计原则是让问题有用的同时,让员工回答起来很容易,即员工可以快速浏览,能短时间内完成问卷。这将直接影响问卷调研的参与率和有效性,所以我不建议设计过于复杂的调研问卷。题量一般控制在 10~20 道题,题型建议多用选择题,这样后期的数据统计会更高效,也更聚焦。下面来看一个案例。

员工培训需求调研问卷

尊敬的各位领导、同事:

大家好!

为助力员工和企业共同成长，更好地匹配和满足您的培训需求，培训部门特组织本次调查，请您认真填写宝贵意见。我们将在调研完成后，对您填写的信息进行细致的分析整理，结合企业战略目标和资源制订下一年度培训计划。您填写的信息将有专人认真阅读并严格保密，请于××年××月××日前完成填写，感谢您的参与和支持。

一、基本信息

姓名_____ 总部/区域_____ 部门_____ 岗位_____

1. 您在本企业的工作年限：
○ 1年以下
○ 1～3年
○ 3年以上

二、培训组织和安排

2. 结合您的岗位工作特点，您认为最有效的培训方式是什么？（最多可选3项）
☐ A. 通过 E-learning 在线学习平台进行网络学习
☐ B. 线上线下混合式学习
☐ C. 邀请外部讲师到企业现场授课
☐ D. 安排员工到外部培训机构学习
☐ E. 安排员工到行业标杆企业参观学习
☐ F. 企业内部专业人员进行课程开发和讲授
☐ G. 企业和部门内部组织经验交流和研讨会
☐ H. 其他：_____

3. 您认为最有效的3种课堂教学方法是什么？
☐ A. 课堂讲授
☐ B. 案例分析与主题研讨
☐ C. 情境模拟和角色扮演
☐ D. 完成任务和小组竞赛
☐ E. 沙盘模拟演练
☐ F. 专项课题研讨会
☐ G. 其他：_____

4. 在以下几种讲师授课风格中，您比较看重哪一点？（可选择多项）
☐ A. 理论性和逻辑性强，条理清晰
☐ B. 实战性强，有丰富的案例讲解
☐ C. 知识渊博，引经据典，娓娓道来
☐ D. 语言风趣幽默，现场气氛活跃

第 3 章　合理制订培训计划

- ☐ E. 授课形式多样，互动参与性强
- ☐ F. 其他：_____

5. 您希望且能接受的参加培训的频率是怎样的？
- ○ A. 两周一次
- ○ B. 每月一次
- ○ C. 每季度一次
- ○ D. 半年一次
- ○ E. 其他：_____

三、培训需求调查

6. 您在工作中是否存在以下困惑？（可选择多项）
- ☐ A. 工作压力大，经常出现失眠、情绪低落等现象
- ☐ B. 个人工作量饱和，时间经常不够用，也找不到更好的解决方法
- ☐ C. 和其他部门同事沟通时，容易发生意见分歧，很难达成共识
- ☐ D. 向上级汇报工作时，重点不够突出，还容易紧张
- ☐ E. 下属的能力达不到您的要求，很多应该由他做的工作需要由您来做
- ☐ F. 不清楚自己适合什么样的领导风格
- ☐ G. 感觉和"90后""00后"员工有代沟，不知道应该如何领导他们
- ☐ H. 其他（请详细说明）：_____

7. 您对下一年度的培训需求主要聚焦在哪些方面？（最多可选3项）
- ☐ A. 岗位专业技能
- ☐ B. 自我管理能力
- ☐ C. 团队领导能力
- ☐ D. 人际关系和沟通能力
- ☐ E. 职业生涯规划
- ☐ F. 职场通用技能（如办公软件操作、公文写作等）
- ☐ G. 行业、市场及产品信息
- ☐ H. 其他：_____

8. 您希望参加下列哪些课程？（每个类别最多可选2项）

（1）自我管理类
- ☐ A. 时间管理
- ☐ B. 问题分析与解决
- ☐ C. 项目管理
- ☐ D. 情绪与压力管理
- ☐ E. 职场思维导图
- ☐ F. 其他：_____

（2）团队领导力类
- ☐ A. "90后"领导力与影响力
- ☐ B. 带领团队达成绩效目标
- ☐ C. 领导风格与特质测评
- ☐ D. 有效授权与激励辅导
- ☐ E. 非人力资源经理的人力资源管理
- ☐ F. 非财务经理的财务管理
- ☐ G. 其他：_____

（3）人际关系沟通类
- ☐ A. 建立信任沟通的6个好习惯
- ☐ B. 关键对话：高效能沟通提问术
- ☐ C. 打破协作壁垒：横向跨部门沟通技巧
- ☐ D. 影响式销售：客户沟通技巧
- ☐ E. 其他：_____

（4）职场通用技能类
- ☐ A. Office办公软件技巧
- ☐ B. 公文写作技巧
- ☐ C. 高效汇报与演讲技巧
- ☐ D. 新媒体应用技巧
- ☐ E. 其他：_____

9. 您觉得您所在的部门最需要在哪些方面有所提升？（最多可选3项）
- ☐ A. 管理理念和方式
- ☐ B. 工作流程
- ☐ C. 专业知识
- ☐ D. 实操技能
- ☐ E. 员工态度
- ☐ F. 其他：_____

四、培训建议

10. 您对企业培训还有哪些建议？

_____

调研完成后，可以将调研结果进行数据分析。上述调研问卷分为4个部分：基本信息、培训组织和安排、培训需求调查和培训建议。通过整理员工填写的相关信息，你可以了解全体员工在培训组织安排方面，对培训方式、教学方法、讲师授课风格和参加培训频率的喜爱偏好；可以对培训内容进行初步聚焦，了解员工培训需求主要聚焦在哪些方面，在自我管理、团队领导力、人际关系沟通和职场通用技能等关键领域需要对哪些具体课程优先进行提升，对于部门需要完善的地方有哪些建议。最后，将员工填写的有价值的培训建议进行汇总，这些信息能够帮助你了解企业整体的培训需求情况。

在对全体员工的信息数据进行整理分析之后，你还可以根据"基本信息"中的关键信息点从不同维度进行培训需求解读。基本信息中的关键信息点有总部/区域、部门、岗位、工作年限。你可以分析总部和不同区域的差异化培训需求，还可以按照部门类别分别分析每个部门的培训需求，或者按照岗位的职级分析不同级别岗位的培训需求，以及不同工龄员工的培训需求，从而完成差异化培训需求数据分析。

评估培训项目的价值

通过培训需求访谈和问卷调研，你可以聚焦有价值的培训项目。但企业的培训预算、培训管理人员和员工的精力都是有限的，在找到培训项目之后，你还需要做进一步的筛选和聚焦，以保证将企业资源投入到最有价值的培训项目上。

那如何评估培训项目的价值呢？

可以用两个矩阵工具来进行评估：重要-紧急程度评估矩阵和收益-实施难度评估矩阵。还记得前面分享的选择培训项目的两个标准吗？一个是培训项目必须是企业成长所需要的；另一个是培训项目必须能够获得成功。两个矩阵工具正好对应这两个选择标准。

重要-紧急程度评估矩阵

重要-紧急程度评估矩阵主要用来评估企业对培训项目的需要程度。该矩阵分别从重要程度和紧急程度两个维度对培训项目进行评估打分，先判断培训项目在纵轴（重要程度）的得分，画一条横线，再判断其在横轴（紧急程度）的得分，画一条竖线，两条线的交点就是培训项目在评估矩阵中的定位（见图3.12）。

把所有备选培训项目都在矩阵中完成定位后，就可以进行培训项目之间的对比了（见图3.13）。在所有培训项目中，首选既重要又紧急的培训项目（位于矩阵右上角）；次选重要但不紧急的培训项目（位于矩阵左上角）或紧急但不重要的培训项目（位于矩阵右下角）；对于那些既不重要也不紧急的培训项目（位于矩阵左下角）就不要浪费时间了。

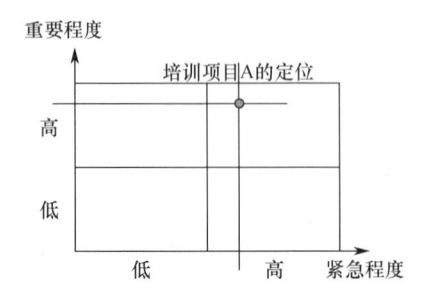

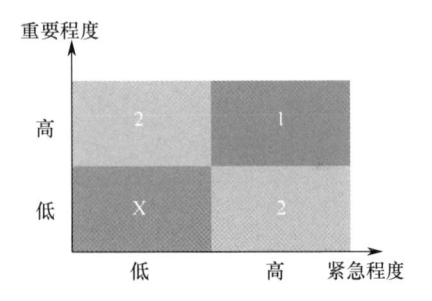

图 3.12　重要-紧急程度评估矩阵　　图 3.13　利用重要-紧急程度评估矩阵确定优先培训项目

收益-实施难度评估矩阵

收益-实施难度评估矩阵主要用来评估培训项目是否能够获得成功。在该矩阵中，你可以分别从收益程度和实施难度两个维度对培训项目进行评分，其中收益程度可以参考对培训项目的重要和紧急程度的评估情况进行综合评分并画一条横线，然后评估项目落地的实施难度并画一条竖线，两条线的交点就是培训项目在评估矩阵中的定位（见图 3.14）。

同样，完成所有备选培训项目在矩阵中的定位后，就可以进行培训项目之间的对比了（见图 3.15）。在所有培训项目中，首选收益高且实施难度低的培训项目（位于矩阵左上角）；次选收益高但实施难度也高的培训项目（位于矩阵右上角）或收益低但实施难度也低（位于矩阵左下角）的培训项目；对于收益低且实施难度高（位于矩阵右下角）的培训项目就不要考虑了。

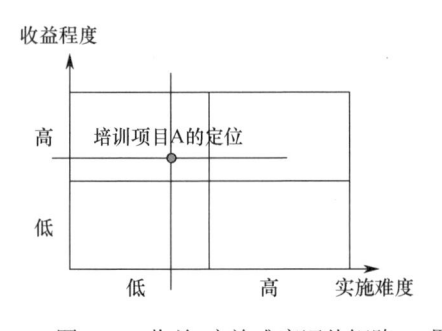

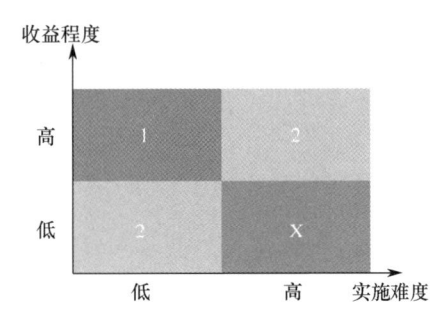

图 3.14　收益-实施难度评估矩阵　　图 3.15　利用收益-实施难度评估矩阵确定优先培训项目

利用以上两个矩阵对培训项目进行评估，就可以聚焦最有价值且能够落地的培训项目了。如果你想让评估更加准确，除了培训部门的评估，你还可以邀请业务部门进行培训项目评估（见图 3.16）。

将培训部门和业务部门的评估结果进行重合分析（见图 3.17）。首先，对评估结果有分歧的培训项目与业务部门进行进一步沟通，达成共识。然后，将重点聚焦于评估结果分布在重要-紧急程度评估矩阵右上角（既重要又紧急）和收益-实施难度评估矩阵上方（收益程度高）的培训项目，其他培训项目可以作为补充或备选项目，有选择性地列入培训计划。

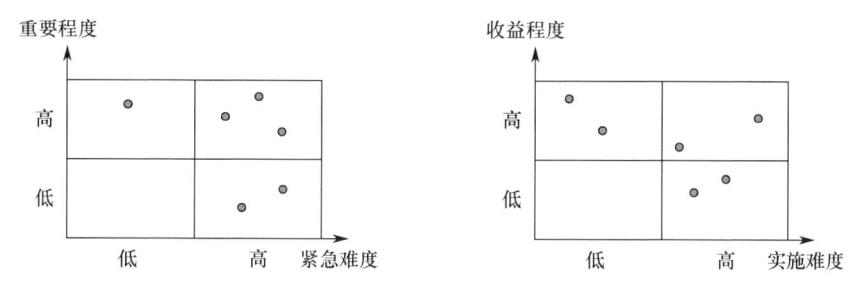

(a) 业务部门评估矩阵

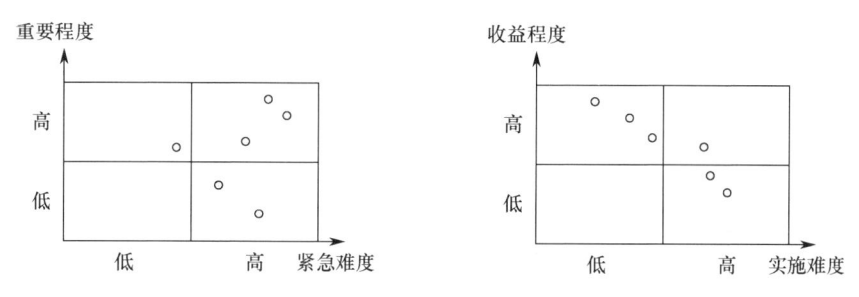

(b) 培训部门评估矩阵

图 3.16　二维矩阵重合聚焦过程

重要-紧急程度评估矩阵

收益-实施难度评估矩阵

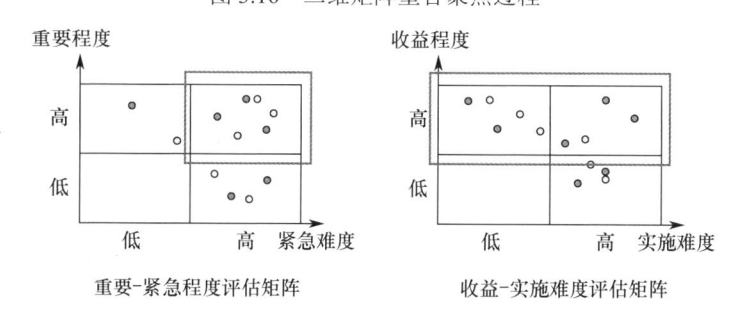

图 3.17　二维矩阵重合聚焦结果

3.4　如何管控培训计划的落地实施

在确定了培训计划的关键项目之后，你还将面对一个令人头疼的问题，那就是："培训实施时变化太多，怎么办？"从培训计划落地管控的角度来说，年度培训计划之所以难制定，很大程度上是因为你无法预料下一年度每个季度尤其是每个月业务部门运营的具体情况，业务指标完成得怎么样？到时候员工们到底忙不忙？有没有时间参加培训？等等。一切都难以预料。

怎么办？

诀窍是：把握两个原则，建立一套沟通机制，掌握一种管控工具。

把控两个原则

这两个原则是"灵活"和"可控"。制订年度培训计划时要足够灵活，要给自己和业务部门留出可调整的空间；同时又不能过度灵活而失了章法，这就需要做到可控，在保证培训项目清晰的同时做到可追踪、能落地。因此，一个好的培训计划需要在灵活和可控两个方面实现平衡。

接下来，你可以利用"一套沟通机制+一种管控工具"来提升培训计划的灵活性和可控度，既不影响下一年度培训管理指标的规划，又可以保证培训项目实施时的灵活性。

建立一套沟通机制

首先，在制订培训计划时要将调整的空间预留出来。为此，你可以采用"总-分"的策略，在制订培训计划时设定年度培训管理考核总指标和可预测的培训项目，如下一年度培训人天量总和、新员工培训、人才培养计划、开发课题数量等，这样基本就可以预估出下一年度的培训预算总和了。

同时注意，当培训项目实施时间不能确定时，不要把项目限定到某个具体的月份，因为你很难预测下一年度各个业务部门每个月的具体情况。你可以把相关的培训管理指标和培训项目分解到各季度，同时建立培训计划校准沟通机制，在每季度末，即每年的3月、6月、9月和12月，通过和业务部门的沟通做出下一季度的具体培训实施计划（见图3.18）。

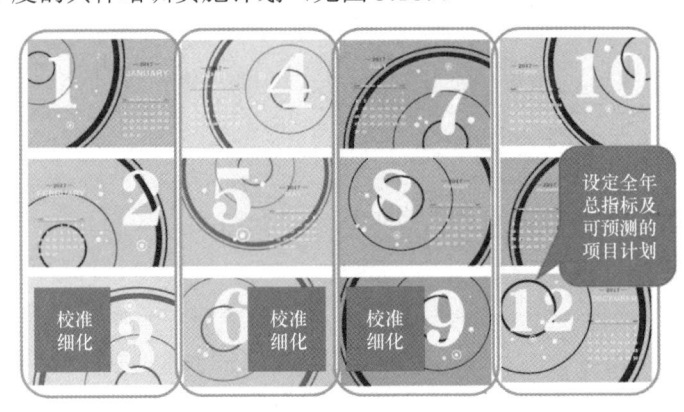

图3.18 灵活制订年度培训计划

这样做不仅可以使年度培训计划在时间上更加准确，更重要的是可以使培训部门与业务部门做到步调同频（见图 3.19）。培训部门既可以根据业务部门下一季度的工作计划更合理地安排培训项目，也可以根据业务部门的工作绩效总结进行新一轮的需求诊断，发现关键完善需求点，从而发挥培训部门绩效顾问和业务伙伴的作用，提升培训对业务的助力效果。

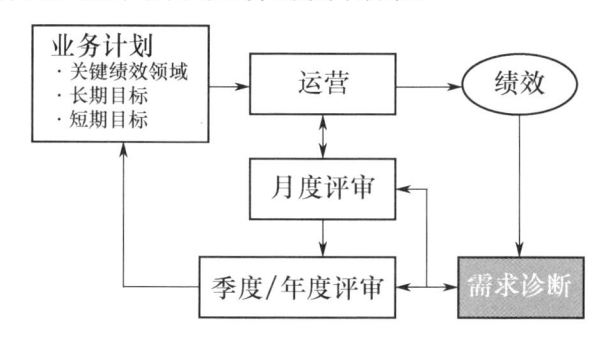

图 3.19 基于业务绩效反馈的培训需求诊断模型

当然，每家企业的运营和财务管理制度都会有差异，建议你提前与相关部门沟通好制订培训计划的做法，达成共识后再付诸实践。有的企业要求必须把预算分解到每个月，如果遇到这种情况，你可以和财务部门进行沟通，在每季度的第一个月多做一些预算，这样如果后两个月预算不够，可以申请使用第一个月剩余的预算。

掌握一种管控工具

除了在制订培训计划阶段保持灵活和可控，你还需要一个在培训计划实施阶段能够管控培训项目落地的工具——培训计划落地实施管控表。这个工具是基于项目管理思维研发出来的，项目管理是培训管理领域至关重要的一项技能，其用途并不局限于单个培训项目的管控，还可以用于多个项目的整体管控。

简单来说，项目管理有 4 个核心要素：关键动作、完成标准、时间节点和责任部门/人。关键动作，即需要做哪些动作以保证按时、保质地完成整体项目；完成标准，即如何判断每个动作是否完成了；时间节点，即每个动作要在什么时间完成；责任部门/人，即每个动作应该由谁来完成。也就是说，要想保证一个项目能够按时、保质地完成，可以通过做些什么、做到了吗、什么时间完成和谁来完成这 4 个要素进行分解和追踪来管控整体过程，从而确保培训项目的最终效果。

具体到培训计划的落地管控，可以用培训计划落地实施管控表（见表 3.8）

来确认每个培训项目的实施和调整情况。

表3.8 培训计划落地实施管控表

序号	培训项目	责任部门	沟通确认时间	计划实施时间	完成状态	调整时间	完成状态
1							
2							
3							
4							
5							
……							

对应项目管理的关键管控要素，可以通过列出具体的培训项目，结合季度沟通计划，设定就每个项目与相关责任部门的沟通确认时间，从而确定具体的计划实施时间，然后跟踪项目的实际实施情况，直到项目最终完成。

下面来看一个案例。

甲公司是一家从事存贷款、结算与现金管理等业务的金融机构，业务网点遍布全国32个省、市、自治区。该公司培训部门计划实施"中层跨部门协作""营销专业技能""高潜领导力""网点专业技能大赛""管培生培养"等培训项目（见表3.9）。

表3.9 培训计划落地实施管控表示例

序号	培训项目	责任部门	沟通确认时间	计划实施时间	完成状态	调整时间	完成状态
1	中层跨部门协作	各部门	3月15日	4月6日	未完成	4月20日	完成
2	营销专业技能	销售部	5月20日	6月15日	完成		
3	高潜领导力	各部门	6月15日	7月28日	完成		
4	网点专业技能大赛	营业部	7月20日	8月10日	未完成	9月2日	完成
5	管培生培养	各部门	7月20日	9月10日（启动）	完成		

在确定培训项目后，培训部门需要明确每个培训项目的相关责任部门及沟通确认时间，填写在相关的信息栏中。注意，沟通确认时间不是项目的启动时

— 60 —

间，要给自己和业务部门留出项目准备的时间。例如，计划 4 月实施中层跨部门协作培训项目，那么可以设定在 3 月 15 日对这个培训项目进行沟通确认，明确自 4 月 6 日起开始具体实施，其间你可以做需求聚焦、遴选外部培训课程和老师、走审批流程和准备培训物资等工作。

在沟通达成共识后，确定培训项目的实施时间，然后跟踪具体的实施情况，填写"完成状态"栏。注意，如果遇到特殊情况，项目需要延期实施，一定要与业务部门确定好调整的时间，然后跟踪实施情况。例如，原定于 4 月 6 日实施的中层跨部门协作培训项目因为与一项突发的公司重点项目安排有冲突而需要延期，那么在决定延期时最好和业务部门一起把具体的延期时间确定下来，如调整到 4 月 20 日实施，然后按照新的时间节点跟踪项目进度。

这样，你就能够通过过程管控，把传统做法"到时问、遇事延、延无期"的管控方式调整为"提前问、遇事延、延可控"，从而提升培训计划落地实施的管控效果。

培训计划是落地执行的作战图，只有在这个环节与老板和业务部门达成共识，才能保证后期培训项目的顺利落地实施。千万不要草草了事，否则就无法很好地实现培训效果。

小　结

1. 培训计划是落地执行的"作战图"。
2. 培训计划和培训总结本是一体。可以把年度培训工作计划和总结分成 6 个模块：基础数据、计划回顾、培训体系建设、关键项目回顾、反思总结和下年度计划。
3. 在选择培训项目时，你的个人优势不是定位的依据，内部客户的需求才是唯一的标准。在企业中选择培训项目时可以考虑两个方向：一是战略解读，二是问题聚焦。
4. 对企业战略的解读可以从 5 个要素进行分析：商业模式、领域、差异化、发展路径和发展轨迹。
5. 关于战略解读的需求访谈可以分为 5 个步骤来进行，分别是业务重点、关键人群、挑战分析、解决方案和成功标准。通过访谈把培训需求从企业的战略重点工作分解到部门重点工作，再聚焦到部门关键岗位，然后通过进一步明确岗位工作任务，分析关键挑战点，确定解决方案和培训助力点，最后共同制定培训项目的评估标准，完成从企业战略到培训项目的聚焦。
6. 关于问题聚焦的需求访谈可以分为 5 个步骤来进行，分别是业务痛点、关键人群、原因分析、解决方案和成功标准。从复盘部门工作入手，然后通过聚焦痛点问题、分析原因和制定解决方案，最终聚焦有价值的培训项目。

7. 问卷调研一般比较适合做大范围的信息收集和数据分析，是需求访谈分析的有益补充。

8. 判断培训项目的价值有两个标准：一是培训项目必须是企业成长所需要的；二是培训项目必须能够获得成功。针对这两个标准可以分别利用重要-紧急程度评估矩阵和收益-实施难度评估矩阵来进行培训项目的评估，最终确定最有价值的培训项目，将其列入培训计划。

9. 一个好的培训计划能够在灵活和可控两个方面实现平衡。

10. 培训计划落地实施管控表可以帮助你管控培训项目的落地。

关注订阅号"匠心宇航"，领取本章检视/行动工具：年度培训汇报模板、企业战略到部门需求分解表、部门重点工作需求分解表、部门到关键岗位需求分析表、需求访谈 KISS 模型分析表、问题聚焦需求分析表、期望与课题矩阵、重要-紧急程度评估矩阵、收益-实施难度评估矩阵、培训计划落地实施管控表。

第 4 章

发挥业务伙伴作用

4.1 三步破局：认清现实，重塑协同作战关系

与业务部门合作是在建立协同作战的伙伴关系。我在做培训和咨询时，接触了大量的培训管理人员，其中既有中小型企业中兼管培训工作的人力资源管理人员，也有国内顶尖企业的培训管理专家。和他们聊过之后，我发现了一个真理：没有完美的环境，只有足够优秀的培训人。要想让培训项目获得成功，从而让自己成长为优秀的培训管理者，你需要做好以下 3 件事。

- 了解培训管理的关键动作。
- 看清培训所处的业务环境。
- 知道如何在当前的业务环境中实现目标。

了解培训管理的关键动作

培训管理的各个动作并不是相互独立的，实际上业务部门对培训的评价及对培训部门的看法也不是细致地对每个培训管理动作进行评分，而是一个整体的综合印象。这就要求培训管理者具备系统思维，看清培训管理有哪些关键动作，这些关键动作又容易进入怎样的误区，会如何影响业务部门对培训部门的整体评价和合作信心。

管理领域有一个全盘思考的切入视角——鹰之视角，就是把自己放在高空中，从一只正在空中盘旋的雄鹰的视角来看清楚下方的全局，从而找到影响全局的关键点。如图 4.1 所示为培训管理的鹰之视角，图中盘点了培训管理的各个关键动作，并且分析了各个动作容易陷入的管理误区。

图 4.1　培训管理的鹰之视角

- 培训体系是支持业务的思路。忌：闭门造车，不落地。
- 培训计划是落地执行的"作战图"。忌：不达共识，走形式。
- 业务合作是建立协同作战的伙伴关系。忌：空卖面子，不参与。
- 人才培养是打造人才供应链，构建人才生态。忌：只顾开班，无章法。
- 课程设计是提供专业辅助，把事情做对。忌：派活旁观，不专业。
- 讲师激励是激励合伙人。忌：小恩小惠，效果差。
- 总结汇报是复盘，可以更好地支持业务。忌：照猫画虎，缺反思。
- 学习型组织是建场域、赋能、强健企业生命。忌：空中楼阁，变空谈。

你可以对照自己企业的培训管理现状，看看是否存在以上培训管理动作扣分项，如果存在，那就很可能影响业务部门对培训的整体评价及对培训部门的看法，这些扣分项也正是你可以加分的关键所在。培训的核心是有用，只有扎扎实实地把每个培训管理动作做得更加有效，才能获得业务部门的认可，从而建立协同作战的伙伴关系。

看清培训所处的业务环境

要了解培训管理的关键动作，你还需要看清楚周围的环境。
思考下面几个问题。

- 每个部门甚至每个岗位都有自己的培训需求，但企业投入的培训资源有限，你的培训项目能覆盖所有岗位吗？
- 各个业务部门对培训的认可程度是一样的吗？你对他们的期望是一样的吗？
- 有些业务部门很认可培训，你需要因此而加大资源投入力度吗？有些业务部门不认可培训，你应该放弃他们吗？如果他们很重要呢？你还要放弃吗？
- 每个业务部门的关注点是什么？你又如何实现培训的价值呢？

这些问题有助于你看清培训所处的业务环境。同时你也可以运用重点客户分析具象表（见表4.1）来进行具象化的呈现。

表4.1 重点客户分析具象表

业务部门	重点关注度（培训部门）	业务部门培训认可度	
		业务部门负责人	培训对接人

首先，在"业务部门"一列填写业务部门的名称。然后，根据业务部门的重要程度用★进行评分。最后，评估一下业务部门对培训的认可程度，用"认可""中立""不认可"表示，重点评估业务部门负责人和业务部门内部的培训对接人对培训的认可程度。

为什么要评估业务部门的重要程度？一方面，企业对培训的投入资源有限，不可能满足所有部门和岗位的培训需求；另一方面，从培训管理收益的角度考虑，按照帕累托法则（二八定律：80%的收益往往来自20%的重点客户），应该优先把培训资源聚焦在核心业务部门的培训需求上。

为什么要评估业务部门对培训的认可程度？一方面，它会直接影响培训项目的前期聚焦、中期实施和后期评估全过程的推进情况；另一方面，在和业务部门沟通的时候，了解对方对培训的认可程度有助于你采取差异化的合作策略。

下面来看一个案例。

甲企业是一家研发制造型企业，培训部门运用重点客户分析具象表来分析目前甲企业各业务部门的具体情况（见表4.2）。

经分析，甲企业研发部门的重要程度是5颗星，部门负责人对培训很认可，部门内部的培训对接人对培训的认可程度没有部门负责人高，但也没有抵触情绪；销售部门的重要程度是4颗星，部门负责人和培训对接人对培训都很认可；生产部门的重要程度是4颗星，部门负责人因为生产工作忙、压力大等原因对培训工作不太认可，认为是浪费时间，部门对接人的态度比较中立；财务部门的重要程度是 3 颗星，部门负责人对培训的态度比较中立，但部门对接人存在一定的抵触情绪，因为对接培训工作阻力较大。

表 4.2 重点客户分析具象表示例

业务部门	重点关注度 （培训部门）	业务部门培训认可度	
		部门负责人	培训对接人
研发部门	★★★★★	认可	中立
销售部门	★★★★	认可	认可
生产部门	★★★★	不认可	中立
财务部门	★★★	中立	不认可
……			

分析完成之后，结合业务部门的重要程度和部门对培训的认可程度，就知道应该首选哪些部门作为开展培训的重点部门了。最终，甲企业的培训部门将研发部门和销售部门定为满足其培训需求的首选部门。

那生产部门和财务部门的培训需求是不是就可以忽略了呢？

当然不是。我并不是让你放弃生产部门和财务部门的培训需求，而是要有策略地满足各部门的培训需求。要调整部门对培训的认可程度，只有这样才能保证他们对培训的投入程度，进而实现培训效果的最大化。从某种角度来说，调整业务部门对培训的认可程度是建设学习型组织的关键一环，你要想方设法提高各个业务部门对培训的认可程度，当所有业务部门都认可培训时，企业的学习型组织氛围就初步建立起来了。

具体来说，你可以用内部客户管理对策规划表（见表 4.3）来进行业务部门认可程度的差异化提升。整个表格是按照"区分重要程度—明确预期—分析价值点和价值实现"的思路进行设计的。

与重点客户分析具象表一样，首先要区分业务部门的重要程度。表 4.3 中的前两列内容是对业务部门重要程度的评估，在列出业务部门名称后，用★对相关部门的重要程度进行评价。然后明确预期，设置业务部门认可程度的预期调整目标，同样用"认可""中立""不认可"来呈现，其中"当前认可度"以部门负责人的认可程度为准，同时设置"理想认可度"，即下阶段你希望该业务部门达到的认可程度。接下来分析价值点，分析业务部门的关注点，尤其是部门负责人最关注的内容。最后完成价值实现，制定满足业务关注点的具体对策，与业务部门沟通，进而提升培训的影响力和被认可程度。

第 4 章 发挥业务伙伴作用

表 4.3 内部客户管理对策规划表

业务部门	重点关注度（培训部门）	业务部门培训认可度		业务关注点	对策
		当前认可度	理想认可度		

仍以甲企业的培训部门为例，看一下该部门制定的内部客户管理对策规划表（见表 4.4）。

表 4.4 内部客户管理对策规划表示例

业务部门	重点关注度（培训部门）	业务部门培训认可度		业务关注点	对策
		当前认可度	理想认可度		
研发部门	★★★★★	认可	认可	创新、可控（时间/成本）	跨界创新交流，项目管理培训
销售部门	★★★★	认可	认可	提升销售业绩	管理激励培训，实战销讲大赛
生产部门	★★★★	不认可	中立	质量、效率、员工职业发展	行动学习项目，人才发展体系
财务部门	★★★	中立	认可	专业技能提升	内部专业分享，财务专业深造
……					

"业务部门"和"重点关注度"两列的内容与重点客户分析具象表一样。业务部门培训认可度中的"当前认可度"以部门负责人的认可程度为准，"理想认可度"是下阶段该业务部门的预期调整目标，研发部门和销售部门保持"认

可",生产部门由当前的"不认可"调整为"中立",财务部门由当前的"中立"调整为"认可"。这样做的好处是避免了"一刀切"的管和不管,设置了可行的递进式改善目标,从而大大提升了改善效果的可控性。

设置完调整目标之后,就要分析各业务部门的关注点了。通过访谈最终确定,研发部门负责人目前最关注创新和可控,其中可控包括对研发时间和成本的管控;销售部门负责人最关注的是提升销售业绩;生产部门负责人最关注质量、效率和员工职业发展;财务部门负责人最关注的是部门内部员工专业技能的提升。

根据以上确认的业务关注点,培训部门制定了有针对性的对策。针对研发部门"创新和可控"的关注点,策划跨界创新交流和项目管理培训等项目进行专项提升;针对销售部门"提升销售业绩"的关注点,策划管理激励培训项目,提升销售管理人员的领导能力,同时设计以实战为核心的实战销讲大赛,重点提升销售人员的实战能力;针对生产部门"质量、效率和员工职业发展"的关注点,策划行动学习项目,重点发现和解决质量与效率提升问题,同时搭建人才发展体系,打通员工在企业内部的晋升发展通道;针对财务部门"专业技能提升"的关注点,采用"内外兼修"的策略,一方面加强财务部门内部的专业提升交流分享活动,另一方面推荐关键人才参加企业外部的财务专业进修课程。

这样,在明确了各个部门诉求的基础上,培训部门就清晰地制定了满足各部门培训需求的对策,从而对培训部门与业务部门的合作,以及提升培训的价值和影响力奠定了坚实的基础。

知道如何在当前的业务环境中实现目标

培训体系是支持业务的思路,培训计划是落地执行的"作战图",然而如果你不知道如何与业务部门合作,如何与他们成为协同作战的伙伴,那么你掌握的方法和工具都将没有用武之地。因此,是否知道如何在当前的业务环境中实现目标,是衡量一名培训管理者工作效果的重要因素。

具体来说,知道如何在当前的业务环境中实现目标,包含两个方面的关键内容:转变视角和找到合适的策略方法。

转变视角:利用 7C 理论推销培训项目

在营销领域,有一个 7P 理论。这个理论认为,如果想做好营销,一定要想清楚下面 7 个问题。

- 你的产品(Product)是什么?

- 你的价格（Price）定位是什么？
- 你的促销（Promotion）策略是什么？
- 你的营销/客户获取渠道（Place）是什么？
- 你的产品定位（Position）是什么？
- 你的人员（People）设置是什么？
- 你提供产品和服务的熟练程度（Proficiency）如何？

此后，在 7P 理论的基础上，人们又发展出了 7C 理论；从关注自己的产品转变为关注客户（Customer）的需求；从关注产品的价格转变为关注客户的成本（Cost）；从关注促销策略转变为关注双向对话（Conversation）；从关注营销/客户获取渠道转变为关注客户获取产品的便捷性（Convenience）；从关注产品的定位转变为关注产品更加明确（Clarity）的定位；从关注人员配置转变为关注客户服务（Customer Service）；从关注产品和服务的熟练程度转变为关注建立客户的信心（Confidence）。7C 理论与 7P 理论的对比如图 4.2 所示，具体分析如下。

```
7C理论                              7P理论
·客户（Customer）                   ·产品（Product）
·成本（Cost）                       ·价格（Price）
·对话（Conversation）        VS     ·促销（Promotion）
·便捷（Convenience）                ·渠道（Place）
·明确（Clarity）                    ·定位（Position）
·客户服务（Customer Service）       ·人员（People）
·信心（Confidence）                 ·熟练程度（Proficiency）

     外部视角                          内部视角
```

图 4.2　7C 理论与 7P 理论的对比

从关注自己的产品转变为关注客户的需求

在传统的内部视角下，培训管理者把目光更多地集中在自己的产品上，以致有些培训部门存在"闭门造车"的情况，自认为找到了一个关键点，然后就不辞辛苦地开发课件，精雕细琢，不断完善。但当他们完成了课程开发，拿着自己的产品去向业务部门营销时，才发现自己找的点好像不是那么准确，怎么办？

转换到客户视角，应该在着手开发产品之前，先详细了解客户的真实需求，帮助他们找到问题的关键所在，然后一起讨论和确定解决问题的关键，进而形成解决方案，最后按照达成共识的方案进行项目的开发和落实。这样不仅确保了项目本身的有用性，还为培训部门和业务部门接下来的合作奠定了基础。

从关注产品的价格转变为关注客户的成本

在传统的内部视角下，培训管理者把关注点放在培训价格上，于是培训产品变得越来越"廉价"，大多数企业内部组织的培训基本上变成了免费的。但令人尴尬的是，即便是免费的，员工参加的意愿也不高。怎么办？

转换到成本视角，尽管培训没有收费，但员工前来参加也是有成本的，那就是时间成本和机会成本。如果培训不能做到物有所值，那么员工就会感觉浪费时间，自然不愿意参加；如果培训不能让业务部门的领导觉得可以提高下属的工作能力，那么他们就不会鼓励下属参加培训。因此，培训管理者应该衡量培训的价值与成本之间的比例关系。

从关注促销策略转变为关注双向对话

在传统的内部视角下，培训管理者把关注点放在如何推销自己的产品上，很多培训部门普遍采取了"推销课程"的策略，把自己开发的课程进行各种包装，对外部采购的课程更是要求包装精致。殊不知，培训工作有时恰恰就毁在了促销包装上，逐渐成为业务部门眼中的"花架子"。

转换到对话视角，营销应该是一个双向沟通的过程，而不是一味地包装和宣传。客户之所以会采纳你的产品，是因为他真正需要你的产品，所以关键在于他的需求和你的产品的匹配度。客户的需求是问出来的，是分析出来的，是一起讨论出来的。先了解清楚客户的需求，然后看产品是否能够满足这些需求。从"有用"的角度来说，这是一个必需的环节。

从关注营销/客户获取渠道转变为关注客户获取产品的便捷性

在传统的内部视角下，培训管理者注重营销/客户获取渠道的开发，关注所接收的信息量和覆盖率。有些培训部门在每次培训前都会铺天盖地地做宣传活动，如网站通告、内部通知和张贴海报等，但最终参加培训的人寥寥无几。

转换到便捷视角，不仅要考虑营销的推广覆盖率，还要关注客户获取产品的便捷性。例如，培训时间与业务部门的工作安排是否冲突？员工到现场参加培训是否能够获得直接上级的支持？培训时长是否符合业务部门的工作特点？是否有更好的方式帮助员工提升自己？

从关注产品的定位转变为关注产品更加明确的定位

在传统的内部视角下，培训管理者了解定位的重要性，但在很多企业，培训部门的定位还很模糊。培训部门很难说清楚自己的定位是战略部门、绩效改进部门还是服务部门，以至于业务部门很难对培训部门进行定位，更不知道应该如何与其合作。

转换到明确视角，培训部门不仅要给自己定位，还要进行明确的定位，并且与老板和业务部门达成共识。可以用第2章介绍的培训部门角色定位图来进行定位，达成共识后将有助于培训部门更好地开展工作，实现与业务部门的良性互动。

从关注人员配置转变为关注客户服务

在传统的内部视角下，培训管理者更关注培训部门内部的人员配置，因此有些企业的培训管理人员经常抱怨培训岗位的人少，满足不了这么多业务部门的需求，希望大家能够理解，等等。但是"大家能够理解"和"认同培训及培训部门的价值"之间不能画等号，很多企业都存在"员工理解培训管理人员，但不认同培训价值"的现象。

转换到客户服务视角，相比培训部门的人员配置，能够为客户提供怎样的服务才是关键。如果培训部门能够为业务部门提供真正有价值的助力，很多工作都是可以通过彼此配合来共同完成的。协同作战的伙伴关系不是培训部门单向提供服务，而是各部门彼此协同，共同作战。

从关注产品和服务的熟练程度转变为关注建立客户的信心

在传统的内部视角下，培训管理者更关注提供产品和服务的熟练程度，把目标聚焦在效率上，这使得培训部门越来越像一个"常规事务部门"。拟订培训安排、邀请讲师、发布通知、准备物料、布置教室、现场拍照、培训评估和打扫现场，这一系列常规动作让从事培训工作的人越来越"熟练"，但也逐渐丧失了创造力，降低了培训工作的价值。

转换到信心视角，为客户服务的关键不在于提供产品和服务的熟练程度，而在于建立培训部门在客户心中的信心。只有怀着这样的心态为客户服务，培训部门才能做到精益操作，持续创新；只有业务部门对培训有信心，才能形成良好的合作互动，促进企业战略目标的落地达成。

总结来说，与业务部门协同作战，培训管理者要关注的不是自己的产品，而是业务部门的需求；不是让培训变得越来越廉价，而是考虑大家投入的成本是否值得；不是包装推销培训项目，而是双向对话，共同解决问题；不是宣传渠道的覆盖率，而是员工参与培训的便捷性；不是培训部门模糊的定位，而是经过讨论达成共识的精准定位；不是培训部门的人员配置，而是为业务部门创造怎样的价值；不是培训事务的熟练程度，而是建立培训在业务部门和员工心中的信心。只有这样，才能真正实现业务伙伴关系的破局，为培训项目的未来发展奠定坚实的基础。

策略方法：业务伙伴关系破局

要想成为真正的业务伙伴，必须学会破局。那么，应该如何破局呢？

在具体操作过程中，要讲策略方法。要建立业务伙伴关系，往往需要先找到一个突破口，然后逐渐打造培训的品牌和影响力，最终覆盖整个企业和各个业务部门。

你可以运用重点客户分析具象表来进行定位，结合业务部门的重要程度及其对培训的认可程度，确定哪些部门作为首先开展培训的重点部门。例如，在前文甲企业的案例中，就可以将研发部门和销售部门定为培训合作的突破口。之后，你可以通过以下3个步骤来实现从找到突破口到塑造培训品牌影响力，分别是明确"我能做什么"、选择高价值项目和打造品牌力。

明确"我能做什么"

要想建立良好的协同作战伙伴关系，首先要树立"我们"而非"我"的意识。不要站在业务部门的"门外"看，而要推开门走进去，真正打破"你""我"之间的隔膜，与业务部门"站在一起"，共同面对挑战和问题。同时，要注意"不能太不把自己当外人"，尤其是在破局的开始阶段，需要注意分寸。

那么，具体应如何做呢？

○ 换位思考

站在业务部门的角度，想清楚对方在合作过程中想要什么、担心什么。业务部门想要的往往是让培训部门帮助他们提升业绩、降低事故和意外发生的频率，以及增强团队的凝聚力等对其工作有切实帮助的事情；他们担心的是培训部门"没事儿找事儿""帮倒忙"，或者拉着他们一起做"无用功"。

○ 用户思维

传统的培训管理思维比较侧重于产品思维，简单地说，就是培训部门自己策划或开发一个培训项目，然后把它推销给业务部门。这种思维本身逻辑严谨，甚至符合营销领域经典的 FAB 法则——属性（Feature）、作用（Advantage）和收益（Benefit）。但如果你真的这样尝试过，你就会发现自己还没说到培训项目的收益，对方就找借口结束了谈话。

为什么会这样呢？因为你用的是产品思维，无论你如何设计谈话结构，都改变不了"我想推销东西"的本质。因此，我更推荐你使用用户思维（见图4.3）。

与产品思维相比，用户思维最大的亮点在于"以终为始"和"以人为本"，以用户的需求为根本出发点，以解决问题和挑战为贯穿始终的动作指引。这两个关键词也是培训管理遵循的理念，在业务伙伴关系破局方面，培训管理者应该好好思考"我能做什么"，从业务部门的角度出发，真正做一些

第 4 章 发挥业务伙伴作用

能够帮到他们的事情。

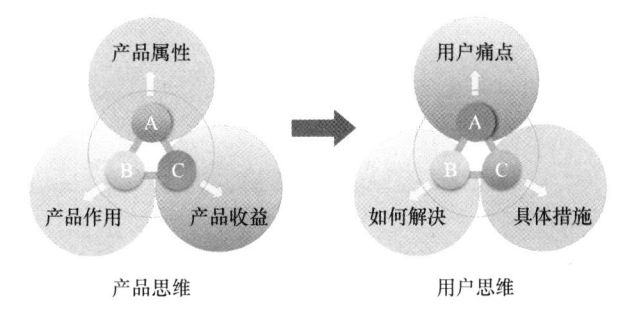

图 4.3 产品思维与用户思维

下面来看一个案例。

王晨是一家集团公司新入职的培训负责人，在他到岗之前，培训部门和各业务部门的合作关系不佳，甚至有些业务部门对培训存在抵触情绪。他到岗之后，要求培训管理团队对所负责的业务部门培训进行立项，也就是让团队成员讲清楚自己为所负责的业务部门做什么样的培训项目，以及为什么要做这个项目。

一段时间后，王晨发现团队伙伴都是在闭门造车，埋头设计培训课程，却很少与业务部门进行沟通。仔细询问之后，大家说出了实情，原来业务部门不愿意和培训部门合作，做需求访谈时往往两三句话就把大家打发了，根本问不出真实的需求。

了解情况后，王晨给大家发布了一项工作任务，让大家帮助业务部门做月度工作会议的数据统计、资料整理和 PPT 制作等辅助性工作。但任务发布之后，立刻招致了大家的不满，大家纷纷表示："这不是培训部门的工作。"

王晨耐心地听完了大家的发言，然后说："如果大家能找到帮助业务部门的方法，可以不做这项工作，但在找到之前，希望大家严格执行。"

在之后的一个月里，培训管理团队的伙伴出现在各个业务部门的工位上，这次不再是做咨询访谈，而是单纯地给业务部门的人"打杂"，做着统计数据、整理资料和完善 PPT 等工作，直至月度工作会议召开完毕。之后，这样的状态又持续了两个月。在这两个月里，王晨没有要求大家再做培训项目的立项工作，而是静静地观察培训管理团队和业务部门的工作状态。

两个月后，王晨把培训管理团队聚集起来开会，告诉大家现在可以做培训需求访谈了，培训项目立项的工作重新启动。听到这个消息，大家更加迷惑了：已经做了将近 3 个月的"打杂"工作，现在又让我们做需求访谈，能有什么用啊！

结果出乎大家的意料，业务部门同事的态度好像都变了，说了很多自己部门的需求，有些部门甚至明确提出希望公司的培训资源可以多向他们部门投放一些。这时，王晨向大家解释了自己之前的做法："大家之前问不到培训需求，不是技巧的问题，而是没有得到业务部门的认可，有技巧也用不起来。让大家给业务部门'打杂'，一是表明我们想帮助他们的决心；二是告诉他们我们想做务实的事情，不会给他们找麻烦、添负担；三是通过帮助他们整理会议资料，一方面可以让我们熟悉业务工作，不会再被对方当作'门外汉'，另一方面也可以让我们和业务部门的同事建立情感联系，他们也不好意思再敷衍我们。这样一来，我们掌握的培训专业技能自然就可以用起来了。"大家听完都恍然大悟。

这个案例再次证明，有用和务实才是培训真正的核心所在，也是和业务部门建立协同作战伙伴关系的关键，而做一些对业务部门真正有帮助的事情，正是开启这种关系的最有效方式。

○ 差别对待

在与对培训认可程度不同的业务部门合作时，还需要制定差异化策略。可以借鉴 PDCA 循环来进行差异化阶段聚焦。PDCA 循环，又称戴明环，是全面质量管理的思想基础和方法依据，它将质量管理分为 4 个阶段，即计划（Plan）、执行（Do）、检查（Check）和改进（Act）。要想不断优化培训项目，也可以参考这 4 个阶段：制订培训项目计划，实施培训项目，检查落地效果，然后总结经验，将成功的亮点保留，对有待完善的部分进行进一步优化（见图 4.4）。

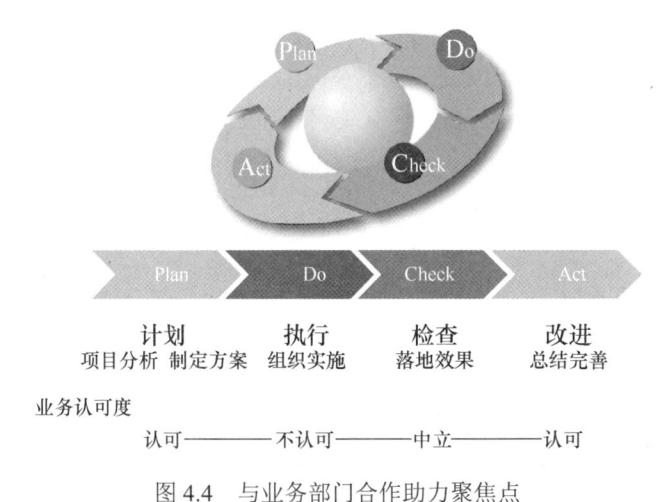

图 4.4 与业务部门合作助力聚焦点

对于认可培训的业务部门，可以和他们一起进行全流程的优化合作，共同探讨如何更好地聚焦合作项目和制订解决方案，在项目实施过程中如何更好地实现预期目标，如何更有效地检查实施效果，以及哪些方面可以保留或怎样做才能更好地助力业务工作。

对于不认可培训的业务部门，在合作初期最好将重点聚焦在组织实施阶段，因为他们可能更关注"如何把事情顺利地完成"。这时如果你把精力过多地聚焦在项目分析、制订方案或总结完善阶段，可能会遇到阻碍，听到类似这样的声音："这件事没有这么复杂，我们简单做一下就好了。"

对于保持中立态度的业务部门，可以在与他们一起聚焦组织实施的同时，进一步加强对项目效果的检查和评估，这样有利于提升培训效果和影响力，为后续业务部门对培训的认可奠定基础。

选择高价值项目

在选择高价值项目时，可以参考第 3 章介绍的收益-实施难度评估矩阵，重点聚焦收益程度高的培训项目，尤其是收益高且实施难度低的培训项目。

打造品牌力

打造高价值的项目之后，还需要加强培训的品牌影响力，具体可以从两个方面进行推进：口碑传播和二次营销。

○ 口碑传播

扩大高价值项目的影响力，将有助于提升各个业务部门对培训工作的投入度和配合度。具体可以重点关注两个方面：官方深度宣传和发展种子客户。

- 高价值项目完成之后，要进行官方深度宣传，除了传统宣传方式，还可以从采访对象、报道方式和发布渠道 3 个方面进行拓展创新。

    在采访对象方面，可以采访参与项目的业务部门负责人、学员及企业内外部其他利益相关者对培训项目的评价，还可以向老板汇报上述人员的评价并邀请其给予点评。

    在报道方式方面，除了传统的新闻报道，还可以用人物专访的方式把老板或相关业务负责人对培训的理解与本次培训项目的报道相结合，从而带动其他业务部门对培训的重视程度，提升学习型组织氛围。还可以结合新媒体方式进行宣传，如制作培训宣传海报、用培训期间的照片编辑成视频集锦、录制业务部门和学员的推荐短视频等。

    在发布渠道方面，既可以在企业网站、企业专刊、企业订阅号和视频号等内部渠道进行宣传，也可以和外界媒体进行联动，如培训专业杂志和媒体、地方企业或管理推介杂志和媒体等。
- 种子客户（既包括业务部门也包括全体员工）是口碑传播的关键所在，他们可以与官方宣传的信息形成呼应，将培训项目的影响力迅速扩大，进而帮助培训管理者发现更多的需求和合作机会。

具体操作时，可以参考口碑效应传导图（见图 4.5），从介绍项目成果开始，然后回顾项目价值，最后与员工的诉求相连接，从而进行多元化的宣传。

项目成果	从项目取得的成果出发
项目价值	回归项目的本质，回顾做项目的最初动因是什么
员工诉求	与员工的诉求相连接，进行多元化的项目宣传

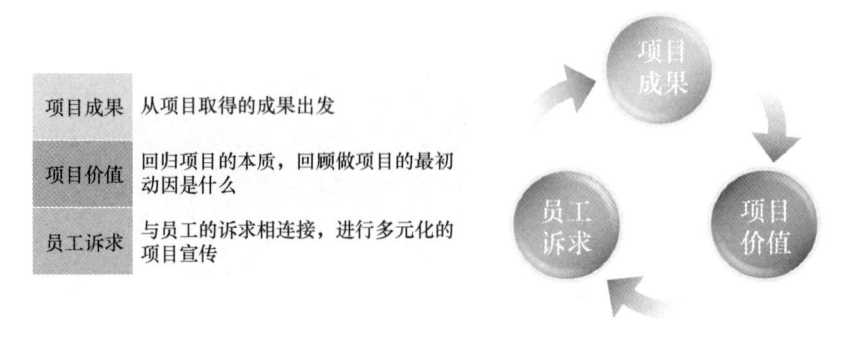

图 4.5　口碑效应传导图

首先，介绍培训项目取得的成果，让大家了解培训项目的过程和结果。然后，回归项目的本质，回顾做项目的最初动因是什么，这样既更好地阐释了项目的价值，又体现了培训部门"以终为始"的做事理念，增强了各个业务部门与培训部门合作的信心。最后，从员工的角度说明培训项目满足了大家哪些诉求，以及有怎样的收获，从而提升全体员工对培训的期待值，为创建学习型组织氛围做好铺垫。

○ 二次营销

除了对培训项目进行整体宣传，培训管理者还要"趁热打铁"，加深与业务部门的合作，及时对该部门进行二次营销。这样做有两个目的：复盘总结和探索未来合作的可能。复盘总结一方面是交代项目成果，另一方面是复盘项目过程中的亮点和有待完善之处，有利于进一步增强彼此合作的默契度和信心。探索未来合作的可能是将单个培训项目进行延续和衔接的关键所在，也是培训部门和业务部门建立持续合作关系的重要方式。

成果演示是进行二次营销的一种有效呈现方式，步骤如下。

a. 制作演示资料

首先，确定演示资料的目的，考虑清楚"希望和对方共享什么，产生怎样的共鸣"。在此基础上，梳理项目的相关信息，包括但不限于项目的背景、策划思路、实施过程、取得的成果、关键价值点及可传播性等。

b. 优化演示资料

整理演示资料，使之符合对方接收信息的习惯。具体可以从以下几个方面优化演示资料。

- 尝试用一句话概括整个演示资料传达的内容。
- 采用金字塔结构进行呈现，保证逻辑清晰。
- 注意使用的图片和图表应便于对方理解。

- 对想传达的信息进行反复精炼。

c. 实际演示

在演示过程中，要想给业务部门留下"专业"和"高效"的印象，你需要锻炼自己"在短时间内清楚地表达核心内容"的能力。对此，你可以参考著名咨询公司麦肯锡的"电梯演讲法"进行练习，即"假设你与公司 CEO 共乘一部电梯，你是否能在走出电梯前，即 30 秒内，向 CEO 简洁地说明你所负责的项目的摘要"。

最好的结果是，培训项目不再是各自孤立的，而是系统联动的；培训部门与业务部门之间的合作不再是"一次性"的，而是紧密持续的。通过培训项目的合作与营销，使培训部门能够逐渐与业务部门建立"连点成线、结线成面、聚面成体"的立体化合作关系。

- 连点成线。将业务部门单个的培训项目逐渐发展为"培训项目链"，提升培训项目之间的关联度。
- 结线成面。将业务部门的"培训项目链"逐渐发展为"业务面"，加强培训部门业务伙伴和绩效顾问的角色定位，通过持续诊断和解决问题与挑战，提升业务部门培训项目的系统性。
- 聚面成体。将业务部门的"业务面"整合为企业整体的"事业体"，通过整合各业务部门的培训工作，提升企业整体培训的规划性、整合性和统一性。在逐步提升培训的品牌力和影响力的同时，加强培训部门变革推手的角色定位，为组织发展和战略落地发挥更大的作用。

4.2 视人为人：针对不同的性格，制定差异化策略

与业务部门建立协同作战关系，除了注重策略和方法，还要关注人的因素。视人为人，尊重合作伙伴不同的性格特征和做事方式，是建立良好合作关系的基础。

性格五行理论

一般来说，可以将人们的性格总结为 5 种：锐、序、柔、热、合。下面以《西游记》中的几个人物来介绍这 5 种性格，你可以从中直观地感受到这 5 种性格的特点（见图 4.6）。

孙悟空，匹配"锐"，他的性格像金属制成的矛一样，锐利、霸气，战斗力和行动力极强；唐僧，匹配"序"，他的性格特点是遵守秩序、理性、讲原

则；沙僧，匹配"柔"，与其他几个人物相比，他的性格更偏温柔、亲和、好脾气，任劳任怨，并且很少与他人发生冲突；猪八戒，匹配"热"，他的性格特点是热情、乐观、幽默，还很注重自己的形象；白龙马，匹配"合"，相比其他几个人物，他的行为特征表现得更均衡一些，既有孙悟空的自信和执行力，又有唐僧的理性和原则，还有沙僧的任劳任怨，以及猪八戒的开朗和注重形象。

图4.6 《西游记》中的人物性格

"锐""序""柔""热""合"这5种性格正好和中国的五行相对应（见图4.7）。

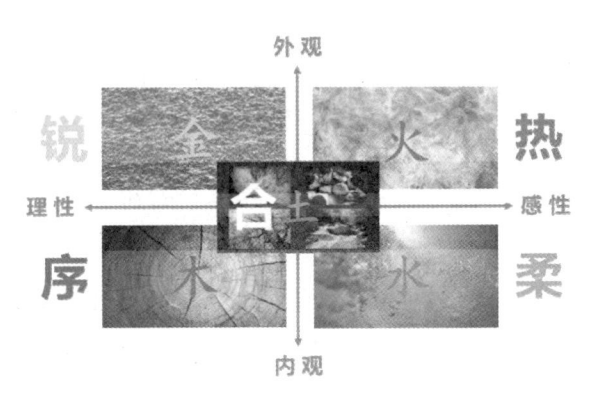

图4.7 性格五行理论

锐，对应"金"，这种人的性格像金属一样锐利；序，对应"木"，这种人的性格像树木的年轮一样有秩序；柔，对应"水"，这种人的性格像水一样柔和、包容；热，对应"火"，这种人的性格像火一样热情、有活力；合，对应"土"，这种人的性格像大地一样兼容并蓄。这就是我提出的性格五行理论，已获得国家版权认证（见图4.8）。

图4.8 "性格本源回溯论&性格五行理论"版权证书

对图4.7中的理性、感性、外观、内观的解释如下。

- 理性，对应人的左半脑，主要从事逻辑思维，负责逻辑、语言、数学、文字、推理和分析等活动；在处理事情的过程中，更关注"事"（结果取向），思维方式具有连续性、延续性和分析性的特点，习惯对问题进行非个人因素的分析。
- 感性，对应人的右半脑，主要从事形象思维，负责图画、音乐、韵律、情感、想象和创造等活动；在处理事情的过程中，更关注"人"（人际取向），思维方式具有无序性、跳跃性和直觉性的特点，比较看重行为对他人造成的影响。
- 外观，即倾向于从外界环境获得心理能量。通过在外界环境中不断搜寻行为反馈的方式来获得评价依据，并将其作为评定自我价值、实现满意度的重要标准。这种性格的人更关注做事情的结果和他人的评价。
- 内观，即倾向于从内心世界获得心理能量。通过在内心世界不断反思的方式关注内在感受，并将其作为评定自我价值、实现满意度的重要标准。这种性格的人更关注自己的内心反馈。

与 5 种性格的人合作的要点

不同性格的人具有不同的思维方式和行为习惯，下面从 5 种性格的代表人物、领导风格、动力关键词、优势能力、待完善点这几个方面讲述与不同性格的人合作的要点。

"金"人性格特征：全局视野、执行力

- 代表人物：拿破仑、撒切尔夫人等。
- 领导风格：霸气强势，做事果断，行动力强。
- 动力关键词：成就。他们非常看重做事情的结果，希望可以多做事情，多获得成就感。只要能够不断获得成就感，就算再苦再累，他们也会动力十足；如果所做的事情接连失败，就会消耗他们大量的动力，让他们感觉疲惫不堪。
- 优势能力：强者自信，这种性格的人通常是自信的；勇者无畏，他们相信自己能够完成挑战，也常常勇于接下重担，有担当；远见布局，他们想取得更大的成就，所以思考事情时站得更高，看得更远，具有大局观；决策果断，他们在做决定时非常果断，很少有犹豫不决的时候；执行务实，他们不喜欢虚头巴脑的东西，有什么就说什么，最重要的是把事情做成；结果导向，他们做事情会时刻关注结果，主要精力也聚焦在最终的结果上；掌控有力，他们能够对过程进行有力的管控，保证过程顺利，从而提升对成功的把握。
- 待完善点：自尊心过剩，他们的自尊心极强，如果有人伤害他们的自尊，便很容易发生冲突；固执强势，他们比较执着于自己的想法，不太容易倾听和接受别人的建议；不近人情，当事情的结果不理想时，他们往往不愿意听他人的解释，会直接批评训斥。
- 合作要点：尊重和结果。他们的自尊心极强，而且不畏挑战，如果和他们"硬碰硬"，最终会"双输"。因此，维护他们的自尊才是获得他们强有力配合的有效策略。他们是结果导向的，和他们沟通的最好方式就是直奔主题，别拐弯抹角。

"木"人性格特征：规划分解、落实力

- 代表人物：爱因斯坦、比尔·盖茨等。
- 领导风格：理性严谨，做事习惯进行客观分析，关注细节。
- 动力关键词：秩序。他们希望搞清楚事情的原理，也希望所有的事情都能够井井有条。只要周围的环境和需要处理的事情是有序的，哪怕事情再多，他们也能合理地安排；如果周围的环境经常被打破，需要处理

的事情经常临时发生变动，他们就需要花费很多的时间和精力来调整自己的状态，直到他们认为所有事情都重新恢复秩序。
- 优势能力：理性分析，他们非常善于分析事情的来龙去脉，搞清楚问题的原因所在；逻辑有序，他们善于做规划和行动计划，把所有事情都安排得井然有序，表达时层次分明，容易让人理解；精益求精，他们很看重做事情的质量，只要有时间，他们就会不断完善，努力做到最好；关注细节，他们在工作中会反复检查，很少出错，对逻辑和数据尤为看重；成长积累，他们非常看重自身的学习和成长，完成事情之后通常会自我反思，不断提升自己的能力；原则性强，他们希望这个世界黑白分明，不允许自己随便破坏规则，也不希望其他人破坏规则。
- 待完善点：多思慢行，他们通常会在行动之前思考很久，有时会因此降低事情的执行效率；不善社交，他们善于在专业领域与他人交流，但是在社交场合往往会表现得比较拘谨；不喜变化，他们不喜欢出现计划之外的事情，尤其反感对方"出尔反尔"，因为这会打乱他们原有的秩序。
- 合作要点：正确和逻辑。他们非常重视所做的事情是否正确，所以如果你想让他们配合或说服他们，那么你需要证明你做的事情是正确的，否则他们会一直持质疑的态度。要想获得他们的理解和认同，你需要使用因果论证等符合逻辑的方法和充分的论据。

"水"人性格特征：风险意识、柔顺剂

- 代表人物：刘备、甘地等。
- 领导风格：亲和、包容，希望大家一团和气。
- 动力关键词：和谐。他们希望避免矛盾和冲突，让大家和平相处。只要周围的环境是和谐的，哪怕有些物质条件不尽如人意，他们通常也可以安心自在地工作；如果周围的环境经常发生冲突，尤其当冲突波及他们时，他们就需要花费很多精力来调整自己的状态。
- 优势能力：温柔亲和，他们会给人以天生的亲和感，容易与他人建立人际关系；同理心强，他们非常善于站在他人的角度考虑问题，能做到感同身受；善于倾听，他们在与别人沟通时，很少会打断对方的发言；包容体谅，当遇到冲突时，他们更愿意体谅对方，如果看到团队其他成员之间发生冲突，他们也愿意帮助化解矛盾；团队合作，他们乐于助人，善于与团队成员协作并保持和谐关系；风险防控，他们对潜在的风险有着天生的敏感性，因为这是破坏和谐的重大隐患。

- 待完善点：安于现状，他们有时会缺少不断挑战、主动做出调整的勇气，从而陷入被动的局面；妥协退让，当双方意见出现分歧时，如果对方坚持不肯让步，他们通常会为了避免冲突而做出妥协，有时甚至会牺牲原则和底线；执行滞后，尽管大多数风险并不会真的发生，但他们还是会不由自主地担心，同时倾向于在工作时限的最后阶段完成工作，所以有时可能会影响整个团队的工作效率。
- 合作要点：和谐和安心。他们对冲突和潜在的危险十分敏感，一旦发现，会不由自主地萌生躲避和逃跑的念头，所以在和他们合作时，要尽量维持合作和谐的氛围。同时，他们需要安全感，如果在沟通工作时你能够将未来风险降到最低，他们就很愿意和你一起共事。如果你无法预知未来究竟有什么风险，你可以告诉他们："不论发生什么事情，咱们都一起解决。"这会让他们安心很多。

"火"人性格特征：人际交往、渲染力

- 代表人物：孙中山、克林顿等。
- 领导风格：激情活力，他们希望整个团队充满激情和活力。
- 动力关键词：认可。他们非常看重他人对自己的评价。只要能够得到团队成员的认可和赞扬，他们就会表现得很有活力，也很愿意付出和帮助他人；如果得不到团队成员的认可，他们会感觉非常不适，需要用大量时间和精力让自己快乐起来，从而保持激情和活力。
- 优势能力：热情直爽，他们喜欢结交朋友，容易让人心生好感；追求快乐，他们喜欢新鲜有趣的事情，同时也希望把快乐传递给周围的人，他们是团队中的气氛担当，有他们在一定不会冷场；人际交往，他们有与生俱来的交际能力，通常能在短时间内实现破冰，与他人建立朋友关系；善于表达，他们喜欢成为全场的焦点，同时也善于表达自己的想法，语言和状态都极具感染力；描绘愿景，他们喜欢憧憬未来，也喜欢带着团队成员一起畅想事情成功以后的样子，从而激发团队的活力；感染力强，他们希望自己能够像熊熊燃烧的火焰一样充满活力，同时也能够让周围的人一起燃烧起来，这是他们的天赋。
- 待完善点：容易情绪化，尤其当他们受到批评和否定时，可能会出现一时情绪失控的情况，从而影响与团队成员的合作关系；思维跳跃，他们的注意力容易转移，和他们沟通时需要注意不要被他们带"跑题"了；粗心大意，他们有时对细节不够关注，经常会出现各种疏漏，有时还会重复出现同样的错误。
- 合作要点：兴趣和赞美。他们喜欢新鲜有趣的事情，所以在和他们沟通

时，你首先要考虑的问题是"如何才能提起他们的兴趣"，只要你能激发他们的兴趣，就会得到他们强有力的支持；同时，他们渴望得到他人的赞美，因此在合作的过程中要注意给予他们及时的鼓励和称赞，这会让他们觉得一切付出都是值得的。

"土"人性格特征：灵活补位、协调力

- 代表人物：韦小宝、诸葛亮等。
- 领导风格：灵活多变，可以随着环境的要求进行调整，但有时也容易让别人捉摸不透。
- 动力关键词：意义。他们非常看重做事情的意义。如果可以清晰地了解做某件事情的意义，他们会全情投入，确保实现最终的价值；如果他们搞不清楚做某件事情的意义，或者觉得所做的事情没有意义，就会陷入迷失和纠结，这会消耗他们大量的时间和精力，这种状态会一直持续到他们找到答案或彻底放弃。
- 优势能力：特质均衡，他们的各项能力之间没有太大的差异，比较均衡；灵活调整，他们可以根据环境的要求调整自己的能力特质，相对于其他 4 种性格的人，他们没有非常明显的性格短板，适应环境的能力更强；整合资源，他们善于发现资源之间的联动价值，从而打通各渠道和资源之间的壁垒，取长补短，将资源价值最大化；协调有力，他们可以根据合作对象的特点调整沟通协作的方式，与不同性格的人合作会更加顺畅。
- 待完善点：随波逐流、容易迷失。"根据环境的要求灵活调整自己的能力"这一特质是把双刃剑，如果他们能够做到主动调整自己的能力从而掌控环境，就会变得很强；但如果他们一味地被动调整自己的能力来适应环境要求，就容易随波逐流，在变幻不定的世界中迷失自我。这也是"意义"成为他们动力关键词的原因。
- 合作要点：适应和引导。他们风格多变，要想与他们顺畅地合作，首先要适应他们的变化，不要因为他们的多变而感到困惑；同时注意引导，不要一味地盲从适应，否则你就会一直处于被动调整的状态，从而不利于彼此合作。如果他们陷入迷失状态，你应该及时引导方向，推进合作。

最后总结一下与不同性格的业务伙伴合作时可以采用的差异化策略（见表 4.5）。

作为培训管理者，要始终牢记业务伙伴是一个个鲜活的人。要做到"视人为人"，根据对方的性格特征调整自己的合作策略，只有这样才能达到事半功倍的效果。

表 4.5　业务伙伴差异化合作策略

性格类型	动力关键词	性格特征	合作策略
金	成就	结果导向、执行务实、自尊心强	结果、注意效率、征询意见
木	秩序	理性逻辑、关注细节、不喜变化	逻辑、注意细节、兑现承诺
水	和谐	亲和包容、风险防控、执行滞后	和谐、扫除疑虑、掌控进度
火	认可	热情直爽、追求快乐、思维跳跃	赞扬、激发兴趣、把控方向
土	意义	特质均衡、灵活调整、容易迷失	意义、适应风格、注意引导

4.3　6个要点：让业务合作开出"真诚之花"

归根结底，无论使用哪种方法或技巧与业务部门建立联系，最重要的一点都是保持真诚。真诚是建立良好合作关系的最佳方式。在业务合作过程中，培训管理者可以关注 6 个要点，让业务合作开出"真诚之花"（见图 4.9）。

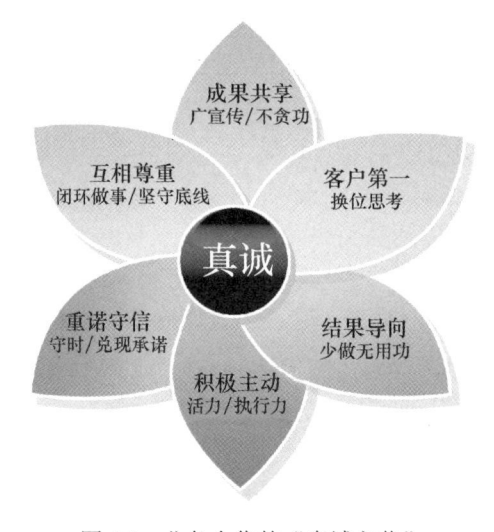

图 4.9　业务合作的"真诚之花"

客户第一

从某种意义上来说，业务部门是培训部门的内部客户。既然是客户，那么满足客户的需求就是培训管理的根本出发点。培训部门只有放下自己，换位思考，真正站在业务部门的角度帮助他们更好地应对挑战和问题，助力企业战略落地的达成，才能实现培训的价值，建立长久信任的合作关系。

结果导向

培训管理是培训部门的本职工作，但是对业务部门来说，培训只是他们众多工作中的一项，他们的主要精力还是会放在落实业务工作上。这就要求培训部门在和业务部门合作的过程中，要注意结果导向，做真正有用的事情，少做无用功，高效、聚焦地达成项目目标。

积极主动

情绪是会传染的，客户体验不仅来自产品本身，还来自传递产品的人。如果你想让业务部门管理者积极投入培训项目中来，首先要让自己保持活力和高效的执行力。你对培训项目的重视程度往往决定了业务部门对培训项目的重视程度；你的反应速度往往决定了业务部门的反应速度，进而决定了培训项目的整体节奏。

重诺守信

在合作过程中，高效不仅体现在项目的时间节点设置上，还体现在具体实施时的配合管控上。是否守时和兑现承诺将直接影响合作伙伴的状态和项目的整体进度。让参与人员持续看到阶段性成果是项目顺利推进的有力保障，通过看到自己和他人为项目的共同付出，更有利于强化培训项目组的团队意识。

互相尊重

与终端消费者不同，对一个培训项目来说，业务部门不仅是产品的最终消费者，也是产品的主要创造者。因此，在与业务部门合作的过程中，不仅要重视培训项目的最终结果，还要关注彼此配合的过程。一方面，做事情要具备闭环思维，每次沟通、每封邮件、每个管理动作都要做到有始有终，及时反馈；另一方面，要坚守自己的原则和底线。尊重是互相的，只有保持相互尊重的平等关系，才能将彼此的配合变得更加默契。

成果共享

培训项目取得成功以后，培训管理者可以通过宣传来进一步扩大项目的影响力，这不仅是对培训部门的复盘总结，也是对业务合作伙伴的激励和认可。注意在这个时候不要贪功，应该突出业务部门的付出和努力，这样他们就会越来越愿意与培训部门合作。其他部门看到这种情况，也会愿意尝试与培训部门合作，这样整体业务合作关系就建立起来了。

牢记以上 6 个要点，你就可以将培训部门追求有用的理念和真诚合作的信念传递给业务合作伙伴，从而为双方的坚实合作奠定基础，打造协同作战的伙伴关系。

小　结

1. 与业务部门合作是建立协同作战的伙伴关系。优秀的培训管理者需要做好 3 件事：了解培训管理的关键动作，看清培训所处的业务环境，知道如何在当前的业务环境中实现目标。

2. 建立真正的业务伙伴关系的第一步是营销。遵循"以终为始"和"以人为本"的理念，从内部视角转变为外部视角，从业务部门的视角重新审视培训工作，让培训变得更加"有用"。

3. 实现从找到突破口到塑造培训品牌影响力的 3 个步骤是：明确"我能做什么"、选择高价值项目和打造品牌力。

4. 视人为人，尊重合作伙伴不同的性格特征和做事方式，是建立良好合作关系的基础。

5. 真诚是建立良好合作关系的最佳方式。在业务合作过程中，培训管理者要牢记 6 个要点：客户第一、结果导向、积极主动、重诺守信、互相尊重和成果共享。

关注订阅号"匠心宇航"，领取本章检视/行动工具：重点客户分析具象表、内部客户管理对策规划表。

第 5 章
从根本上看清人才发展体系

5.1 用系统思维看人才供应链和人才生态

人才发展体系是为企业打造人才供应链，构建人才生态。随着我国经济的不断发展，越来越多的企业发展出了适合自己的人才发展方法，如华为公司的训战结合、海尔集团的人单合一、华润集团的行动学习和联想集团的复盘法等。这些标杆企业的人才发展方法也被众多企业争相模仿，但这里有两个问题值得你思考。

- 这么多优秀的人才发展方法，到底应该学习哪种呢？
- 将这些人才发展方法运用到我所在的企业，也一定会获得成功吗？

这是当前很多企业培训管理者的困惑：参加论坛或标杆学习时觉得这些方法很可行，但回到企业就不知道从哪里下手了，最后只能感慨"那都是别人家的优秀经验"。其实，世界上并不存在一种适合所有组织的人才发展方法，只有真正了解人才发展体系的本质，才能根据企业的实际情况制定出适合的人才发展方法。

人才发展还是人才培养

也许你已经发现了，我一直在用"人才发展"这个词，而不是"人才培养"，因为这是站在老板需求的视角确定的词。在做企业咨询的过程中，曾经有老板向我提出了这样的困惑："我花钱培训完这些人之后，如果他们离职了怎么办？"我的答复是："您不培训，他们留下怎么办？"

这不是个别老板的想法，很多没有意识到培训价值的老板都存在这样的困惑。他们认为公司不能没有培训，没有培训会阻碍公司的发展，但每当培训项目审批需要花钱的时候，他们就很纠结。培训管理者经常遇到的情况是培训项目审批的阻力和培训预算的缩减，有些企业在经营情况不理想的时候，首先缩减的就是培训预算。这样做的结果是形成恶性循环：老板质疑培训的价值，因此会减少对培训的投入和支持，从而影响培训的效果，甚至导致高素质人才流失，这又会让老板更加质疑培训的价值。

"人才培养"这个词，容易使老板更加关注"花钱"这个方向，触碰到他们最敏感和最质疑的部分。因此，相对于"人才培养"，我更愿意用"人才发展"这个词，从企业经营的角度向老板阐释清楚培训真正的价值。

用系统思维看打造人才供应链

现代企业管理者普遍意识到了人才的重要性，很多企业都愿意花费高昂的猎头费来招募高素质人才，甚至越来越多的企业经营者认为目前已经进入了人才争夺战的时代，只有得到优秀的人才，才能把事情做成。

然而，很多时候，企业高薪聘请的人才总是很难融入企业。这让企业管理者开始意识到"拿来就用的人才并不一定是对企业投资回报率最优的选择"，这也是越来越多的企业开始重视搭建自己的人才发展体系的重要原因之一。现代企业的核心竞争焦点不再是人才争夺战，而是人才经营战；不再是争夺人才，而是如何用好人才。人才发展体系就是用来为企业打造人才供应链，构建人才生态的。

人才发展体系并不等同于企业内部的培训班，也不只是人力资源管理中的一个模块。要想弄清楚人才发展体系的本质，需要用系统思维看清楚它在整个企业管理中的真正作用（见图5.1）。

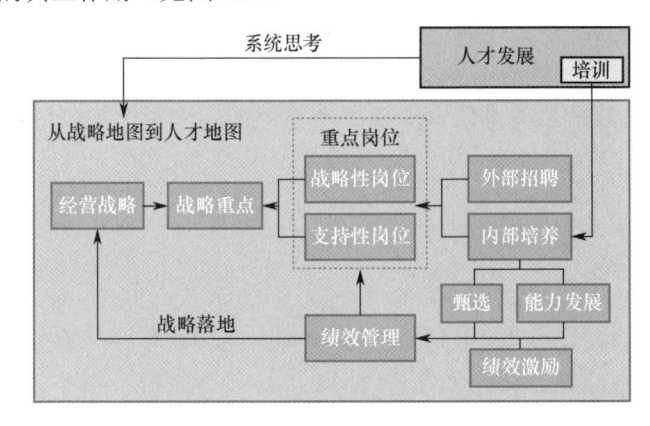

图5.1 用系统思维看打造人才供应链

人才管理的目标是战略执行,企业投资的首要对象不是人,而是组织战略的落地。人才发展体系是从梳理企业的战略地图到人才地图的过程,以企业的经营战略落地为导向,明确战略重点,从战略成功的最终绩效标准入手,找到直接驱动因素(战略性岗位),同时聚焦内部运营体系(支持性岗位),进而确定重点岗位。然后通过外部招聘体系、内部培养体系和绩效激励体系,保证重点岗位的绩效达成,从而实现企业整体战略目标的落地。

确定重点岗位

所谓人才,是合适的时间、合适的地点的合适人选,即最适合岗位的人员。离开岗位谈人才,没有实际意义。可以从战略执行的角度确定重点岗位,具体参考4个要素:战略影响力、绩效变动性、人才影响度和人才稀缺性。

- 战略影响力。战略的本质是差异化和价值创造,从战略执行的关键业务流程着手,评估岗位在战略落地中的重要程度。注意,能够同时影响多项核心战略能力的岗位尤为重要,它们可能是提升企业业绩和组织协同性的杠杆。
- 绩效变动性。绩效变动性是指同一岗位上高水平绩效与低水平绩效之间的差异幅度。从绩效管理的角度来说,企业应该努力提高岗位平均绩效水平,降低绩效变动性。
- 人才影响度。人才影响度是指岗位员工绩效改善对企业业绩的贡献程度。
- 人才稀缺性。人才稀缺性是指岗位员工的获得难度,既包括外部招聘难度,也包括内部培养难度。

综合评估以上要素,将战略影响力高、绩效变动性大、人才影响度高和人才稀缺性高的岗位确定为重点岗位,也是人才发展体系重点关注的部分。

外部招聘与内部培养

当岗位出现空缺时,企业应该从外部进行招聘还是从内部进行选拔培养?

当企业人力资源管理者面临这样的选择题时,往往会先想到"补人"这个词。但相对于"补人",我更推荐你思考另一个词——"人才梯队",因为它更符合经营思维。一名真正优秀的人力资源管理者在面临岗位空缺时应该思考的问题不是"把人补上",而是做到"位有其人,人适其位",合适的员工能够产生效益,不称职的员工则会给企业造成损失。补人不是目的,让合适的人在岗位上发挥应有的价值和作用才是人力资源管理者真正的职责。外部招聘和内部培养都是为岗位找到合适人才的渠道,它们各有优势和劣势(见图5.2)。

外部招聘的优劣势

外部招聘的优势如下。

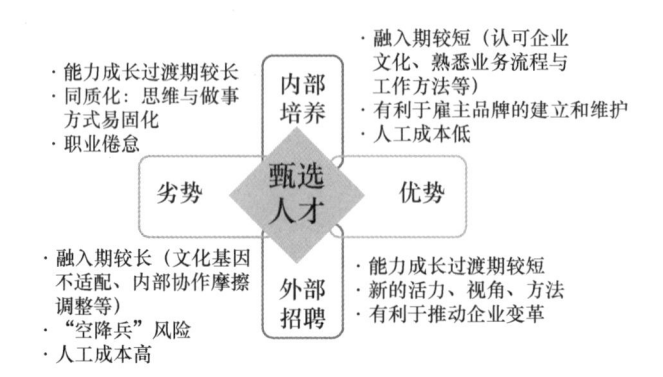

```
                      ·融入期较短（认可企业
                       文化、熟悉业务流程与
 ·能力成长过渡期较长    内部   工作方法等）
 ·同质化：思维与做事    培养   ·有利于雇主品牌的建立和维护
  方式易固化                   ·人工成本低
 ·职业倦怠
         劣势    甄选    优势
                 人才
 ·融入期较长（文化基因          ·能力成长过渡期较短
  不适配、内部协作摩擦  外部   ·新的活力、视角、方法
  调整等）              招聘   ·有利于推动企业变革
 ·"空降兵"风险
 ·人工成本高
```

图 5.2　外部招聘与内部培养的优劣对比

- 外部招聘人才的能力符合岗位要求，能力成长过渡期较短。
- 能够为企业带来新的活力、视角、方法。
- 更有利于推动企业变革。

外部招聘的劣势如下。

- 外部招聘人才的企业归属感暂时不强，融入期相对较长，他们一般需要适应的方面包括但不限于企业文化和个人价值观的调整共识、工作节奏和强度的适应调整、工作流程的熟悉与掌握、工作氛围和管理沟通方式的适应调整等。
- 企业使用"空降兵"存在一定的风险，要警惕出现"水土不服"的现象，否则容易形成"新人新办法，老人老办法"的局面，造成组织生态恶化，不仅新员工无法有所作为，老员工也会变得更加无所作为。
- 人工成本较高，外部招聘人才的岗位薪资往往高于内部晋升人员，同时还有较高的招聘成本，如招聘渠道费用、猎头费用等。

内部培养的优劣势

内部培养的优势如下。

- 员工的企业归属感较强，认可企业文化，熟悉业务流程及工作团队的氛围和方法，融入期相对较短。
- 从企业内部培养人才有利于提高员工的主动性和稳定性，同时也有助于建立和维护企业的雇主品牌，提升企业的品牌影响力。
- 相对于外部招聘，内部培养人才的人工成本较低。

内部培养的劣势如下。

- 内部培养人才需要较长的能力成长过渡期，根据晋升岗位的不同，需要提升的方面包括但不限于专业知识和技能、团队领导能力和下属辅导能力、向上管理能力和跨部门协作能力等。

- 内部培养人才容易出现"同质化"现象,即因为更加熟悉企业氛围和管理方式,所以在管理思维和做事方式方面容易形成固化行为模式,相对来说在创新地解决问题等方面略显不足。
- 员工在同一家企业就职时间较长,容易出现职业倦怠、动力减退的情况。

外部招聘和内部培养这两种为岗位找到合适人才的方式各有优劣。我建议采取"内外并举"的人才供应策略,将外部招聘与内部培养进行整合,根据目标岗位的特点、能力要求和实际到岗需求的紧急程度,灵活选择人才供应方式,满足企业的用人需求。

用系统思维看构建人才生态系统

人才发展体系是为企业打造人才供应链,但其作用并不局限于人才供应,其本质是建立一个能使真正优秀的人才成长、向上发展,并且不断生长的系统。人才发展体系构建的人才生态系统并不只包括人才培养环节,而是包括精确招聘、打造吸引人的工作环境、人才甄别、提供挑战性的工作机会和人才培养等一系列环节,最终形成企业整体的人才生态系统(见图5.3)。

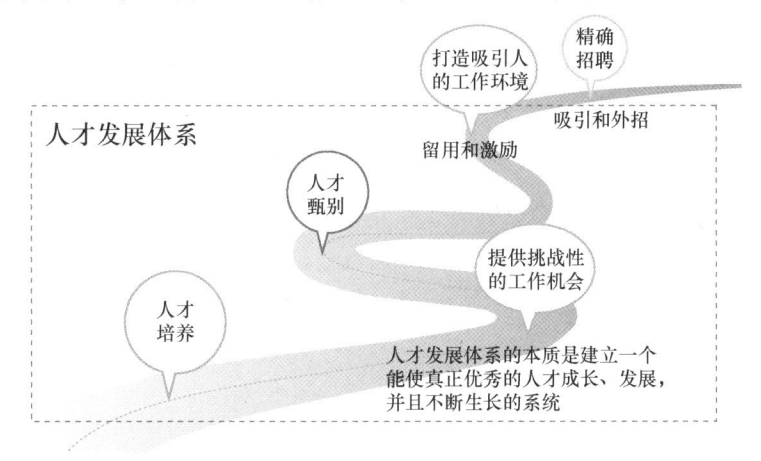

图5.3 用系统思维看构建人才生态系统

精确招聘

招聘环节是企业与人才建立雇佣关系的开始,也是员工正式进入企业人才发展体系的开端。精确招聘岗位人才,不仅与员工是否能够胜任岗位有关,还与他们在企业中的后续职业发展、企业选拔人才的空间、人才培养的效果及企业整体学习型组织氛围有关。

打造吸引人的工作环境

面对人才争夺日趋激烈的竞争环境,很多优秀企业开始转变招聘策略,由

"找"转变为"吸",即由传统的拓展招聘渠道转变为打造吸引人的工作环境。通过对企业内部人才的留用和激励,塑造优秀的雇主品牌形象,再加上内部员工的口碑传播,自然会有更多优秀的人才愿意加入企业。

人才甄别

从某种角度来说,甄别人才比培养人才更重要,选对了人,会让企业后续的资源投入发挥最大的价值。人才发展体系应该让人力资本的投资回报更清晰,找到投资杠杆,把 A 级人才放在 A 类岗位上创造价值。

提供挑战性的工作机会

人才选拔可以结合目标岗位设计一系列评估标准,但最有效的方式是"在战争中学习战争"。结合员工的绩效结果,给有潜力的员工提供挑战性的工作机会,是检验员工价值观、思维方式、能力和潜力的有效方式。

人才培养

人才培养需要兼顾赋能和实战两个方面,只有赋能没有实战,赋能的效果就得不到环境的支持和转化;只有实战没有赋能,员工会在职业转型的关键时期走弯路,直接影响自身成长和企业的正常运营。只有将赋能和实战相结合,才能达到最佳的人才培养效果。华润集团的行动学习和华为公司的训战结合都是优秀的人才培养实践案例。

人才发展体系能够帮助企业发现、发展和激励人才。优秀的人才发展体系不仅可以帮助企业打造良好的内部人才供应链,还可以通过构建人才生态系统来吸引更多外部优秀人才的加入。相反,如果企业的人才发展体系出了问题,会导致优秀人才没有成长空间,向上发展通道不畅,甚至出现"劣币驱逐良币"的现象,严重影响企业的长远发展。

5.2 选拔关键人才的标准和方法

甄别人才是人才发展体系的关键环节,也是企业内部培养人才的基础。只有选拔出真正优秀的人才,才能找到企业人力资本投资的杠杆,保证后续资源投入的回报最大化。

选拔关键人才的标准

公平,而非平等

企业内部进行人才选拔的第一原则是公平,而非平等。平等,是指每个人获得的资源都是一样的,企业投入的资源总和÷员工人数=每位员工获得的资源量。这在企业管理中显然是不合理的。

帕累托法则（二八定律）指出,企业80%的利润来自20%的重点客户。同样,企业80%的利润价值来自20%的关键人才。因此,无论是从企业管理还是从个人付出和回报对等的角度来说,企业都应该遵循公平的原则分配资源,即按照员工的价值和做出的贡献进行资源分配。这种资源分配不仅体现在薪酬和绩效奖励方面,还体现在对员工的培养投入和职业发展规划方面,后者对员工的激励作用甚至要高于前者,而且职级越高的员工越看重自身的能力成长和发展空间。

绩效和能力

遵循公平的原则,企业在选拔人才时通常会首先考虑两个重要因素——绩效和能力。绩效,是员工对工作承诺的责任结果,也是他们为企业创造价值的体现。能力,是员工在工作中持续展现的关键绩效行为,也是其自身价值和潜力的体现。"有能力"和"产出工作结果"这两个因素是找到胜任目标岗位候选人的直接关联因素。

价值观

除了绩效和能力,选拔关键人才还有一个更重要的因素,那就是候选人才的价值观与企业核心价值观是否匹配。

企业的核心价值观一般有正直诚信、廉洁自律、艰苦奋斗、平等尊重、团队合作、开拓创新等,如果候选人才在这些方面与企业存在分歧,不仅可能导致企业培养的人才最终流失,还可能给企业造成难以挽回的损失。

正直诚信

如果忽略了对关键人才正直诚信方面的考核,后期可能出现作风不正和数据造假等问题,对企业品牌和形象会造成巨大打击。

廉洁自律

廉洁对很多企业来说都是制度红线,职级越高、权力越大的管理人员越可能贪污腐败,对企业造成的损害也越大。

艰苦奋斗

并不是所有员工都有拼搏奋斗的精神,也不是所有员工都希望承担更大的责任,如果让追求平稳和安逸的员工面对更大的挑战,有可能会导致他们离职。

平等尊重

有些能力和绩效都很突出的管理者存在职级歧视，他们在解决问题时并不以结果为导向，而是看重沟通协作的同事的职级，在部门内部也强调职级差异。对追求平等尊重的企业来说，这样的管理者不仅与企业的整体文化冲突，而且可能造成很多人才的流失。

团队合作

有些员工能够很好地独立完成工作，但本身存在较为严重的本位主义，做事时更多地关注自己的利益，而不顾他人和集体的利益。如果把他们安排在需要更多协作和更大格局的管理岗位，不仅会影响工作的进度和效果，还可能最终导致人才流失。

开拓创新

如果企业和目标岗位非常看重开拓创新的能力，那么在选拔人才时就要注意候选人才是否存在较为严重的经验主义，即遇到问题时习惯从狭隘的个人经验出发，保守、静止、片面地看待和处理问题。这样的思维和做事方式会严重影响企业决策的执行效率，甚至影响企业的整体文化。

选拔和甄别人才，核心价值观是基础，只有个人价值观与企业核心价值观和目标岗位的要求一致，才能发挥人才最大的潜力和价值，否则不仅无法达到激励的效果，还可能给企业造成损失，甚至会让员工觉得难以适应而离职，造成企业和员工双输的局面。

关键人才选拔矩阵

在核心价值观一致的基础上，可重点考核员工的两个维度——绩效和能力。对于绩效和能力在人才选拔方面的应用，很多企业存在两个误区。

- 很多企业赞扬功劳，但也容忍苦劳，甚至以苦劳为荣。但实际上只有功劳才会产生高价值的绩效，苦劳则不会。
- 很多企业管理者关注员工的态度多过他们的能力，但实际上员工的能力直接决定绩效，态度则需要先转化为能力才会产生绩效。

这两个误区使企业在选拔人才时容易优先考察候选人的工作态度，并把对这一因素的考评放在业绩和能力考评之上。这样的做法，一方面会导致企业形成"加班"文化，另一方面会使真正具有结果导向、追求高效的人才感觉不公平，从而造成关键人才的流失。

选拔人才的标准应该与企业经营目标的达成保持一致，以员工的绩效和能

第 5 章 从根本上看清人才发展体系

力为基准考核维度。在具体操作时，可以运用关键人才选拔矩阵来评估和筛选关键人才。如图 5.4 所示，横轴代表员工能力，重点考评员工在工作中持续展现的关键绩效行为；纵轴代表员工绩效，重点考评员工工作绩效的实际达成情况。

```
绩效（责任结果）
高 | 驮马型       | 明星型
   | 提供辅导     | 加速发展
低 | 朽木型       | 问号型
   | ·专业能力提升缓慢 | 现岗观察
   | ·出现同类低级错误 |
     低             高
   能力（工作中持续展现的关键绩效行为）
          核心价值观
```

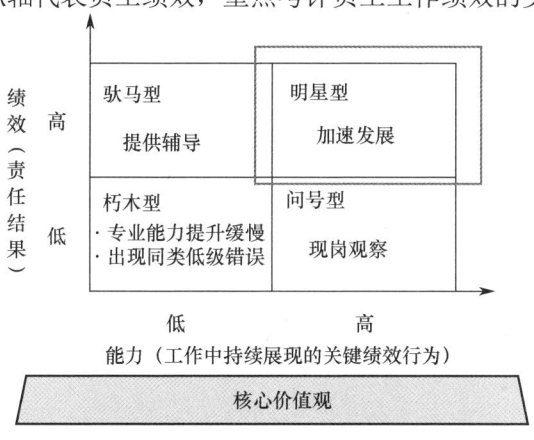

图 5.4　关键人才选拔矩阵

按照员工能力和绩效达成的情况，可以把员工分为 4 种类型，分别为高能力-高绩效的明星型员工、高能力-低绩效的问号型员工、高绩效-低能力的驮马型员工和低绩效-低能力的朽木型员工。

- 明星型员工

  高能力-高绩效的明星型员工是人才发展体系重点关注的群体，应该让这部分人得到加速发展，一方面给予他们激励并保证其稳定性，另一方面为其他员工树立行为标杆，进一步明确企业的人才发展标准。

- 问号型员工

  对于高能力-低绩效的问号型员工，需要谨慎提拔，因为这类员工容易出现"高能力、低产出"的虚假繁荣现象，即管理人员看起来能力不错，但工作效果总是不理想。对这类员工，可以进行现岗观察，发现造成他们绩效不理想的关键原因之后再考虑如何给予其发展机会。

- 驮马型员工

  高绩效-低能力的驮马型员工最欠缺的不是激励，而是能力成长。对于这类员工，要把重点放在培训辅导上，帮助他们尽快提升能力，向明星型员工转化。

- 朽木型员工

  低绩效-低能力的朽木型员工通常具有两个特征：一是专业能力提升缓慢，二是不断出现同类低级错误。对于这类员工，要注意寻找继任人才，在适当的时候进行替换。

关键人才选拔九宫格

除了关键人才选拔矩阵，还可以对人才进行更加细化的划分，以便制订更加有针对性的人才发展方案。关键人才选拔九宫格是在关键人才选拔矩阵的基础上进行的细化升级，基础的评估维度不变，仍然是绩效和能力，但增加了第3个维度——潜力。绩效和能力由原来的两个层级（高和低）调整为3个层级（高、中和低），而潜力分为5个层级，如图5.5所示。

绩效（责任结果）	低	中	高
高	在岗发展	可提拔	高潜力
中	需要关注	在岗发展	可提拔
低	问题员工	需要关注	在岗发展

能力（工作中持续展现的关键绩效行为）

核心价值观

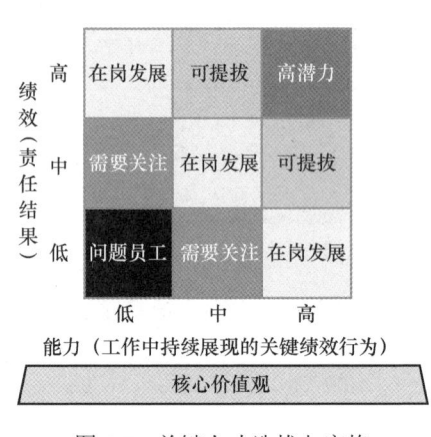

图5.5　关键人才选拔九宫格

- "高潜力"：具备提拔两个及以上层级的潜力，可以作为重要岗位接班人加以培养。
- "可提拔"：具备提拔一个层级的潜力。
- "在岗发展"：发展潜力一般，维持原岗位的发展，其中包括刚提拔人员和即将退休人员。
- "需要关注"：与当前的岗位要求有一定差距，建议采取绩效改进措施。
- "问题员工"：与当前的岗位要求差距太大，建议寻找继任人才，在适当的时候进行替换。

在选拔关键人才时，应该重点关注"高潜力"和"可提拔"层级的人才。但是从人才储备的角度来说，"在岗发展"层级员工是"可提拔"层级人才的主要来源，对他们的关注和培养也不能放松，否则容易出现人才断层。从企业整体绩效提升的角度来看，"需要关注"层级的员工也是非常重要的，如果能够帮助他们发展到"在岗发展"层级，不仅可以改善企业的绩效水平，还能够打通企业的人才供应链。

关键人才发展九宫格

为了更清晰地区分 9 个层级的员工，可以按照绩效和能力综合考量从低到高的顺序（当绩效和能力存在差异时，对绩效的考评优先于对能力的考评）对他们进行编号和命名，分别为 1 号问题员工、2 号差距员工、3 号及格员工、4 号待发力者、5 号中坚力量、6 号熟练员工、7 号能力担当、8 号绩效骨干和 9 号明星员工，形成关键人才发展九宫格（见图 5.6）。

绩效（责任结果）	低能力	中能力	高能力
高	6号 熟练员工 ·扩大职责 ·培训辅导	8号 绩效骨干 ·更多挑战 ·培养更高能力 ·发展机会	9号 明星员工 ·重点激励 ·重点培养
中	3号 及格员工 ·密切观察 ·培训辅导	5号 中坚力量 ·挑战性工作 ·培训辅导	7号 能力担当 ·正向激励 ·达成更高效 ·发展机会
低	1号 问题员工 ·确保继任人才 ·淘汰	2号 差距员工 ·激励（正、负） ·调整岗位	4号 待发力者 ·激励（正、负） ·给予机会

能力（工作中持续展现的关键绩效行为）

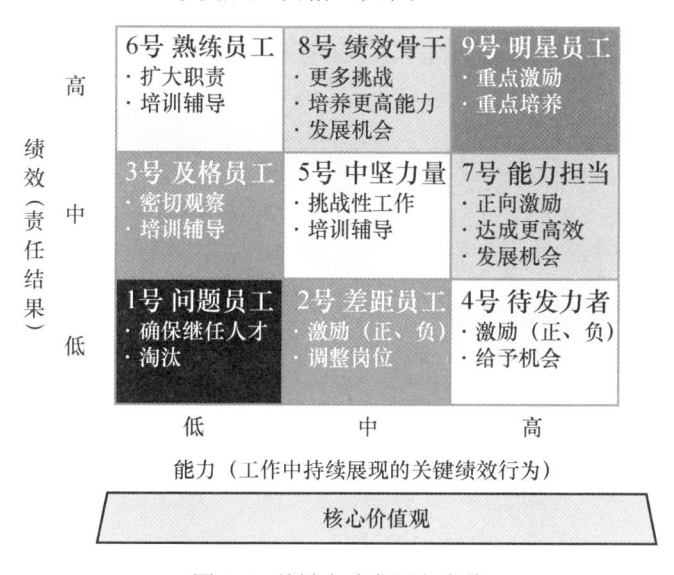

核心价值观

图 5.6 关键人才发展九宫格

"高潜力"层级：9 号明星员工

高绩效-高能力的高潜力人才是人才发展体系的重点关注对象，他们往往具备向上提拔两个及以上层级的潜力，有希望成为各专业领域负责人的接班人。企业对这部分人才应该重点培养，一方面保证他们能够在企业中承担更重要的责任，得到持续的能力成长和发展机会；另一方面也要注意对他们实施激励倾斜，时刻关注他们的状态和动向，尽量避免人才流失。

"可提拔"层级：8 号绩效骨干、7 号能力担当

8 号绩效骨干

高绩效-中能力的绩效骨干也是可以考虑提拔的人才。与明星员工相比，他们的绩效水平相当，但能力还有待提升，所以应该重点培养他们的能力，通过给予他们更多的挑战和历练机会，结合有效的指导和复盘，帮助他们提升关键能力，以胜任新岗位的工作挑战，同时鼓励他们向明星员工转化。

7号能力担当

高能力-中绩效的能力担当同样可以作为考虑提拔的人才。与绩效骨干不同，他们与明星员工的能力相当，主要差距在于绩效达成方面。因此，针对这部分人才培养的策略应该主要聚焦在激励方面，挖掘对他们真正适用的激励关键点，找到阻碍他们完成更高绩效的原因，给予他们资源支持，帮助他们完成更高的绩效目标，并向明星员工转化。

"在岗发展"层级：6号熟练员工、5号中坚力量、4号待发力者

6号熟练员工

高绩效-低能力的熟练员工，往往倾向于完成本职工作，对自身能力成长的动力不足。对这类员工应该维持其在现岗位的发展，同时注意适当扩大其工作职责，结合相关的培训辅导，提升其能力水平，鼓励他们向绩效骨干转化。

5号中坚力量

中绩效-中能力的员工是企业的中坚力量，他们的能力水平中等，尽管绩效水平不高，但可以胜任岗位的绩效要求。对于这类员工，可以在维持其现岗位发展的同时，给予适当的挑战性工作任务，结合相关的培训辅导，使其在能力成长和成就激励两方面有所提升，鼓励他们向绩效骨干和能力担当人才转化。

4号待发力者

高能力-低绩效的待发力者自身具备很好的能力，但没有发挥出来。对于这类员工，最有效的策略是找到他们绩效低的根本原因，给予他们适当的表现机会和资源支持，帮助他们提升绩效水平，鼓励他们向能力担当人才转化。当然，如果是员工自身的价值观与企业有冲突，或者是员工的工作态度有问题，应该及时引导和纠正，必要时可以考虑调整他们的岗位。

"需要关注"层级：3号及格员工、2号差距员工

3号及格员工

中绩效-低能力的员工属于及格员工，他们能力水平较低，发展潜力有限，但可以基本完成岗位工作。对于这类员工，需要密切观察他们的工作状态和绩效达成情况，同时加强培训辅导，确保其绩效水平保持稳定，鼓励他们向熟练员工和中坚力量员工转化，警惕他们转变为问题员工。

2号差距员工

中能力-低绩效的员工属于差距员工，他们具有中等能力水平，但绩效达成情况较差，与岗位的工作要求存在一定的差距。对于这类员工，要找到影响他们绩效达成的主要原因，给予他们一定的支持和绩效辅导，鼓励他们向中坚力量和待发力者转化，同时持续观察改变的效果。如果仍然无法达到绩效要求，可以考虑对其进行岗位调整和降薪等，警惕他们转变为问题员工。

"问题员工"层级：1号问题员工

1号问题员工

低绩效-低能力的问题员工不能胜任岗位工作，会直接影响企业的运营管理。对于这类员工，在确保继任人才的情况下，可以考虑将其淘汰。

对企业人才的盘点应该是动态的。一方面，对员工的评估是对其当下状态的判断，而非永久性的，他们后期既可能变得更优秀，也可能变得不再优秀；另一方面，人才发展体系会重点培养关键人才，但并不只是培养他们，而是营造一个让员工想成长且能够成长的企业环境，只有这样才能为企业打造真正有效的人才供应链。

5.3 人才培养的模式与方法

人才的纵横双线培养模式：专业序列与管理序列的双线发展

企业的核心竞争力既来自企业文化和战略层面，也来自自身的运营能力；既包括运营系统中各部门的专业能力，也包括管理系统中对人才的激励和对工作的优化。有些企业在人才发展路径方面存在一个误区，认为人才发展通道就应该往管理方向提升，殊不知这样会导致专家型潜力人才的流失。不是所有的人才都适合做管理，不适合做管理的人才也是企业的关键人才，他们应该有自己的发展空间。例如，在互联网行业，有很多编程人员的专业能力非常强，但他们并不擅长对人员的管理，如果强行把他们放到管理岗位，非但不能对他们形成很好的激励效果，反而可能造成他们因不适应而离职。在设计企业人才培养继任梯队时应该考虑兼具专业序列和管理序列的双线培养模式（见图5.7）。

专业序列人才培养

对专业序列人才的培养，不仅要在岗位职级上进行不同层级的划分，更重要的是在专业技能方面设计有规划、有层次、有重点的系统培养方案，同时结合管理序列的资源，全面提升关键人才的核心能力（见图 5.8）。

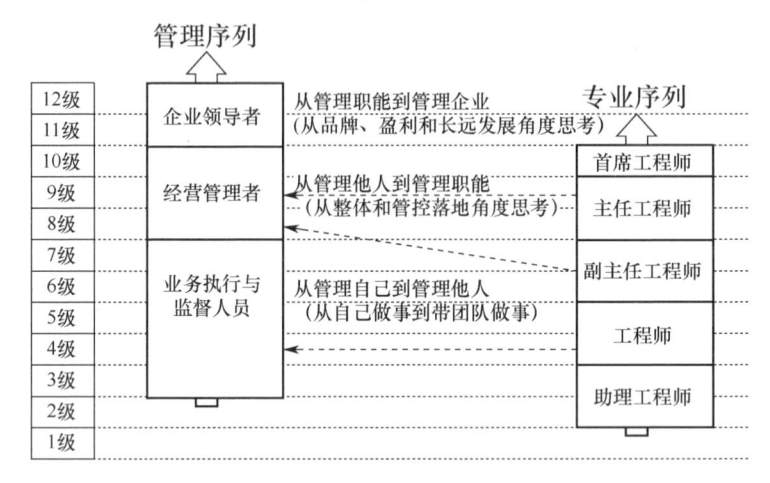

图 5.7　人才培养继任梯队

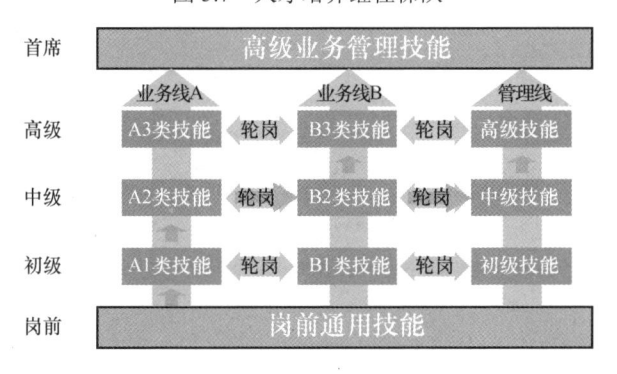

图 5.8　专业序列人才培养体系

专业序列人才在岗前需要具备基本的通用技能，包括但不限于时间管理、沟通技巧、压力与情绪管理、问题分析与解决等。在专业技能提升方面，应该以企业的业务线为基础，逐步掌握相关的专业技能，并不断提升技能水平。

- 初级专业水平：在明确的工作任务和情境下，掌握和应用既定的知识、技能和工具，并积累经验。
- 中级专业水平：在常规的工作任务和情境下，灵活运用已掌握的知识、技能和工具，并能够在理论与实际之间建立更好的关联，通过分析和处理问题对已知的内容建立自己的认知和观点。
- 高级专业水平：对知识、技能和工具的理解更加透彻，能够洞悉各模块内容的本质和细节，并建立系统性认知框架；可以解决无固定答案、比较复杂的专业问题。
- 首席专业水平：能够在专业经验的基础上，不断修正和创新理论模型，建立完善的系统性认知体系，并尝试做出突破性创新；可以打破领域内的原有思维模式，创造性地解决领域难题。通常首席专业人才会带领一个团队进行课题攻坚，所以在提升其专业技能的同时，还要提升其相关的管理技能。

除了在单一业务线不断提升专业技能水平，还可以通过轮岗让关键人才尝试不同的业务线，并提升相关专业技能。关键人才在转换业务线时，并不代表之前掌握的专业技能完全用不到。相反，实践证明，这样的轮岗培养方式更有利于员工理解所掌握的专业技能，并建立更加完善的系统性认知体系。同时，结合企业和员工的实际需要，可以安排合适的人才接受管理序列的相关培训和岗位轮岗，从而打破专业序列和管理序列人才培养的壁垒，培养出企业所需的综合性人才。

管理序列人才培养

拉姆·查兰（Ram Charan）和斯蒂芬·德罗特（Stephen Drotter）提出了领导梯队模型（见图 5.9）。他们指出，大型企业的领导者的职业生涯会经历 6 个主要发展阶段，分别是从管理自我到管理他人、从管理他人到管理经理人员、从管理经理人员到管理职能部门、从管理职能部门到事业部总经理、从事业部总经理到集团高管，以及从集团高管到首席执行官。

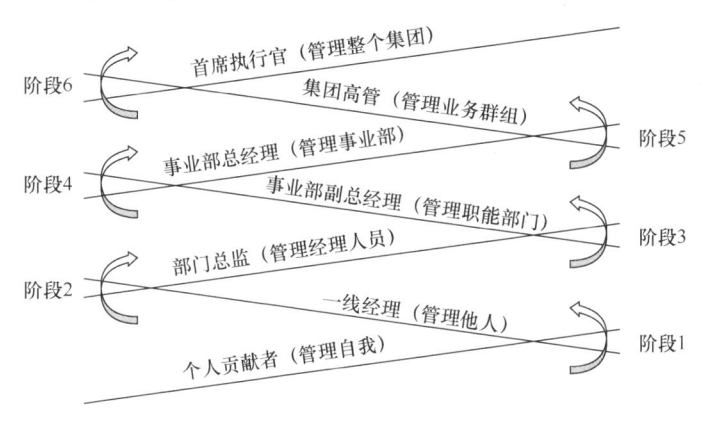

图 5.9 大型企业领导梯队模型

阶段 1：从管理自我到管理他人

当员工成为业绩出色、技术熟练的个人贡献者时，企业往往会增加他们的职责，为他们提供晋升一线经理的机会。在这个阶段，员工最大的挑战来自工作理念的转变，他们需要学会如何通过他人完成工作任务，实现从自己做事到带团队做事的角色转变。

阶段2：从管理他人到管理经理人员

与阶段1相比，在阶段2管理人员将承担纯粹的管理工作，他们不再直接做出个人贡献，但需要掌握选拔人才担任一线经理、分配管理工作、评估下级经理及教练辅导等关键技能。同时，他们需要学会超越部门利益，考虑全局性战略问题，并积极地给予下属支持。如果他们只重视个人贡献和本部门的工作，而忽视对其他部门和企业整体的贡献，那么他们的角色转变将非常困难。

阶段3：从管理经理人员到管理职能部门

阶段3要求管理者更加成熟，该阶段的管理者需要向事业部总经理汇报工作，因此他们要具有全局意识，能兼顾多个部门的需求和利益，一方面与其他部门团结协作，另一方面还要基于工作需要与其他部门争夺资源。同时，他们将管理几个相关部门，除了管理原来自己熟悉的专业工作，还要管理自己不熟悉的其他专业工作，加强对这些专业内容的学习。在沟通方面的难度也再次升级，他们需要学会跨越两个层级与员工进行沟通。

阶段4：从管理职能部门到事业部总经理

事业部总经理不再是从部门的角度评估计划和建议方案，而是全权负责一个业务单元。事业部经理必须清楚地知道自己的管理工作与市场结果之间的关系，从盈利和长远发展的角度进行工作评估。他们需要懂得如何兼顾长远目标与短期目标，并在两者之间取得恰当的平衡；还需要学会管理不同的部门，熟练地与各方面人员协同工作，敏锐地意识到各个部门的利益，并清楚且有效地与各方面人员进行沟通。

阶段5：从事业部总经理到集团高管

集团高管需要处理多项业务带来的复杂性，同时需要为自己做出的重大决策承担更大的风险和不确定性。与事业部总经理只需要关注单个业务单元的成功不同，集团高管需要更多地关注事业部总经理的成功，一方面要擅长评估资金调拨和资源配置，另一方面要具备培养事业部总经理的能力。

阶段6：从集团高管到首席执行官

从集团高管到首席执行官的角色转变，挑战更多地集中在经营理念而不是管理技能方面。作为企业的最高决策人，首席执行官需要兼具内外视角，不断反思企业战略和愿景，并善于建立和完善企业的运营机制，确保企业长期战略

第 5 章 从根本上看清人才发展体系

目标的实现。同时，首席执行官还需要善于团结优秀的领导人才，并通过各种方式激励企业全体员工。

要想了解领导梯队各个角色的详细情况，可以参考如表 5.1 所示的领导梯队角色的业务贡献和工作重心，其中列明了各个岗位角色应该做出的业务贡献和需要思考的工作重心。

表5.1 领导梯队角色的业务贡献和工作重心

领导梯队角色	业务贡献	工作重心
首席执行官	基业长青（企业战略框架）	20 年后，或者在更远的 50 年后，企业会发展成什么样子？那时我们如何获取所需要的资源
集团高管	选择正确的投资组合、业务投资的差异化战略、事业部总经理继任人选	企业的业务组合是否正确？需要新增加什么业务？需要关闭什么业务？我们的人才培养计划是否能满足企业当前和未来发展的需要
事业部总经理	企业短期和长期盈利、企业战略（包括产品、市场和客户）等	我们的产品或服务是否能够为客户、股东或员工创造价值？如果我们想达成或超越企业的投资组合目标，那么该如何调整企业战略
事业部副总经理	竞争优势（职能部门业绩卓越）	我们如何建立超越竞争者的企业竞争优势？我们的事业部是否有这样的能力
部门总监	生产率（整合和聚焦，胜任的管理者）	我们是否有胜任的团队领导者和最佳的业务流程？各团队能够相互合作吗
一线经理	保证并实现成果交付（明确任务，给予辅导）	我们的员工接受过良好的培训吗？他们是否有积极性为顾客创造更多的价值？我们的人才组合和配置是否合理
个人贡献者	成果交付（客户满意）	我们是否正在全力以赴地交付合格的产品或提供优质的服务？我是否算得上一名称职的员工

结合领导梯队模型，可以将企业管理序列的人才继任培养方案按照层级进行设计，分别为个人贡献者（管理自我）、一线经理（管理他人）、部门总监（管理经理人员）、事业部副总经理（管理职能部门）、事业部总经理（管理事业部）、集团高管（管理业务群组）和首席执行官（管理整个集团）（见图5.10）。

从"管理自我"到"管理事业部"的培养方案覆盖事业部级业务单元。对于集团总部层面的人才培养方案，除了包括对集团高管"管理业务群组"的培训,还包括从"管理自我"到"管理事业部"的一整套培训体系。对于首席执行官的继任人才培养,除了对候选人进行"管理整个集团"的培养,还应培养其对整体人才发展体系以及人才培养方案的优化能力。

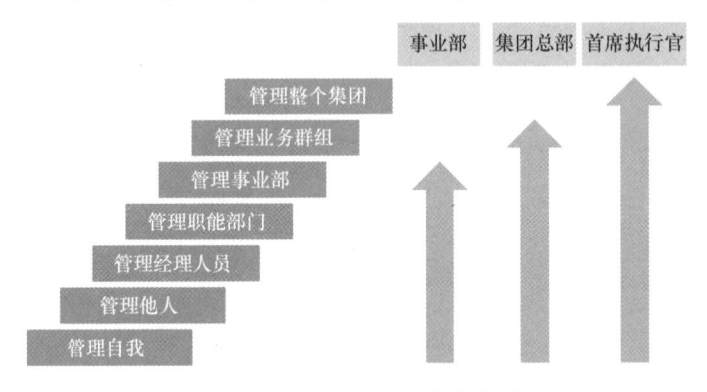

图 5.10 管理序列人才培养体系

与大型企业相比,小型企业的组织结构更趋于扁平化,但同样可以参考领导梯队模型(见图 5.11)进行设计。小型企业的首席执行官与大型企业的事业部总经理类似,其他岗位可以按照管理自我、管理他人和管理职能部门进行设计。

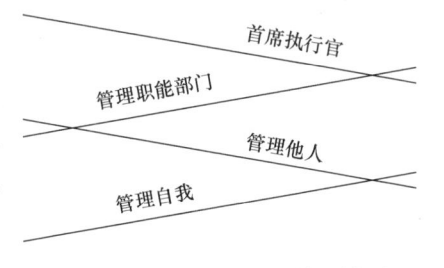

图 5.11 小型企业领导梯队模型

人才培养的 3 种方式

企业人才培养可以根据目标岗位和人才的特点进行多样化的方案设计,目前企业普遍采用 3 种人才培养方式,分别是课堂培训、行动学习和轮岗培养。

课堂培训

对企业人才的培养需要进行系统的设计,既包括职级晋升的关键人才培养项目,也包括现岗位的胜任能力培训,以及新员工培训和管培生培养项目等。这些项目的背后需要企业课程体系的支撑。课程体系的搭建应该从企业和员工的实际需要出发,结合岗位要求和学员特征设计与人才培养体系相匹配的课程地图(见表 5.2),并不断完善和迭代更新。

构建企业课程地图,首先应该结合企业发展的需要确定关键培训项目,然后分析培训项目的具体要求,设置相应的培训课程。在构建企业课程地图时,培训管理者需要注意以下 4 个要点。

表 5.2　人才培养课程地图

培训项目		课程分类				
		企业文化课程 ……	制度流程课程 ……	专业课程 ……	通用技能课程 ……	领导力课程 ……
新人养成		✓ ✓	✓		✓	
在职胜任	岗位 A		✓	✓	✓	✓
	岗位 B		✓	✓	✓	
	……					
职级晋升	岗位 B—C	✓		✓	✓	
	岗位 C—D	✓		✓	✓	✓
	……					

课程地图不等同于人才培养方案

有些培训管理者认为，企业只要有了培训项目和相关课程，就有了系统的人才培养方案。这种观点是不对的。人才培养是一个需要系统思考的事情，它的目标是提升员工的能力以胜任岗位要求，而不是简单的上课。除了课堂培训，还需要结合多样化的培养方式才能使员工真正掌握关键技能，胜任目标岗位。

针对不同的学员，讲授方法应该有所差异

我在做企业咨询时发现，很多企业的同一个主题的课程只有一个版本，由一位讲师讲授，并且在不同的情境下向不同的学员讲授时使用的讲授方法差异不大，这样会直接影响培训的效果。课程的开发和讲授应该以实现学员的改变为根本出发点，这就要求培训管理者根据学员的实际情况进行有针对性的课程设计，只有这样才能达成培训目标。例如，同样是沟通类课程，向普通员工讲授时需要侧重于基础沟通技巧；向中层管理人员讲授时需要侧重于跨部门沟通协作和向上沟通技巧；向高层管理人员讲授时还要加入向下激励辅导等关键内容，这样才能真正满足学员的实际工作需要。

企业文化课程对关键人才晋升培养项目更重要

大多数企业都有企业文化课程，但这些课程很多时候都只出现在新员工培训中。企业文化是企业的终极战略资产，员工是否认同企业文化，将直接影响他们的绩效表现。对于关键人才的培养，核心价值观是基础，只有员工个人价值观与企业核心价值观达成一致，才能使其发挥最大的潜力和价值，并最大限度地避免员工流失。因此，关键人才的晋升培养项目中应该设置企业文化类课程，不能局限于单纯的讲授回顾，个人的理解和团队研讨更加重要，只有这样才能引导全体员工更加理解和践行企业文化，让企业文化真正落地。

课程开发和讲授应该与人才发展继任梯队紧密结合

很多企业的课程开发和讲授主要依靠内训师队伍，却往往忽略了更大、更有价值的潜在讲授者群体——关键人才继任梯队。对下属的培养是每个管理人员都应该承担的责任和义务，对公司投入资源重点培养的关键人才来说，更是如此。同时，分享自己的经验和智慧也是一个自我梳理和提升的过程，这些关键人才既是课程的学习者，也是课程的分享者。让关键人才承担讲授任务不仅有利于他们的成长，还能盘活企业的人力资源，建立学习型组织氛围。

行动学习

行动学习是人才培养的有效方式，越来越多的企业开始将这种方式融入人才培养体系。英国管理思想家、行动学习先驱瑞吉纳德·瑞文斯（Reginald Revans）教授在1940年提出了"行动学习"方法，并将其应用于英国威尔士煤矿业的培训。到20世纪50年代，他到比利时煤矿试用这套方法，使比利时的小时GDP排名全球第一。20世纪80—90年代，越来越多的美国企业开始广泛应用行动学习方法，并将其影响扩展到全球。目前，全世界范围内应用行动学习的组织有通用汽车、微软、诺华、卡特彼勒、美国联合能源、西门子、新加坡理工学院、华润、中粮、腾讯等。

什么是行动学习

行动学习是一组人共同解决实际存在的问题的过程和方法（见图5.12）。

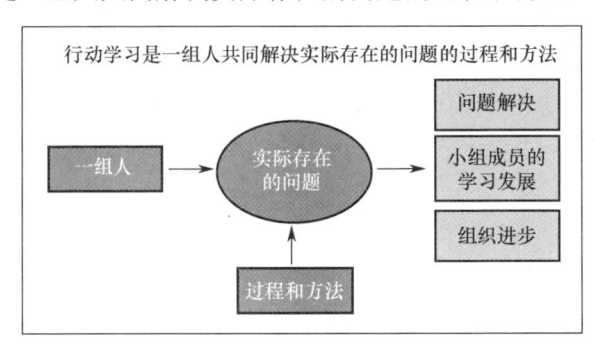

图5.12　行动学习的定义

在行动学习的定义中，有3个关键短语：一组人、实际存在的问题、过程和方法。因此，行动学习是一个以小组为单位的群体解决问题的方式。解决的问题必须是实际存在的问题，在解决问题的过程中起到引导作用的角色被称为"引导师"或"催化师"，他们负责设计解决问题的过程和方法，并进行现场引导和实施。

整个过程可以实现 3 个目标：问题的解决、小组成员的学习发展，以及企业组织的进步。具体来说，行动学习可以帮助企业和学员达成以下目标。

- 用系统思维解决复杂的问题和挑战。
- 建立高效的团队。
- 在解决实际存在的、具有挑战性的任务的同时，促进个人和团队学习。
- 创建能够处理挑战和持续学习的企业文化。
- 发展领导能力。
- 发展系统思维和创新力。

行动学习的理论基础

美国教育家约翰·杜威（John Dewey）提出的"在做中学"的实用主义教育理论是行动学习的重要理论基础。"在做中学"的教育理论与传统教育理论相比，具有以下 3 个特征。

○ 以经验为中心

"721"学习法则指出，成人的学习效果只有 10%来自培训课堂，20%来自向榜样和有经验者请教和交流，70%来自在工作实践中的学习反思。因此，"在做中学"的实用主义学习方式更有利于学员的学习和成长。

○ 以被教育者为中心

实用主义教育理论反对忽视被教育者的兴趣和需要，认为教育应该以被教育者为起点，这与培训管理的核心理念"以人为本"是一致的。行动学习不是单向的知识灌输，而是从学员的实际工作需要出发，在解决实际工作问题中提升学员的关键能力。

○ 以活动为中心

实用主义教育理论主张以活动为中心，在企业人才培养方面以实际工作任务为中心。约翰·杜威总结了以活动为中心的 5 个要素。

- 设置疑难情境。
- 确定疑难问题在什么地方。
- 提出解决问题的种种假设。
- 对这些假设进行推论。
- 验证或修正假设。

行动学习的实用模型

人们将行动学习与实用主义教育理论相结合，经过长期的实践和总结，提出了"三环反思模型"，形成从主导变量到行动策略再到验证后果的操作主线，并在此基础上设置了三环学习反思回路，从而强化组织、团队和个人的学习成长效果（见图5.13）。

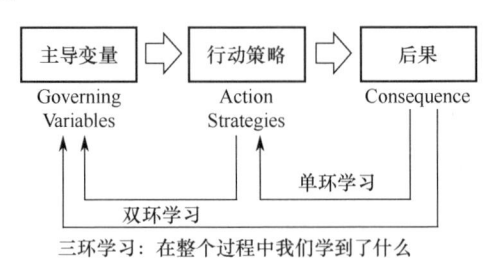

图5.13 三环反思模型

其中，主导变量包括确定需要解决的问题或挑战，以及分析问题的原因或挑战关键点等；行动策略包括设计解决问题或挑战的思路，以及制订和实施行动方案；后果主要是指采取行动之后的结果。在此基础上，设置三环学习反思回路。

- 单环学习：根据事情的结果反思行动策略和方案，落实需要优化的部分。
- 双环学习：根据行动策略反思是否准确地找到了问题的原因或完成了挑战关键点，其中是否有遗漏的部分，以及重新评估所解决的问题或挑战的价值。
- 三环学习：在解决问题或挑战的整个过程中，团队和个人学到了哪些内容？这里的内容既包括专业知识，也包括各种能力的提升，如沟通能力、项目管理能力、问题分析与解决能力、团队协作能力等。

学员通过解决实际的问题和挑战，再结合三环学习反思回路，可以逐步完善自己的心智模式（包括自我认知和处理事情的思路等），进而调整行为方式，改善工作结果。华润集团经过长期实践，总结出了华润行动学习 MBP 模型（见图5.14）。

心智模式决定行为，行为决定业绩。不理想的业绩往往是由于之前采取了不恰当的行为，而不恰当的行为是由不恰当的心智模式造成的。同样，达成优秀业绩的原因往往是以正确的心智模式采取了正确的行为。因此，行动学习的目标不仅是解决问题或挑战，更重要的是追求组织和员工心智模式的根本转变，以及行为的持久改变。

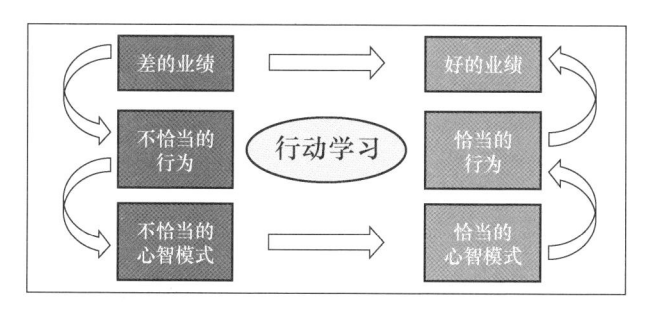

第 5 章　从根本上看清人才发展体系

·心智模式（Mental Model）决定行为（Behavior），行为决定业绩（Performance）
·行动学习的目标是追求人（或组织）的行为的持久改变
·行动学习的本质是追求人（或组织）的心智模式的根本转变

图 5.14　华润行动学习 MBP 模型

行动学习的四大特征

行动学习与传统学习方式相比，主要有以下四大特征。

○ 问题导向激发学习动机

通过解决实际的工作问题或挑战来提升员工的能力水平，这种方式将员工的学习成长和实际工作紧密结合起来，一方面有助于提升工作业绩，另一方面以问题为导向的学习方式更有利于激发员工的学习动机和能力转化。

○ 团队学习加速学习进程

行动学习是以团队研讨的方式开展的，在解决问题或挑战的过程中，员工不仅可以从其他伙伴那里学到新的专业知识，还可以得到其他伙伴的反馈，这种教学相长的团队学习方式能够有效加速学习的进程和效果。

○ 实践应用加速成果落地

行动学习的目标之一是解决问题或挑战，每次团队研讨的行动方案都可以在会议结束后实施，并追踪效果。相比课堂讲授，这种方式能够更加直接、有效地促成成果的落地。

○ 反思学习引发根本改变

行动学习的本质是追求组织和员工心智模式的根本转变，以及行为的持久改变。这样的目标需要通过不断的实践反思才能够实现。行动学习"在做中学"的学习方式和三环反思学习回路能够有效地引发学习行为，促进组织和员工的持续优化和成长。

轮岗培养

轮岗培养也是人才培养的有效方式，近年来被企业广泛应用于关键人才和管培生培养项目，并取得了不错的效果。这种培养方式具有面向未来、立足当下、全程管理、重点培养、量身定制、轮岗轮换、上级辅导和全面发展等特点。

同心圆学习模式

轮岗培养模式的核心理念是同心圆学习模式（见图5.15）。圆心代表关键人才的禀赋和才能，同心圆代表工作岗位，从内到外的一系列同心圆代表广度和难度不断递增的多个工作岗位。

很多培训管理者都认为轮岗培养模式等同于平行调动，就是让关键人才到各个部门都实习一下，了解一下各部门的情况就好了，这种认知是片面的。平行调动的主要目的不是让关键人才学习另一个部门的专业知识，或者精通某项业务，而是让其学习如何把新部门业务和自己原来的专业结合起来，从而使自己更加善于从整体上看待业务。

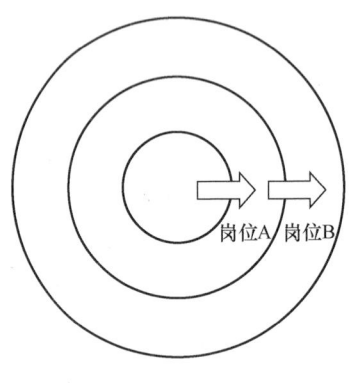

图5.15 同心圆学习模式

关键人才在轮岗的过程中，要注意不能被新部门完全同化，仅从新部门的角度看问题，否则，他们的视野就得不到扩展，从而失去了轮岗真正的意义。举个例子，如果一家制造业企业的财务部门关键人才被调往生产部门，那么他不应该盲目服从生产部门负责人的指令，而应该把他的财务专长与他在生产部门学到的知识整合起来，从而产生更好的管理优化思路。例如，他可能发现制造流程的某个环节如果能得到优化，将对现金流产生正面影响，同时可以避免存货不足的现象发生，这样的突破性思考可能会同时改善生产和财务两个部门的工作，这才是轮岗的真正意义。

轮岗培养模式的特征

轮岗培养模式的理念主要是以领导力发展为导向的。它与传统领导培养模式在侧重点、资源投入、培养方式、优劣势和主要负责部门等方面均有差异（见表5.3）。

○ 侧重点

传统领导培养模式比较侧重于投入，在做项目总结汇报时往往更注重对培训人数、培训课时和培训经费等数据的统计，以体现培训的效果和价值；轮岗培养模式则更注重产出，以是否能培养出企业需要的领导人才为主要衡量标准。

○ 资源投入

传统领导培养模式以投入培训预算费用为主，通过采购领导力相关课程完成培养计划；轮岗培养模式则要求现任领导对继任人才予以关注和精力投入。

表5.3 轮岗培养模式与传统领导培养模式对比

主要区别	轮岗培养模式	传统领导培养模式
侧重点	注重产出，以是否能培养出企业需要的领导人才为衡量标准	注重投入，侧重于统计培训人数、培训课时、培训经费等数据
资源投入	以现任领导的关注和精力投入为主	以培训预算费用为主
培养方式	在工作实践中，整合专业领域认知，培养系统思考能力和影响力	以课堂培训为主
优势	与工作情境高度贴合，有专人及时指导	提供系统性的知识输入
劣势	缺乏系统培养方案，对学员的主动学习意识和能力要求较高	学习过程与工作情境相脱节，学习后的转化难度较大
主要负责部门	以现任领导为人才培养的主力军，人力资源部门负责监督和支持	人力资源部门

○ 培养方式

传统领导培养模式主要采用课堂培训的方式，但很多时候领导力难以单纯依靠课堂培训得以提升；轮岗培养模式则更多地侧重于"721"学习法则中"成人的学习效果有20%来自向榜样和有经验者请教和交流"的原则，再结合工作实践，帮助继任人才整合各专业领域知识，培养其系统思考能力和团队中的影响力。

○ 优劣势

传统领导培养模式侧重于提供系统性的知识输入，但以课堂培训为主的方式使学员的学习过程与工作情境相脱节，学习后的转化难度较大；在轮岗培养模式下，学员的学习过程与工作情境高度贴合，同时有专人及时提供有针对性的指导，但需要注意的是如果缺乏系统的培养方案，整个培养过程就容易被"架空"，所以对现任领导的投入和能力及学员的主动学习意识和能力要求较高。

○ 主要负责部门

传统领导培养模式主要由人力资源部门负责组织实施人才培养项目；轮岗培养模式则以现任领导为人才培养的主力军，人力资源部门负责监督、支持和协助。人才培养梯队不是独立的项目，它代表了学习型组织的水平，以及各层级管理人员的人才培养意识和能力。企业应该明确要求现任各层级领导把识别和培养继任人才作为重要的工作职责之一，并纳入绩效考核。

下面看一下通用电气公司的领导人才培养方案。

通用电气公司（General Electric Company，GE）是享誉世界的百年企业之一，被称为"人才制造工厂"。GE 的企业大学克劳顿学院被《财富》杂志誉为"美国企业界的哈佛"，《财富》500 强企业的 CEO 中有 100 多位曾供职于 GE。

从 GE 领导力学习地图（见图 5.16）中可以看到，GE 对领导人才的培养是经过精心规划和设计的。

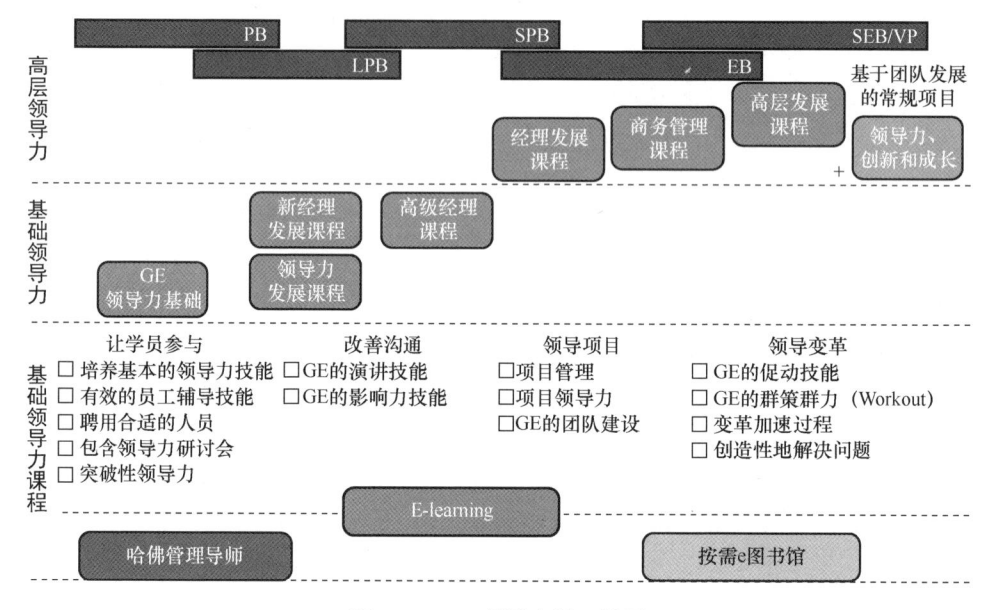

图 5.16　GE 领导力学习地图

首先，绝大多数领导人才培养项目的参加条件都是获得晋升或业绩优秀。例如，高级经理中只有业绩排名前 20%的人员才有资格参加高级经理课程；员工晋升为高管后才能参加经理发展课程；只有公司副总裁提名的最优秀的管理者才能参加商务管理课程。这样的选拔机制，一方面激励员工关注自己的工作业绩和职业发展，另一方面将员工参与培训本身变成了一种荣誉，更有利于打造学习型组织氛围。

在课程设置方面，结合 GE 的业务特点设置了系统的培训课程，包括但不限于基本领导技能、员工辅导、人员选拔、演讲技能、影响力技能、项目管理、团队建设、促动技能、变革管理和创造性地解决问题等。同时，结合行动学习、轮岗和线上学习等方式进行多样化的综合能力提升。克劳顿学院给予学员的培训和实践类发展机会包括以下几种。

- 在克劳顿学院讲授技术类和管理类课程。
- 对外讲课。
- 跨区域、跨职能部门、跨业务单元的轮岗。
- 晋升为拥有更大或不同职权的职位。
- 被指派至特别工作组或项目团队。

在领导力进阶课程设置方面，分为基础领导力课程和高层领导力课程两个部分。基础领导力课程包括领导力基础、领导力发展课程、新经理发展课程和高级经理课程；高层领导力课程包括经理发展课程、商务管理课程和高层发展课程。

- 领导力基础课程：针对高潜力且表现出领导责任的个人贡献者。GE 有 60%～70% 的员工都会上这门课程。
- 领导力发展课程：针对业绩优秀且具备发展潜力的关键人才。
- 新经理发展课程：针对新任经理。
- 高级经理课程：针对有一定的管理经验或通过并购新进入 GE 的经理。
- 经理发展课程：针对高级管理者。
- 商务管理课程：针对从全球范围内挑选的由公司副总裁提名的 CEO 级别经理人。
- 高层发展课程：针对公司级高管，是领导力课程体系中级别最高的课程。

GE 的领导人才培养方式是把培训与人才盘点进行对接，目的是加速继任人才的成长，使其快速适应新的角色。一方面，通过设计在岗的拉升性项目，让潜在继任者体验未来岗位的要求，更好地完成未来的挑战；另一方面，通过设计培训提升项目，帮助已经继任的管理人员快速适应岗位。

GE 的人才盘点和培养体系已经成为企业流程的一部分，而非独立的人力资源流程，它们与其他管理工具共同构成了 GE 的业务运营和管理体系。其中，经理级员工对人才培养和人才渠道负责的机制对 GE 成功保持强大的领导力人才储备起到了至关重要的作用。GE 期望所有经理都能够对下属的职业目标进行指导，并且与其绩效评估挂钩，对疏于促进优秀员工发展或阻碍员工在组织内部调动的管理者给予负面评价。这样的做法能够将 GE 的 CEO 和高级执行团队与每位员工的成长联系起来，从而盘活企业的人力资源，打造强大的人才供应链，构建人才生态环境。正如 GE 前董事长兼 CEO 杰克·韦尔奇所说："通用电气公司是一家学习型企业，我们当今真正的核心竞争力并不在于制造业或服务业方面，而在于在全球范围内吸引和培育最优秀的人才，并进一步激励他们努力地学习，争创出色的业绩和把事情做得更好。"

小　结

1. 人才发展体系是为企业打造人才供应链，但其作用并不局限于人才供应，其本质是建立一个能使真正优秀的人才成长、向上发展，并且不断生长的系统。

2. 从战略执行的角度确定重点岗位，具体参考 4 个要素：战略影响力、绩效变动性、人才影响度和人才稀缺性。

3. 采取"内外并举"的人才供应策略，将外部招聘与内部培养进行整合，根据目标岗位的特点、能力要求和实际到岗需求的紧急程度，灵活选择人才供应方式，满足企业的用人需求。

4. 人才选拔的第一原则是公平，而非平等。

5. 企业的人才盘点应该是动态的。选拔和甄别人才，核心价值观是基础，绩效和能力是重要的考评维度。

6. 企业人才培养的本质是消除人与岗位要求之间的差距。企业人才培养继任梯队应该采用兼具专业序列和管理序列的双线培养模式。

7. 企业人才培养可以根据目标岗位和人才的特点进行多样化的方案设计，目前企业普遍采用 3 种培养方式，分别是课堂培训、行动学习和轮岗培养。

8. 在构建企业课程地图时，培训管理者需要注意 4 个要点。

1）课程地图不等同于人才培养方案。

2）针对不同的学员，讲授方法应该有所差异。

3）企业文化课程对关键人才晋升培养项目更重要。

4）课程开发和讲授应该与人才发展继任梯队紧密结合。

9. 轮岗培养模式的核心理念是同心圆学习模式。平行调动的主要目的不是让关键人才学习另一个部门的专业知识，而是让其学习如何把新部门和自己原来的专业知识结合起来，从而使自己更加善于从整体上看待业务。

关注订阅号"匠心宇航"领取本章检视/行动工具：关键人才选拔九宫格、关键人才发展九宫格、人才培养继任梯队、专业序列人才培养体系、管理序列人才培养体系、人才培养课程地图。

第 6 章

轻松掌握培训课程设计与开发

6.1 "透视"培训项目

立项是做正确的事情，课程设计与开发是把事情做正确。关于课程设计与开发，很多培训管理者都认为等同于做 PPT。这是错误的。首先，课程设计与开发是两个环节，课程设计是要弄清楚培训项目的价值、想要达到的预期效果、解决问题的关键原因或挑战难点，进而制订具体的解决方案，之后才是将解决方案进行落地，也就是具体的课程开发和实施环节。

培训过程飓风模型

培训要以解决企业遇到的问题或挑战为根本出发点，核心是有用。根据华润行动学习 MBP 模型的核心理论"心智模式决定行为，行为决定业绩"，要想提高企业的业绩，首先需要改变员工的行为。因此，可以将培训的过程具象化为一个飓风模型，培训效果可以通过"使学员的行为从现有水平提升到培训的目标水平"来体现（见图 6.1）。

培训项目透视 CT 图

在做培训项目设计时，可以从 2 个层面和 4 个问题进行具体的把控。2 个层面是做正确的事情和正确地做事；4 个问题是为什么、是什么、如何做和如何控。

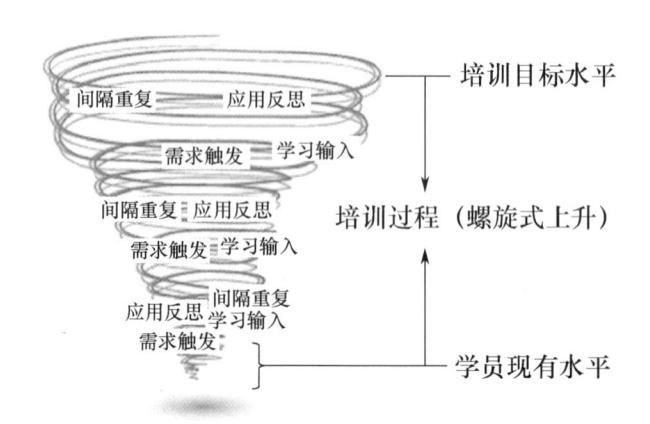

图 6.1　培训过程飓风模型

首先，保证自己在做正确的事情，也就是搞清楚"为什么要做这个项目""具体想解决什么问题或挑战""这个问题或挑战是当下最值得解决的课题吗"。确定培训项目之后，要思考如何把事情做正确，也就是想清楚"是什么""如何做""如何控"这 3 个问题。是什么，即看清培训项目的具体情况，包括但不限于"培训项目的目标是什么""问题或挑战的关键点在哪里""整体解决思路是怎样的"；如何做，是设计培训项目的具体行动方案和呈现方式，包括但不限于"如何将解决思路进行落地""用什么样的呈现方式才能更好地达到预期效果"；如何控，是对培训效果的追踪把控，包括但不限于"有哪些措施或工具可以帮助学员应用实践""如何评估培训效果"。

可以用培训项目透视 CT 图将整体思路细化为具体的关键动作，从为什么、是什么、如何做、如何控 4 个问题出发，将培训项目的关键要素分列清楚，从而确保培训达到预期效果（见图 6.2）。

图 6.2　培训项目透视 CT 图

为什么：问题/挑战定位

- 明确要解决的问题或挑战，并了解背景信息。

- 评估培训项目的价值，确定是否正式立项。

是什么：解决思路

- 了解培训项目利益相关者的期望效果。
- 分析问题产生的原因或挑战的难点。
- 制定问题或挑战的解决思路。

如何做：解决方案与呈现方式

- 制订问题或挑战的解决方案。
- 设计方案落地的具体呈现方式。

如何控：结果落地

- 培训后期的管控措施和工具。
- 培训效果的评估标准。

培训项目透视 CT 表

培训项目透视 CT 表（见表 6.1）是培训项目透视 CT 图的进一步实操工具，它涵盖了培训项目透视 CT 图中的关键要素，并补充了重要信息。表 6.1 中的关键管控要素按照 5W2H1E 原则进行：问题/挑战（What）、期望效果（Effect）、原因/难点分析（Why）、解决方案（How）、交付物（Which）、实施时间（When）、岗位/人员（Who）和培训预算（How much）。

表 6.1 培训项目透视 CT 表

培训项目管理要素	具体内容
What	问题/挑战
Effect	期望效果
Why	原因/难点分析
How	解决方案
Which	交付物
When	实施时间
Who	岗位/人员
How much	培训预算

注意，培训项目透视 CT 表在实际应用过程中，对培训管理者来说最有挑

战性的是问题分析与解决的能力，即原因/难点分析、解决方案和交付物。下面将重点讲解一下这3部分内容。

原因/难点分析

对问题分析与解决来说，首先要做的是找准问题出现的原因。

那么，谁来分析原因呢？

有些企业的培训管理者为了体现培训部门的价值，把业务问题的原因分析工作全揽下来；有些培训管理者则因担心自己专业能力不足，而将这项工作完全交由业务部门完成。这两种做法都是不可取的。正确的做法是由培训部门和业务部门一起完成，以业务部门为主，培训部门起到引导和支持的作用。业务部门对业务情况更加了解，其在所属领域的专业知识也不是培训管理人员可以短期内掌握的，所以对业务问题的原因分析工作应以业务部门为主；培训管理人员可以合理设计讨论结构，通过提问和引导将问题的原因聚焦得更加准确。

从企业咨询的经验来看，业务部门在分析问题出现的原因时往往容易陷入一个误区，认为大多数问题都是技术和方法层面的。实际上，企业出现的问题往往是由3个层面的原因造成的，分别是无意识、无方法和易出错。

- 无意识。因为员工不够重视某项工作而导致出现问题。
- 无方法。员工虽然重视某项工作，但因为没有掌握有效的工具和方法而导致出现问题。
- 易出错。员工很重视某项工作，公司也通过培训和业务指导使他们掌握了相关的方法，但仍然总是出问题。

对于问题原因的分析，培训管理者应该通过访谈不同层级的业务人员来了解具体情况，他们给出的答案更多的是从自己的工作岗位角度做出的判断。综合不同层级人员的反馈有助于培训管理者找到问题真正的原因所在。

下面来看一个案例。

培训管理者为一家零售连锁企业做咨询项目，项目的主题是"提升春节期间门店的库存周转率"。针对这一主题，培训管理者设定的访谈对象是商超门店总经理、各商品部经理、理货员和库房主管。

首先，培训管理者访谈了商超门店总经理。商超门店总经理认为门店遇到的挑战是"在春节销售高峰时期，库存周转率低造成业绩不理想"，具体的现象是"门店销售业绩不理想，员工责任心不强"。

然后，培训管理者访谈了各位商品部经理，他们认为主要的问题是"在春节销售高峰时期，库存周转率低造成部分商品无法及时上架"，总部检查时看到货架不饱满，会给他们扣分。他们面临的困扰是"我们已经督促理货员尽快补充商品，但效果仍然不好，主要是因为理货员责任心不强"（与门店总经理看法一致）。

接着，培训管理者访谈了补货的主要当事人——理货员。他们并不认同"理货员缺乏责任心"的看法，纷纷表示"不是自己不主动补货，而是到库房找不到自己的商品"。他们面临的困扰是到了库房，在本该存放他们的商品的地方却找不到商品，反而有很多其他品类的商品堆放在那里。

最后，培训管理者询问了库房主管的意见。当事人表示："不是我们管理得不好，仓库的区域划分得很清楚，主要是春节期间大家太忙，理货员和促销员把商品乱放才导致了这种情况。"

通过这个案例可以看到，业务部门各个层级的人员在分析问题时往往都习惯站在自己的立场进行思考。商超门店总经理和各商品部经理站在管理的角度，一致认为问题的原因是员工缺乏责任心，后来发现主要原因是理货员和促销员对库房的管理制度和区域划分不清楚，从而造成乱堆乱放。最终，库房进一步明确了库房的管理制度和区域分布，商品部加强了对理货员和促销员的相关培训，库存周转率得到了大幅提升。

这就是多方位访谈的重要性，只有这样，才能真正看清问题的原因，找到有效的解决方案。

解决方案

在找到问题真正的原因后，解决方案也就相对清晰了。如果原因是员工不够重视，那就要提高员工的重视程度；如果原因是缺少有效的方法或技术，那就要研究有效的方法和技术给予员工支持；如果在意识和方法层面都已经做得很充分了，那么原因很可能出在管控机制方面，包括但不限于管控措施、检查标准和跨部门协作等。

交付物

有了系统的解决方案之后，要进一步明确培训项目的交付物。交付物是指最终能够保证培训项目达成效果的一系列管控工具，包括但不限于管理制度、工作流程、技术方法和案例片等。

下面来看一个案例。

甲企业是一家著名的房地产开发企业，该企业在复盘过去一年的管理月度例会通报时，发现全国有很多项目公司先后出现了试桩失败的问题。（试桩，简单地说，就是在盖房子打地基之前先试着打几根桩，测试一下所采用工艺的承重能力是否合格，合格后才能进行后续施工。）

按照培训项目透视 CT 表，培训管理人员对试桩课题进行了系统的评估和分析，依次从课题评估、期望效果、原因分析、解决方案、交付物及后续实施方案几个方面进行了详细的设计，最终确保了项目效果的成功落地（见表6.2）。

表6.2　甲企业桩基管控试桩项目透视CT表

培训项目管理要素		具体内容
What	问题/挑战	试桩失败问题多发
Effect	期望效果	提高试桩成功率
Why	原因分析	意识、方法、管控方式
How	解决方案	加强重视、给予方法、完善管控
Which	交付物	案例片、《检测技术管理规定》、《桩基管控操作手册》、项目公司桩基管控方案
When	实施时间	交地后30天
Who	岗位/人员	项目公司总经理、设计和工程部（副总经理、经理、相关工程师）、总包和分包负责人
How much	培训预算	30 000元

首先，评估试桩课题的价值。经过与业务部门的沟通，培训管理人员了解到过去一年有多个项目公司先后出现一次试桩失败的现象，试桩失败会导致工期延误，进而影响取得预售证和售楼处的完工时间，而这将影响整个房地产项目的资金回笼情况；在解决难度方面，存在较大的难度。因此，培训管理人员判断这是一个重要且紧急的培训项目，会有较大的实施难度，但值得投入精力和资源（见图6.3）。

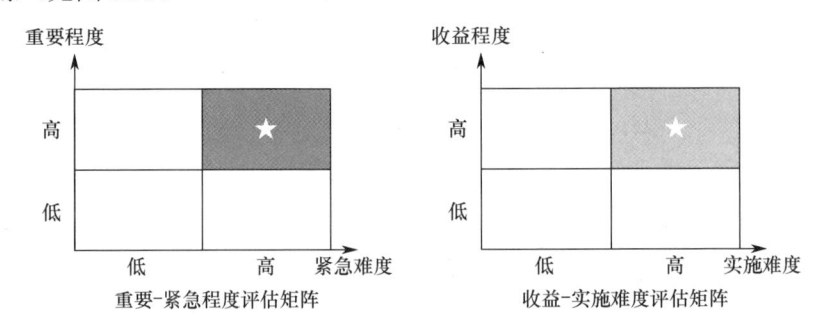

图6.3　桩基管控试桩课题价值评估矩阵

培训项目的期望效果很明确——提高试桩的成功率。在原因分析阶段，培训管理人员通过分析试桩失败的项目公司案例，发现导致试桩失败的原因聚焦在意识、方法和管控 3 个方面。意识层面，甲企业的工程管理人员及总包和分包施工单位都存在重视程度不足的情况，普遍认为试桩是允许失败的，没有"一次试桩必胜"的决心；方法层面，企业在施工工艺的技术选择方面，对于不同的土质应该采用怎样的施工工艺，目前还没有一个明确的方法指引，项目公司的管理人员大多是凭经验判断，有相关经验的项目成功率高一些，没有相关经验的项目容易出现问题；管控层面，发现 4 个问题，分别是中标的施工单位在相关土质方面施工经验不足、工程施工现场管控和检查不到位、试桩前缺少经充分论证的具体方案，以及各部门配合不流畅。根据分析结果，培训管理人员随后制订了系统的解决方案，分别在意识、方法和管控 3 个层面进行全面提升（见图 6.4）。

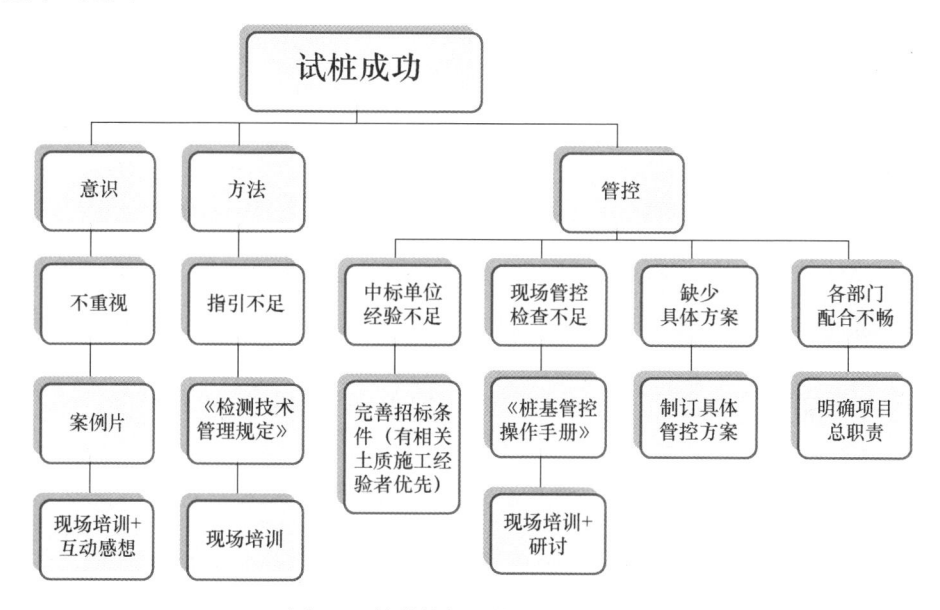

图 6.4　桩基管控试桩课题解决方案

意识层面，根据过往真实的案例编写剧本，并拍摄案例片，用现场观影和互动讨论的方式提升相关人员对试桩的重视程度。方法层面，制定《项目桩基及基坑支护检测技术管理规定》，并结合项目公司的具体情况实施现场培训。管控层面，完善招标条件，添加"有相关土质施工经验者优先"条款；制定《桩基管控操作手册》，并结合项目公司的实际情况进行现场培训和研讨，形成项目公司桩基管控方案；明确项目总经理对试桩的职责要求，加强各部门之间的协作配合。

在项目公司实地培训策划方面，采用线上和线下相结合的培训方式，具体包括 4 个环节：当堂测试、看片论道、检测技术管理和桩基管控操作培训，以及讨论项目公司管控方案。在此过程中，采用的培训方式有线上学习、测试考核、案例片解读、课件讲解和团队讨论等（见图6.5）。

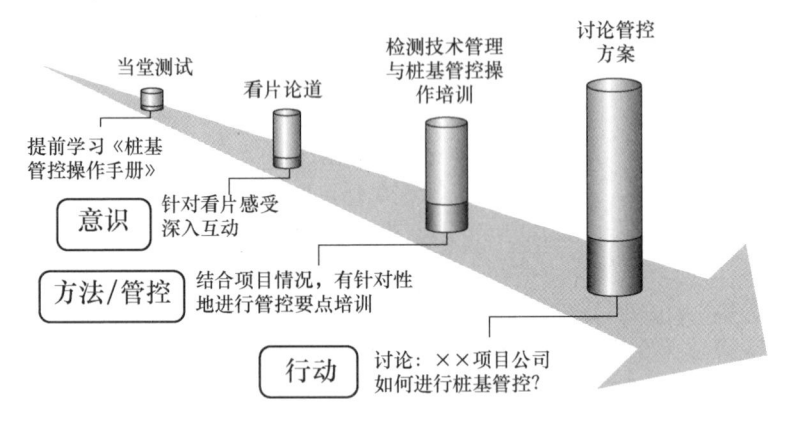

图6.5 桩基管控试桩课题项目公司培训方案

具体来说，在培训前让参训学员通过在线学习平台提前学习《桩基管控操作手册》，做到有准备地参加培训。在培训现场进行当堂测试，解决学员应知应会的问题。然后观看案例片，并针对看片感受进行深入的互动，讨论影片中为什么会出现试桩失败的情况，以及应该注意哪些要点。之后请集团设计中心的专家针对项目公司的具体情况进行有针对性的技术管控要点培训，并进行答疑互动。最后，组织参训人员对"项目公司如何进行有效的桩基管控"主题进行团队讨论。培训结束后3日内，项目公司提交项目公司桩基管控方案，内容包括但不限于：根据项目公司的实际土质情况应选取哪几种试桩工艺进行测试，如何明确工程管控的岗位责任划分，以及如何完善工程监管流程等。

总结来说，这个项目的交付物涵盖了意识、方法和管控3个层面，具体包括案例片、《检测技术管理规定》、《桩基管控操作手册》和项目公司桩基管控方案，正是这些项目交付物的设定和落地，保证了项目培训的整体效果。

最后，明确培训项目实施的时间节点、参训对象和培训预算。按照企业的内控节点设置，试桩培训安排在交地后30天实施；参训对象包括项目公司的总经理、设计和工程部门副总经理、专业经理及相关工程师，还有总包和分包施工单位的项目负责人；整体项目的培训预算为30 000元。

最终，该培训项目在甲企业取得了非常理想的效果，主要得益于项目前期对项目整体的准确定位和系统分析，为之后项目交付物的落地实施奠定了坚实的基础。

综上所述，对培训项目和课程的设计与开发并不等同于做课件，课件只是课程的呈现方式之一，只有做好前期的定位和设计工作，才能保证课程的开发能够落到实处。

6.2 造课图：一张图搞定课程设计与开发

造课图是课程设计与开发的实用工具，可以帮助培训管理者从课程名称、课程目标、授课对象、痛点分析、课程交付物、学员关注内容、课程逻辑大纲、案例嵌入点、互动点设置和落地工具等方面进行系统的设计和落地，从而保证课程设计与开发过程的高效和培训效果的达成（见图6.6）。

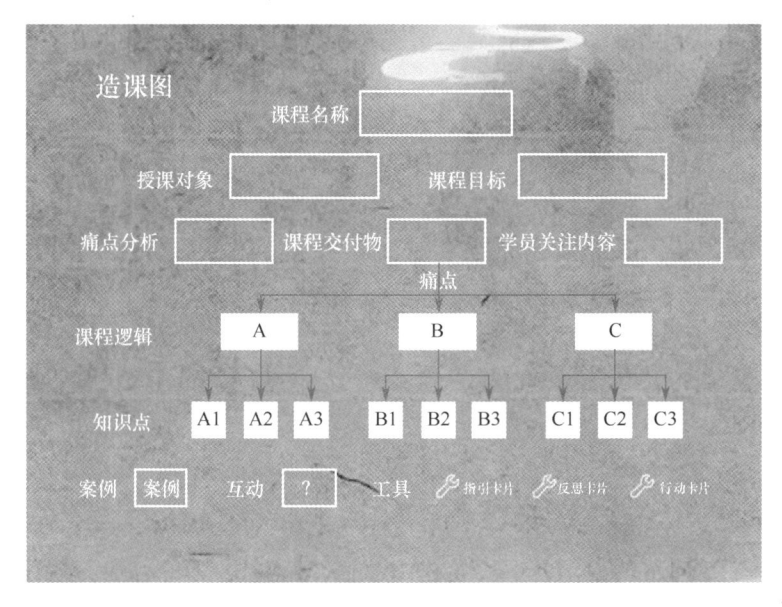

图6.6 造课图

吸睛：课程名称之BC命名法

课程名称是课程给学员留下的第一印象。课程名称是否有吸引力，将直接影响学员参与课程的动力。一个有吸引力的课程名称需要体现两个关键点：收益（Benefit）和内容（Content），简称BC。

企业内训师开发课程名称时往往在内容体现方面做得很好，但容易忽略对课程收益的呈现，而后者比前者更加重要。课程名称的核心不在于名称本身，而在于关系——建立课程与学员之间的关系。内容可以告诉学员讲授的主题方向，但仅有这些还不够，收益才是真正能够让课程与学员之间建立关系的关键所在。例如，课程名称"三招轻松搞定客户"，"轻松搞定"是收益，也是学员真正感兴趣的关键点；课程名称"5S 生产管理不再愁"，"不再愁"是收益，能够与学员在工作情境中的感受产生共鸣。

培训的核心是有用，帮助学员解决疑惑、问题和挑战，这样的理念应该体现在课程名称的设计中，从而在第一时间与学员建立共同解决问题和挑战的伙伴关系。

聚焦：授课对象与课程目标 DB 制定法

授课对象是课程的"客户"，也是课程的标靶。授课对象是否准确，将直接影响课程的整体设计和开发。同一主题的课程讲给不同的学员群体时，它的课程目标、课程结构、课程内容、所用案例和呈现方式都应有所差异。所以，培训管理者在做课程设计的时候，首先要把授课对象，也就是"课程讲给谁听"这个问题回答清楚。

课程目标是课程的靶心，就像人们在打高尔夫球时，会在挥杆前观察球洞的位置一样，课程目标的作用就是让学员时刻看清球洞的位置。设置课程目标可以遵循 DB 法则，即程度（Degree）和行为（Behavior），也就是讲清楚"把什么事情做到什么程度"（见图 6.7）。

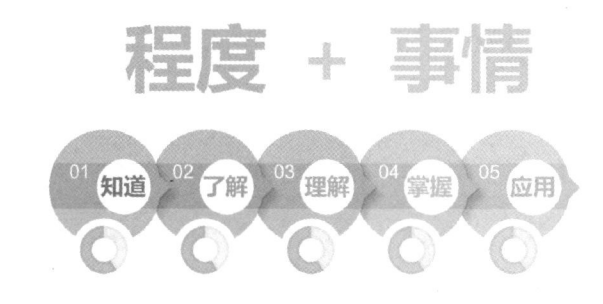

程度 + 事情

01 知道　02 了解　03 理解　04 掌握　05 应用

图 6.7　课程目标 DB 制定法

课程目标的掌握程度按照由浅至深的顺序依次为知道、了解、理解、掌握和应用。

- 知道：学员培训后知道自己学过这个知识或技能。
- 了解：学员在知道的基础上，还能够讲出具体的内容。
- 理解：学员在了解具体内容的基础上，还能够讲出自己的理解。
- 掌握：学员在理解所学内容的基础上，具备实际操作的能力。
- 应用：学员在掌握相关技能后，能够将其直接应用到实际工作中。

需要特别说明的是，课程目标的掌握程度与授课对象密切相关，向不同的授课对象讲授同一个主题课程，其课程目标的设定往往是不同的。下面来做一个练习，尝试将图 6.8 中左列对课程目标的掌握程度与右列的课程主题进行连线匹配。

同样是企业文化主题的课程，如果授课对象是基层员工，目标设定为"了解"或"理解"就可以了；但如果授课对象是人力资源团队或企业管理层，目标设定为"应用"更加合适。同样是成本知识主题的课程，如果授课对象是非财务人员，目标设定为"了解"即可；但如果授课对象是财务专业人员，那么目标就应该设定为"掌握"或"应用"。同样是绩效考核主题的课程，如果授课对象是基层员工，目标设定为"了解"就可以了；但如果授课对象是管理人员，则目标设定为"掌握"和"应用"更加适合（见图6.9）。

图 6.8　课程目标配对练习　　　　图 6.9　课程目标配对练习答案

明向：痛点分析与解决思路三要点

前文讲述了问题原因分析的 3 个因素：无意识、无方法和易出错。它们同样也是很多学员的痛点：缺乏意识、缺少方法、缺少管控措施（见图6.10）。

图 6.10　痛点分析与解决思路三要点

在做课程设计与开发时，要清楚学员的痛点具体聚焦在哪个方面。如果是缺乏意识，那么就应该通过案例让学员理解相关事项的重要性；如果是缺少方法，那么就聚焦在方法的应用和讨论方面；如果是缺少管控措施，那么就开发有效的检查考核机制；如果兼具这几个痛点，那么就要进行多方位的整合设计。

保效：明确课程交付物

和培训项目交付物一样，要想确保课程效果，课程设计与开发也需要明确交付物，也就是保证课程效果的具体落地工具。交付物的作用是真正解决学员的痛点和达成培训目标。

有些内训师存在这样的误区，即课堂笔记就是课程的交付物。其实，课堂笔记和落地工具是有区别的（见表 6.3）。课堂笔记更关注学员对讲授内容的理解和掌握，落地工具则更关注培训后学员在工作情境中的应用。相对于在工作环境中翻看课堂笔记，落地工具在便捷性和应用性方面更强一些。

表6.3 课堂笔记与落地工具对比

对比维度	课堂笔记	落地工具
关注点	理解、掌握	应用
使用情境	培训课堂	工作情境
便捷性	弱	强
应用性	弱	强

对于落地工具的开发，应遵循"随需即查，随查即用"的原则，最大限度地提升学员在培训后使用的便捷性，从而击穿课堂与工作情境之间的那堵墙。开发落地工具可以参考 4 个要素：要点、指引、反思和行动计划。可以把课程的要点、操作指引、操作后需要学员反思的问题，以及后续的行动计划表格等内容做成电子版工具卡片，在培训后发送给学员，方便他们随时查看和反思所学的内容，再结合学习任务的布置，将课程效果落实到具体的行为改变上。

换位：看清学员关注内容

在前面几个关键点都清晰的情况下，培训管理者需要换位思考，真正把自己放在学员的角度，思考一下哪些内容才是学员真正关注的。受众关注内容分析表可以帮助你分析学员的关注点（见表 6.4）。

表6.4 受众关注内容分析表

主讲部门	应用情境	受众群体	关注内容

受众关注内容分析表分为 4 个部分，分别是主讲部门、应用情境、受众群体和关注内容。主讲部门是指制作和讲解演示资料的主要部门；应用情境是指

资料演示所处的具体场景；受众群体是指观看演示和分享的人群；关注内容是指受众群体所关注的内容关键点。其实，这个工具不仅适用于课程受众的分析，也适用于大多数演示情境的受众分析，下面来看一个案例（见表6.5）。

表6.5 受众关注内容分析表示例

主讲部门	应用情境	受众群体	关注内容
营销管理部	新产品推广会	分销商	新产品的价值点
绩效考核部	绩效考核培训	员工	绩效考核点
年会筹备组	年会筹备启动会	组员	年会流程、分工

营销管理部要制作演示资料用于新产品推广会，参会人员主要是产品分销商，他们最关注的内容是新产品的价值点，也就是新产品的卖点及与其他竞争产品相比的优势。

绩效考核部门要做绩效考核方案的培训，培训对象是全体员工，如果把所有人都聚集在一起进行统一讲解，效果不会理想。员工关注的是如何计算自己的绩效，所以应该按照部门进行分场培训，这样既高效又能保证培训效果。

公司年会筹备组组长要在项目启动会上介绍年会安排和人员分工，参会人员主要是筹备组的组员，组员们最关注的是年会的整体流程、自己负责的工作，以及前后环节的衔接等内容。如果组长在介绍时可以站在组员的角度重点介绍以上内容，会取得不错的效果。

说清：6种常用课程逻辑及MECE原则

要想让课程结构清晰，首先要把课程的骨架梳理出来，具体内容包括但不限于封面、目录、一级过渡页、二级过渡页、正文、总结、封底（见图6.11）。

在梳理课程结构时，要重点关注两个要点：课程逻辑的吸引力和课程结构的清晰度。谈到课程逻辑时，很多人想到的是"清晰"，而我建议大家关注"吸引力"。课程的目录与书的目录是不同的，主要区别在于书的目录更侧重于分类和系统性，而课程的目录是帮助学员解决问题和挑战的思路。

6种常用的课程逻辑

我推荐使用6种常用的课程逻辑，分别是展望PNF课程逻辑、论证PREP课程逻辑、问题解决PRM课程逻辑、打破常识SCQA课程逻辑、知识WWH课程逻辑和案例CKA课程逻辑。每种课程逻辑都设有提升学员兴趣并把他们带入课程的动力激发点，以提升课程的吸引力。

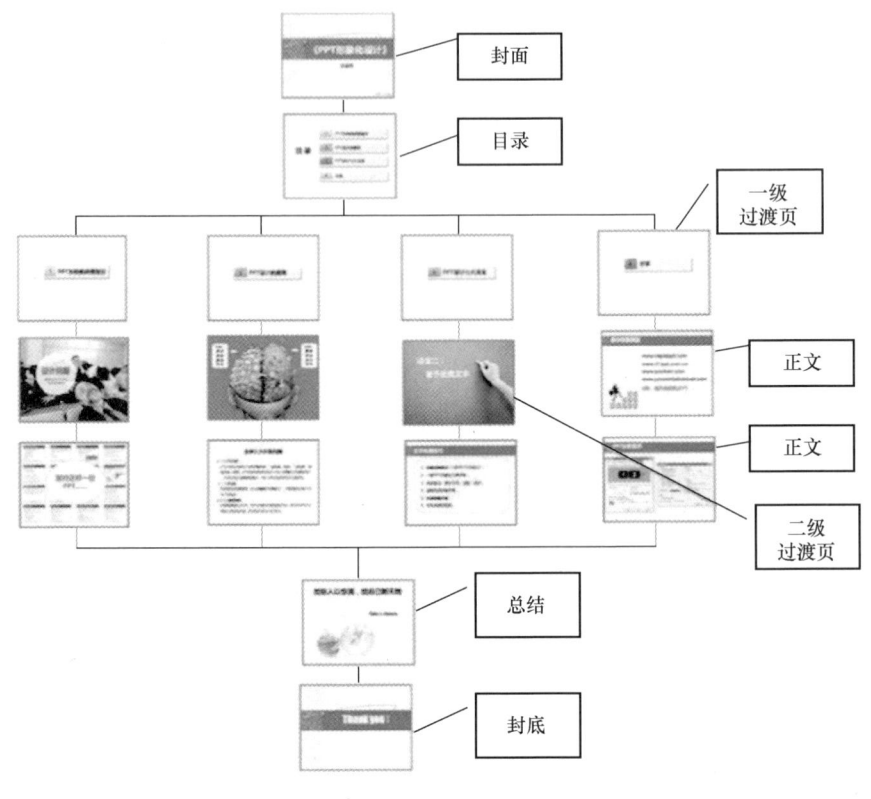

图 6.11 课程结构

展望 PNF 课程逻辑

展望 PNF 课程逻辑适用于按照时间轴进行前后效果对比的课程思路，分为 3 个部分：过去（Past）、现在（Now）和将来（Future）。结合课程主题，先复盘过去行业或企业内发生的事情，然后介绍现在应该采取的行动和做法，最后展望采取行动后取得的成果。

对"过去发生案例"的介绍是课程的动力激发点，可以在课程一开始就抓住学员的注意力，让他们更专注地听后面的内容。例如，在"制造业 5S 管理一点通"课程中，可以先介绍不采用 5S 管理方法导致的后果，然后介绍 5S 管理方法的具体做法，最后展望采用 5S 管理方法给工作环境带来的改善效果。

论证 PREP 课程逻辑

论证 PREP 课程逻辑适用于证明某个立场或观点是正确或错误的课程思路，分为 4 个部分：立场（Position）、理由（Reason）、实例（Example）和立场（Position）。结合课程主题，先表明课程主张的立场，然后阐述支持立场的

— 128 —

理由，之后列举具体实例证明理由的正确性，最后再次明确课程主张的立场。

"理由"和"实例"是课程的动力激发点，它们是使学员真正理解和认同课程所主张的立场的关键。例如，在"MOT 关键时刻之售后服务"课程中，可以先表明课程主张的立场"售后服务很重要"，然后阐述售后服务重要的理由，接着列举一些关于售后服务的真实案例，最后重申"售后服务很重要"。

问题解决 PRM 课程逻辑

问题解决 PRM 课程逻辑适用于针对某种现象提供解决方案的课程思路，分为 3 个部分：现象呈现（Phenomenon）、原因分析（Reason）和解决措施（Measures）。结合课程主题，先呈现看到的现象，然后分析现象产生的原因，最后给出解决问题的措施。

"现象呈现"是课程的动力激发点，如果你阐述的现象能够与学员产生共鸣，那么他们就会很有兴趣听接下来的原因分析和解决措施。例如，在"VUCA 时代成为职场潜力股"课程中，可以先从职场 35 岁被裁员的现象切入，引发学员的共鸣，然后分析在 VUCA 时代企业和员工面临的挑战，最后给出应对挑战、成为职场潜力股的具体做法。

打破常识 SCQA 课程逻辑

打破常识 SCQA 课程逻辑适用于纠正学员习以为常的错误认知和行为的课程思路，分为 4 个部分：情境（Situation）、冲突（Complication）、疑问（Question）和回答（Answer）。结合课程主题，先从大家都认为正确的认知或做法切入，然后指出事情的结果与大家的做法存在冲突，进而提出疑问："为什么会出现这种情况？是否有更好的做法？"最后给出解决方案。

"情境"和"冲突"是课程的动力激发点，以往做法的预期效果和最终结果之间的反差能够引发学员反思自己的认知和行为，进而促成改变。例如，在"房地产构建生活场景式营销"课程中，可以先从房地产行业以往的营销方式切入，然后指出在房地产市场整体遇冷的情况下传统做法很难达成业绩目标，进而提出问题："是否存在更好的营销方式？"最后讲解构建生活场景式营销的优势和具体做法。

知识 WWH 课程逻辑

知识 WWH 课程逻辑适用于介绍新知识或新概念的课程思路，分为 3 个部分：是什么（What）、为什么（Why）和怎么做（How）。结合课程主题，先介绍新知识或新概念是什么，然后阐述为什么会产生这个新知识或新概念，最后说明在这个新知识或新概念领域应该怎么做。

"为什么"是课程的动力激发点,相对于"新知识或新概念是什么",学员更感兴趣的是为什么会有这个新知识或新概念及具体有什么用,然后才想了解具体的内容和做法。例如,在"企业风险管控有妙招"课程中,可以先介绍风险管控的定义,然后分析为什么会产生风险及忽视企业风险管控会造成什么危害,最后说明风险管控的具体做法。

案例 CKA 课程逻辑

案例 CKA 课程逻辑适用于从案例中得出解决方案的课程思路,分为 3 个部分:案例(Case)、观点/知识(Knowledge)和行动方案(Action)。结合课程主题,先介绍案例的具体情况,然后启发学员从中得出有用的观点和知识,最后制订解决类似问题的行动方案。

"案例"是课程的动力激发点,采用案例讲解的方式能够在课程一开始就将学员带入具体的工作情境,然后基于案例情境讨论各自得到的启发和行动方案。例如,在"有效解决激励辅导难题"课程中,可以先从上级对下属激励辅导的实际案例切入,然后引导学员对案例中的做法进行思考,进而了解激励辅导的关键要点,最后制订后续的行动方案。

以上 6 种常用的课程逻辑可以用于课程的整体结构设计,也可以用于课程中某一模块的结构设计,能够帮助你把课程的结构变得更加有层次,从而提升课程的吸引力和培训效果。

MECE 法则

在梳理了课程结构之后,还要对其合理性和清晰度进行检查和评估。一个清晰的课程结构通常具有 4 个特征:第一,课程只有一个主题,且能够概括所有分主题;第二,任何一个分主题都是其下一层级内容的概括;第三,每组中的内容必须属于同一范畴;第四,每组中的内容都按照逻辑顺序组织(见图 6.12)。

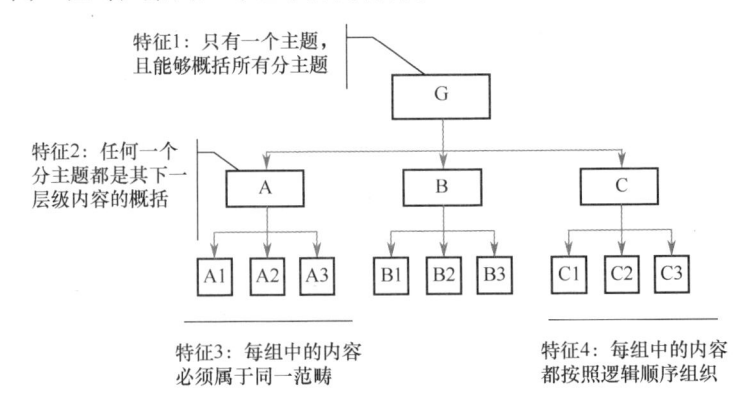

图 6.12 结构清晰的 4 个特征

这 4 个特征的背后，遵循的是 MECE 法则。MECE 法则是由芭芭拉·明托（Barbara Minto）在《金字塔原理》一书中提出的一种简洁有力的、透过结构看世界的思考工具，意思是"相互独立，完全穷尽"。

MECE 法则指出，在把整体层层分解为各要素的过程中，要遵循"相互独立，完全穷尽"的基本法则，确保每一层的各要素之间"不重叠、不遗漏"，既保证各部分之间相互独立，又保证所有部分完全穷尽。MECE 法则示例如图 6.13 所示。

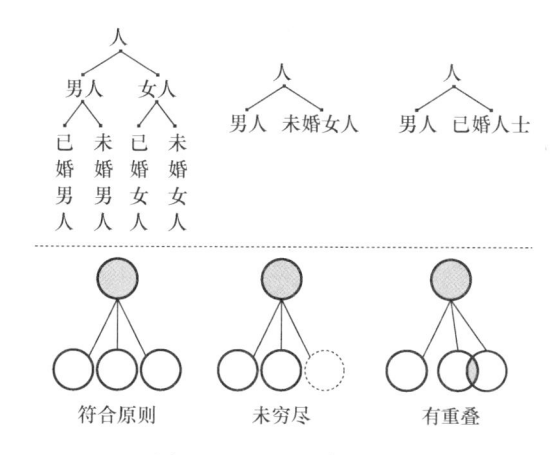

图 6.13　MECE 法则示例

举例：案例开发模板

案例是现象，是真实的语言，能够使课程讲解生动起来。案例名称决定了所撰写案例的内容方向，一个好的案例名称不仅可以使课程内容更加聚焦，还可以提升案例应用的效果。结合解决具体问题和挑战的撰写方向，可以把案例名称的结构设定为"遇到×××（问题），怎么办"或"如何应对×××（挑战）"等。

在确定案例名称时，不要选择不聚焦、大而全或涉及内容太多的主题，如"如何做好销售""如何将战略落地"。案例名称的确定应尽量符合 3 个标准：聚焦、场景、解决问题或挑战，即聚焦到在某个具体的业务场景中如何解决具体的问题或挑战上，如"遇到×××方面的客户投诉，怎么办""×××项目超预算了，怎么办"。

在确定案例名称和撰写方向之后，可以按照案例撰写 STAR 模型的 4 个关键要素来撰写案例内容，分别是情境/背景（Situation）、任务分析（Task）、行动（Action）和结果（Result）（见图 6.14）。

情境/背景（发生了什么）
·时间、场景、岗位、事情
·所处环境（组织内外部环境概况）

任务分析（挑战或原因在哪里）
·达成目标的挑战/难度
·原因分析

Situation　　STAR　　Task

Action　　　　　　　Result

·主要行动步骤
·方法/工具

·行动后的直接结果
·后续影响

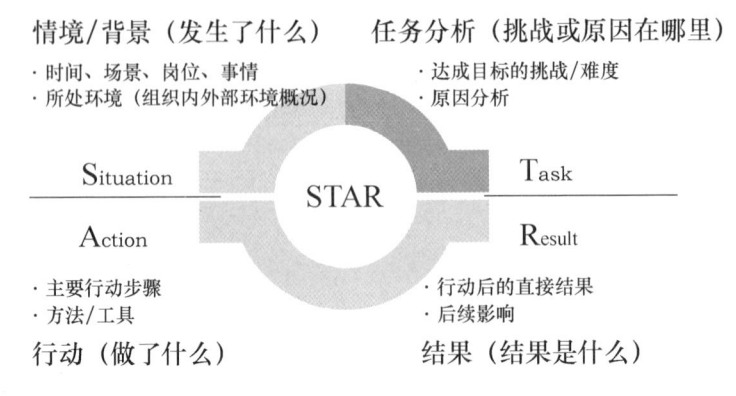

行动（做了什么）　　**结果（结果是什么）**

图 6.14　案例撰写 STAR 模型

第一，说清楚"发生了什么"，介绍案例发生的情境和背景，包括但不限于时间、场景、涉及的岗位和具体事情，以及事情所处的组织内外部环境概况；第二，分析"挑战或原因在哪里"，对案例中的任务进行分析，包括但不限于达成目标的挑战和难度、问题发生的原因；第三，阐述"做了什么"，具体讲解采取的行动方案，包括但不限于主要行动步骤、采用的方法和工具；最后，说明"结果是什么"，描述案例的最终结果，包括但不限于行动后产生的直接结果、后续影响。在具体操作时，可以参考案例撰写模板（见图 6.15）。

提交人姓名		案例所属部门/岗位	

案例名称：遇到×××（问题），怎么办/如何应对×××（挑战）

案例内容：

（一）案例背景描述

·时间、场景、岗位、事情　　·所处环境（组织内外部环境概况）

（二）案例分析（挑战/原因）

·达成目标的挑战/难度　　·原因分析

（三）案例解决方案

·主要行动步骤　　　　　·方法/工具

（四）案例结果

·行动后的直接结果　　·后续影响

上级领导是否同意公开该案例？请点评并签字：

图 6.15　案例撰写模板

交互：设计实用的互动方式

互动，简单地说，就是把讲师要分享的内容要点由"平铺直叙"设计为"学员参与体验式的学习过程"，形式包括但不限于提问、小组讨论、小组任务、游戏体验和行动学习等。例如，讲师可以直接分享"培训的核心是有用"，也可以通过向学员提问"大家思考一下，培训的核心是什么"，或者采用小组讨论的方式先引发学员思考，再给出答案，这样学员对课程内容的理解和印象会更加深刻。

互动不是内训师在课程讲授现场的临场发挥，而是应该在课程设计中就确定好的部分。良好的互动不仅可以提升培训现场的学习氛围，更可以改变员工行为，尤其是在以转变员工意识为主要目标的课程中。

为了使互动环节能够真正达到预期效果，在设计互动方式时应遵循 4 个原则：真诚、获益、简单和有趣。

- 真诚。在设计互动环节时，要抱有"真诚邀请学员参与"的心态，而非"强制要求学员参与"的想法，从学员听课和行为转变的真实需求出发进行设计。
- 获益。不要为了互动而互动，要确保每个互动环节都是有用的。
- 简单。互动环节的设置在内容方面可以层层分解，具体呈现方式和规则要务求简洁易懂，最好能够让学员"一听就懂，迅速上手"。
- 有趣。在设计互动方式时尽量做到"增加乐趣，沉浸体验"。所谓"沉浸"，是指内容足够吸引人，结构足够明晰，氛围足够开放，让学员在体验乐趣的同时掌握关键要点。

在具体操作时，可以以课程大纲为基础，聚焦课程关键要点，将其设置为互动环节，同时结合课程主题，设计开场和结尾的呈现方式，提升现场的学习氛围（见图6.16）。

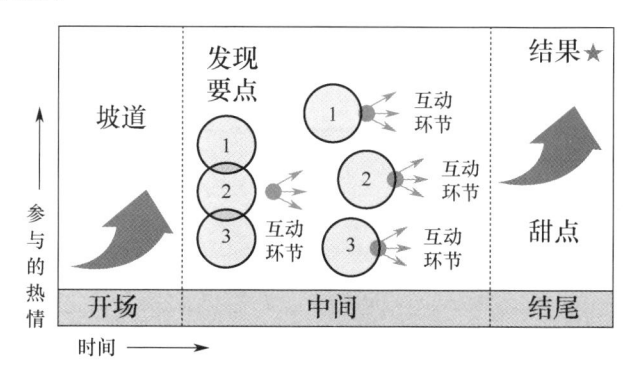

图6.16 课程互动设置

提升：课程六大系列配套工具

课程工具能够帮助课程实现全方位的提升。研发课程工具的本质不是单纯的娱乐，而是将人性与设计过程进行巧妙的融合。工具会成为感官的延伸，讲师的意图和行为都能通过工具来传达，学员的行为反馈也会通过工具传递给讲师。同时要注意，对课程工具的研发不应该仅局限在培训现场和训后转化两个阶段，而应该始终贯穿培训的全过程。学员是研发工具的核心，他们需要在此过程中拥有掌控感，所以不要把工具当作一种廉价的营销方式，而要把它当作一种微妙且深沉的参与技术。

学员参与一场培训，会经历 6 个阶段，分别是认识、好奇、尝试、使用、评估和分享。对应这 6 个阶段，可以确定课程工具的 6 个研发方向，分别是课程宣传、课程说明、培训现场、应用支持、评估反馈和分享激励，并在此基础上设计配套的工具（见表 6.6）。

表 6.6　课程工具开发表

工具用途	重点关注点	配套工具
课程宣传	吸引力，把大家的目光都吸引过来	宣传片、海报、线上宣传资料
课程说明	有用性，突出对学员痛点问题的解决	课程简介、课前调研、测评
培训现场	参与度，鼓励学员多体验、多实践	沙盘、游戏道具、积分榜
应用支持	情境化，符合学员的工作应用情境	要点提示卡、流程指引卡
评估反馈	及时性，在学员应用后及时进行反思	行动反思表、行动改善计划
分享激励	激励性，激发学员分享成果和感悟	成果展示区、企业培训公众号

课程宣传工具

重点突出课程的吸引力，把大家的目光都吸引过来，为培训进行课前造势。配套工具包括但不限于课程宣传片、课程海报和线上宣传资料。

课程说明工具

在说明课程内容的基础上，进一步聚焦目标学员的具体需求，突出课程对学员痛点问题的解决，从而激发学员参与课程的意愿。配套工具包括但不限于精美课程简介、课前调研问卷、课前测评、课前阅读资料。

培训现场工具

重点提升学员的参与度，鼓励学员多体验、多实践，以便更好地理解和掌握课程内容。配套工具包括但不限于沙盘、游戏道具、积分卡、积分榜、实时互动软件。

应用支持工具

重点突出工具应用的情境化和便捷性，内容设计符合学员的工作应用情境，同时便于学员随时查看和应用。配套工具包括但不限于要点提示卡、流程指引卡。

评估反馈工具

在学员应用所学内容之后，及时引导学员进行反思，并制订行动计划。配套工具包括但不限于行动反思表、行动改善计划。

分享激励工具

重点突出对学员的激励，通过提供展示平台，让学员分享自己取得的成果和成长感悟，在进一步提升学员成就感的同时，也可以扩大培训课程的影响力。配套工具包括但不限于成果展示区、在线学习平台、企业培训公众号。

在以上关键要点设计完成之后，可以对造课图进行最后的验证，重点检查3个方面：目标、内容和呈现方式。具体包括课程的目标是否明确且聚焦，课程的内容结构设计是否能达到预期目标，课程的呈现方式是否能有效吸引学员参与并理解课程内容。只要把握住课程的方向、思路和呈现方式，就能找到保证课程效果的关键钥匙，从而把事情真正做正确。

小 结

1. 立项是做正确的事情，课程设计与开发是把事情做正确。

2. 在设计培训项目时可以从2个层面和4个问题进行具体把控。2个层面是做正确的事情和正确地做事；4个问题是为什么、是什么、如何做和如何控。

3. 造课图是课程设计与开发的实用工具，可以帮助你从课程名称、课程目标、授课对象、痛点分析、课程交付物、学员关注内容、课程逻辑、案例嵌入点、互动点设置和落地工具等方面进行系统的设计和落地，从而保证课程开发与设计过程的高效和培训效果的达成。

4. 一个有吸引力的课程名称需要体现两个关键点：收益和内容。

5. 设置课程目标时可以遵循DB法则，即程度和行为，也就是讲清楚"把什么事情做到什么程度"。课程目标的掌握程度从浅到深依次为知道、了解、理解、掌握和应用。

5. 6种常用的课程逻辑有展望PNF课程逻辑、论证PREP课程逻辑、问题解决PRM课程逻辑、打破常识SCQA课程逻辑、知识WWH课程逻辑和案例CKA课程逻辑。

7. 案例撰写STAR模型：情境/背景（Situation）、任务分析（Task）、行动（Action）和结果（Result）。

8. 课程工具的6个研发方向：课程宣传、课程说明、培训现场、应用支持、评估反馈和分享激励。

关注订阅号"匠心宇航"，领取本章检视/行动工具：培训项目透视CT表、造课图、受众关注内容分析表、案例撰写模板。

第 7 章

打造激情内训师"铁军"

7.1 内训师激励因素大揭秘

激励内训师,实质是激励事业合伙人。打造学习型组织,不能只依靠培训部门的力量。对培训管理者来说,激活企业的学习资源比独自努力更加重要。内训师是培训管理者重要的合作伙伴,也是企业宝贵的学习资源。

为什么需要培养内训师

培训管理者在组建内训师队伍初期,很可能会被老板问一个问题:"告诉我,我为什么要培养内训师?"通过多年的实践经验,我总结了企业需要培养内训师的3个关键理由。

企业高薪聘用的优秀人才需要复制,更需要成长

从企业经营的角度来说,优秀人才的供给不能仅依靠外部招聘的"输血",企业内部的"造血"能力更加重要。让优秀人才通过分享把宝贵的工作经验传授给其他员工,从而使企业出现更多优秀的人才;同时,打造使优秀人才不断学习和成长的环境是培训管理者的重要使命。

充分发挥优秀人才的作用

相对于外部讲师来说,企业聘请的优秀人才更熟悉企业的整体环境和业务流程,也有更多的机会将培训与业务管理工作相结合,从而保证培训效果的落地。同时,他们作为企业团队的一员,尤其是作为高层管理人员,本身也具有

培养下属和优化业务工作的职责和义务。因此,不要浪费宝贵资源,请他们做讲师。

打造企业内部的业务沟通和分享机制

培养内训师不仅能够提升讲师的能力水平,同时也是在打造企业内部的业务沟通和分享机制。企业中的各个业务部门需要配合协作,但对于相互之间的业务流程和标准的了解往往并不充分,这不仅会降低工作效率,而且容易制造矛盾,造成负面影响。内训师可以通过培训分享,在各业务部门之间建立沟通渠道,把"我想知道的"和"我想让别的部门知道的"信息及时传递,从而提升工作效率和团队凝聚力。

培养内训师队伍的五大挑战

在帮助企业培养优秀内训师的过程中,培训管理者将面临五大挑战,即如何让内训师"想做""能做""能讲""有用""优化"。

想做:如何让大家想做内训师

培养内训师的第一步是激发大家做内训师的意愿,以及找到意愿比较强烈的候选人。在内训师培养项目启动的初期,很多业务人员会将开发和讲授课程当作额外的工作负担,所以激发员工想做内训师的意愿至关重要。

能做:如何帮助内训师掌握课程开发技能

很多培训管理者存在一个误区,即只要能做 PPT,就等于掌握了课程开发的技能。这是错误的。实际上,大多数内训师在接受系统的培训之前,对课程开发都处于比较"懵"的状态。

能讲:如何快速提升内训师的授课能力

公众演讲和授课对大多数人来说都是一件比较难的事情。有心理学家做过统计,在人们感到最恐惧的事情中,"当众讲话"排在第一位。帮助内训师克服心理恐惧,是保证培训效果的关键要素之一,同时也是激发内训师意愿的重要因素。

有用:如何让课程效果更有用

内训师在初步掌握课程开发和讲授技巧之后,如何让课程从"有"到"有用",是其面临的重要挑战。这不仅涉及课程效果,而且与内训师的参与意愿和能力成长息息相关。只有开发出有用的精品课程,才能充分激发内训师的成就感。

优化：如何让课程持续优化

内训师的能力成长不是一蹴而就的，企业中的精品课程也是经过多轮迭代优化后才产生的。随着企业中精品课程和明星内训师数量的增加，将会带动越来越多的人才加入内训师队伍，从而提升企业的学习型组织氛围。但遗憾的是，很多企业的课程都存在多年未更新的情况，这给内训师的培养工作造成了阻碍。

激励内训师的关键因素

在初建内训师队伍时，对内训师的动力管理比对其赋能更加重要。也就是说，激发内训师"想学"比"学什么"更加重要。其实，培训管理者和内训师的关系很像共同创业的合伙人关系，双方要想齐心协力地长久合作下去，必须在两个方面达成共识：对事业的认同和品牌共赢。

对事业的认同

让内训师对培训产生认同感，有两个关键要素：一是培训能够解决实际问题，二是培训能够满足他们的需求目标。前者与培训"有用"相关，后者与内训师的需求和目标密切相关。

通过对企业培训管理者和内训师进行大量访谈，我发现企业提供的资源与内训师真正的诉求之间是存在差异的，也就是说，大多数企业并没有真正抓住内训师诉求的重点。调研显示，大多数企业采用的激励内训师的方式，包括但不限于将授课与内训师的岗位晋升或绩效挂钩、支付课酬、优先享受企业内外部学习机会、评选年度优秀内训师等奖项、教师节活动（含发放礼品），以及提供内训师交流平台等。其中，很多企业的培训管理者将内训师的晋升、绩效和课酬作为激励重点列入《内训师激励管理制度》。

调研显示，在内训师关注的诉求中，排名前几位的是成就感、能力成长、领导认同、个人品牌、结交好友和职业发展。这与著名咨询公司盖洛普关于"为什么工作"的调查结果是基本一致的。在盖洛普收集的各式各样的回答中，除了"钱"，其他回答大致可以分为以下几种。

- 感觉自己所做的工作意义重大。
- 工作中被上级和同事欣赏和褒扬。
- 工作中他人尊重和赞同自己的看法。
- 工作助力个人的成长和发展。
- 在工作中可以结交好友。

可见，从工作中寻求意义、成就和满足感是人类的天性。结合调研结果，内训师对课酬和职业发展的关注度并没有培训管理者预想的那么高。一方面，企业对内训师课酬的设定大多是象征性的，尤其对高层管理者来说，激励效果是有限的；另一方面，只有少数企业能够真正将内训师的贡献与岗位晋升发展进行强关联，大多数情况下内训师的贡献仅起到锦上添花的作用。因此，对企业内训师来说，成就感才是真正能够激励他们的关键因素。

品牌共赢

激励内训师合伙人的第二个因素是品牌共赢。这里的品牌，不仅指企业中培训的品牌形象，也包括内训师个人的品牌影响力，只有达到这两方面的共赢，才能保持持续、长久的合作关系。在具体操作时，需要注意两个要点。

注重对内训师个人品牌的塑造

当组织的培训结束时，很多培训管理者都会大力宣传培训项目和培训部门的影响力，却忽略了对内训师的重点宣传。"组织内训师在企业中授课"这件事情，不只是请内训师帮助培训项目或培训部门提升影响力，更是共同提升影响力，这里面包括内训师提升个人品牌的需求。帮助内训师打造个人IP，是有效激励他们的重要方式之一。

提供专业的培训运营支持服务

在组织培训的过程中，为内训师提供专业的培训运营支持服务，让内训师感受到"明星"般的待遇和支持。只有当企业足够重视他们并且体现出诚意和具体动作时，才能换得他们对培训课程的重视，从而开发出更高质量的课程，继而体验更高的成就感，愿意将更多的精力投入培训中来，逐渐形成良性循环。

内训师的差异化激励策略

在具体激励内训师，尤其是业务讲师的时候，首先要做的是换位思考。站在一名业务内训师的视角，思考他们的处境是怎样的。当培训部门邀请内训师讲课时，他们的心情和想法是什么？他们最希望得到怎样的支持？最担心出现什么情况？只有把这些问题想清楚了，才能明白为什么有些内训师很愿意讲课，而有些内训师很抵触讲课，以及究竟该如何激励他们。

内训师按照讲课的意愿程度不同，可以分为天然爱讲课型和被指派型。天然爱讲课型内训师的主要特征是偏向主动，在他们的内心深处是喜欢讲课这件事情的，这点从他们在讲课过程中表现出的状态就可以判断出来，他们的诉求点往往是希望自己的课程能够讲得越来越好，希望学员的反馈越来越好；

被指派型内训师的主要特征是偏向被动，他们大多是被领导安排做培训，本身讲课意愿不高，但又无法拒绝，他们内心的真实想法是尽快完成任务，并且工作成果能让领导满意。

马斯洛需求层次论

美国心理学家亚伯拉罕·马斯洛（Abraham Maslow）从人类动机的角度提出了需求层次理论，将人的需求由低到高分为 5 个层次，分别是生理需求、安全需求、社交需求、尊重需求和自我实现需求。此后，他又补充了第六层级"自我超越需求"（见图 7.1）。

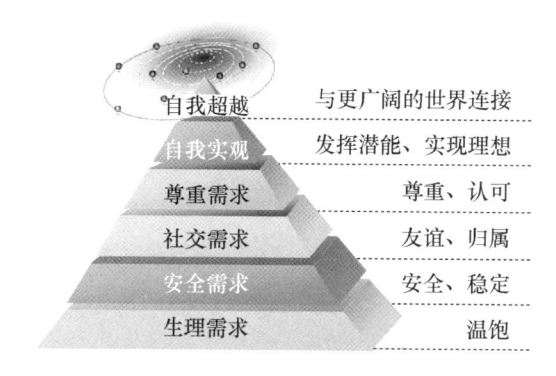

图 7.1　马斯洛需求层次模型

生理需求

生理需求是人类维持自身生存的最基本要求，也是推动人类行动的强大动力。在企业与员工的关系中，生理需求主要对应员工解决温饱和生存的需求。

安全需求

安全需求是指人们对安全、稳定、秩序及免除恐惧和焦虑的需求。在企业与员工的关系中，安全需求主要对应员工获得稳定和安全感及规避风险的需求。

社交需求

社交需求是指人们要求与其他人建立情感联系，或者隶属于某一群体的需求。在企业与员工的关系中，社交需求主要对应员工获得与同事之间的友谊及团队归属感的需求。

尊重需求

尊重需求是指人们对自我成就或价值的个人感觉，以及希望在与别人的交往过程中获得尊重和认可的需求。在企业与员工的关系中，尊重需求主要对应员工获得自我和他人的尊重和认可的需求。

自我实现需求

自我实现需求是指人们希望最大限度地发挥自己的潜能，并不断完善自己，实现自己的理想的需求。在企业与员工的关系中，自我实现需求主要对应员工实现自我价值和理想的需求。

自我超越需求

自我超越需求是指人们希望突破自我，与个体以外的更广阔的世界连接，从而激发出敬畏之情，贡献自己的力量的需求。在企业与员工的关系中，自我超越需求主要对应员工了解企业的使命和愿景，以及自己的工作会给这个世界带来怎样的意义的需求。

内训师的需求层次差异

对于培训这件事情，天然爱讲课型内训师和被指派型内训师对应的需求层次有所不同（见图7.2）。

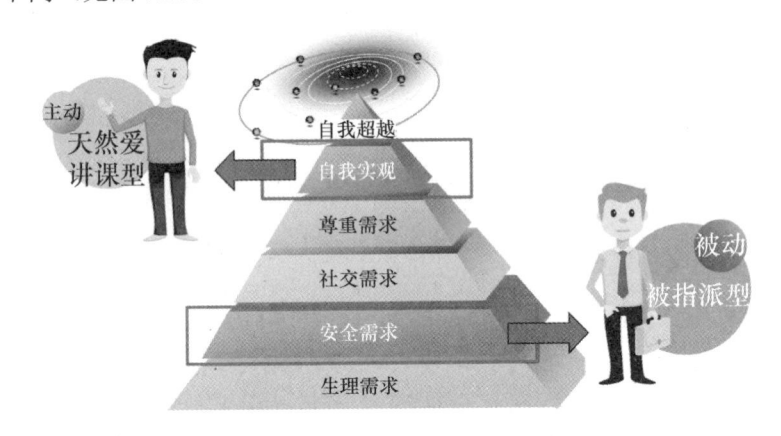

图7.2　两种内训师的需求解析

天然爱讲课型内训师比较喜欢讲课，希望通过分享把自己的知识和经验教授给别人，这是一种自我价值的实现；而被指派型内训师的需求则更偏重于安全需求，授课对他们来说更像完成领导布置的工作任务，他们希望尽快完成，同时不能出问题。

对这两种不同需求的内训师，要采取差异化的激励策略。对于追求自我实现的天然爱讲课型内训师，培训管理者不能仅以"完成任务，不出问题"的标准来要求他们，这样会打击他们的积极性，而要帮助他们把培训做得越来越精彩和有效；对于更偏重于追求安全需求的被指派型内训师，如果一味地跟他们强调"把课程讲得更精彩"，他们多半无法全情投入，培训管理者可以先从帮助他们高效完成工作任务的角度出发，然后逐渐提升他们对培训的认可度和参与度。

在对接具体培训项目时，培训管理者可以根据两种内训师的特征制定差异化策略，从而保证最佳的激励效果。对于天然爱讲课型内训师，他们能够从授课的过程中找到自我实现的满足感，希望培训的效果越来越好。在与他们合作时，可以侧重 3 个方面：第一，以提供专业的课程开发和授课指导为主，辅助工作次之，主要帮助他们提升培训专业能力；第二，让他们看到学员对课程的反馈，知道课程哪些部分是学员比较满意的，哪些部分学员不太满意，从而在课后进行完善和优化；第三，注意帮助他们维系良好的师生关系，如果在课堂之外有学员主动和他们打招呼，会给他们带来极大的满足感。

被指派型内训师在培训初期的主要需求是尽快完成工作任务，最好还能让领导满意。因此，在与他们合作时，可以侧重 3 个方面：第一，以专业辅助为主，指导为辅，尽量提供辅助支持，帮助他们高效地完成培训工作；第二，培训结束后将课程影响力最大化，帮助业务部门和内训师提升影响力和美誉度；第三，让内训师的领导满意，通过发送培训总结报告等方式让领导看到培训课程的效果，大多数情况下上级的赞扬比培训部门的感谢激励效果更好。

针对不同类型内训师的诉求，要制定差异化的激励策略，从而真正激发他们的动力。而成就感不仅是激励天然爱讲课型内训师的关键，同时也是激活被指派型内训师进行转变的重中之重，只有让他们在授课过程中体验到培训带来的成就感，才能激发他们的自我实现需求，逐渐从被动变为主动。

7.2 如何识别真正"能战"的内训师

选拔内训师是内训师培养的基础动作，直接决定了后续的培养效率和效果。在操作时，需要重点关注 3 个环节：明确选拔方向、建立选拔标准和制定选拔流程。

明确内训师选拔方向

明确内训师的选拔方向可以参考两个重要因素：课程需求和重点人群。课程需求是指从企业经营的角度出发，确认企业和业务部门需要的课程；重点人群是指企业中具有较高的经验分享价值的关键人群。

明确课程需求

明确企业和业务部门的课程需求，可以从战略和经营落地两个方面进行聚焦。具体操作可以回顾第 3 章的相关内容。在明确课程需求之后，根据课题方向选拔内训师。这种选拔方式的好处在于以结果为导向，课题方向明确，选拔内训师后直指课程产出。

锁定重点人群

锁定企业中具有较高的经验分享价值的关键人群，可以重点关注两类人才：企业管理人才和业务骨干。企业各层级管理人才（含人力资源管理人员）肩负着将企业战略落地的责任，同时具备理解和传播企业文化、领导团队达成目标、跨部门协同合作和激励辅导下属等能力，这些优秀的经验对企业来说是非常宝贵的资源；业务骨干具有丰富的专业知识、技能和经验，在理解、掌握和应用专业知识和技能方面是其他员工学习的榜样，如果把他们掌握的内容萃取出来，将在帮助其他员工提升专业能力和专业课题攻坚方面发挥至关重要的作用。这种选拔方式的好处在于选出的内训师是"有料的"，待他们掌握课程开发和讲授技能之后，可以高效地产出高质量的课程。

建立内训师选拔标准

在明确了内训师选拔方向之后，要建立选拔的标准。选拔标准既是培养内训师的起点，也是培养内训师过程中的方向指引，还是评估内训师的关键维度。在建立内训师选拔标准时，首先要了解内训师所要承担的角色。一名优秀的内训师要同时兼具 3 个角色，分别是领域专家、培训讲师和产品经理。

- 领域专家角色：内训师需要在自己所属的专业和课题领域不断学习提升，从而让自己成为"更有料"的讲师。
- 培训讲师角色：如果把课程开发和讲授技能看作"炒菜"的话，培养内训师就像教他们"厨艺"，他们也许之前会做菜（做 PPT 和讲课），但菜的味道不好，学员不愿意吃。培训管理者可以教会他们如何更好地设计和呈现课程，从而提升培训的效果。
- 产品经理角色：精品课程需要经过多轮迭代才能打磨出来，所以内训师要具备产品持续升级的思维和能力，通过跟踪课程的效果和反馈，持续进行优化完善，提升课程的吸引力和有用度。

作为一名优秀的内训师，这 3 个角色缺一不可。

结合内训师的 3 个角色，可以建立内训师的选拔标准，重点从 3 个方面进行评估，分别是意愿、业务能力和培训能力（见图 7.3）。

第 7 章 打造激情内训师"铁军"

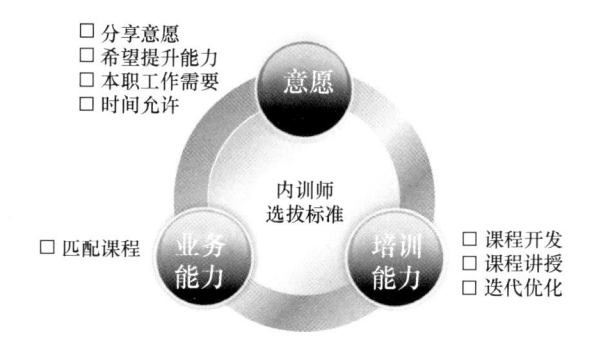

图 7.3 内训师选拔标准

意愿

在选拔内训师时，尤其是在内训师培养项目启动初期，候选人的参与意愿至关重要。尽量优先培养主动参加培训的候选人，他们的活力将成为内训师队伍中的催化剂，可以提升整个内训师团队的氛围、效率和产出结果。在具体操作时，重点从以下 4 个要点考察候选人。

- 分享意愿。候选人有主动分享和帮助他人的意愿。
- 希望提升能力。候选人有提升自己能力的期望，包括但不限于课程开发和讲授、逻辑思维、自我认知、问题分析与解决、公众演讲、沟通互动和 PPT 制作技巧。
- 本职工作需要。候选人的本职工作中具有培训职能或需要培训能力。
- 时间允许。候选人的时间安排能够支持课程开发和讲授任务。

满足以上 4 个要点的候选人往往参与的意愿比较强烈，可以重点关注。

业务能力

从课程效果的角度考虑，讲师的业务能力越强，越有助于培训效果的落地。但很多企业的培训管理者和内训师学员都存在一个误区，即只有专家级的人才才能胜任内训师的角色。其实，对培训来说，只要内训师的业务能力能够匹配所要讲授的课程内容即可。例如，对于有些知识普及类的培训课程，业务部门的基层管理人员就可以胜任。

培训能力

对内训师来说，有 3 个关键能力，分别是课程开发能力、课程讲授能力和迭代优化能力。可以将与这 3 个关键能力相关的一些通用能力作为考察要点。

- 课程开发能力：逻辑思维、换位思考、洞察力、问题分析与解决、视觉化呈现、经验萃取、要点提炼、PPT 制作等。

- 课程讲授能力：语言表达、自我认知、情绪管理、教学互动、倾听、应变能力等。
- 迭代优化能力：产品思维、结果导向、学习能力、调整能力等。

除了以上选拔标准，还可以优先选拔在企业工作了一定年限的候选人，他们对企业文化、业务流程和案例更加熟悉，更有利于提升课程与企业学员的匹配度。

制定内训师选拔流程

在内训师的选拔方向和标准都清晰的基础上，就可以制定选拔流程了。在项目启动初期要注意"造势"，吸引人才主动加入内训师队伍是重中之重。没有"势"的渲染力，项目启动就很难获得强劲的动力和冲劲；没有报名人才"量"的支撑，也很难做到对"质"的把控。在实际操作过程中，大多数企业的员工对内训师的角色和具体工作内容了解得不够充分。培训管理者可以在选拔内训师期间，通过精心的设计充分激发员工想成为内训师的意愿，一方面为项目做好宣传造势，另一方面也可以保证报名的人数。

内训师的选拔不是单一的动作，需要培训管理者具有闭环思维，只有这样才能吸引越来越多的人才加入内训师队伍，从而塑造企业学习型组织氛围。在制定内训师选拔流程时，可以参照"吸引目标人群四步法"（见图7.4）来设计。

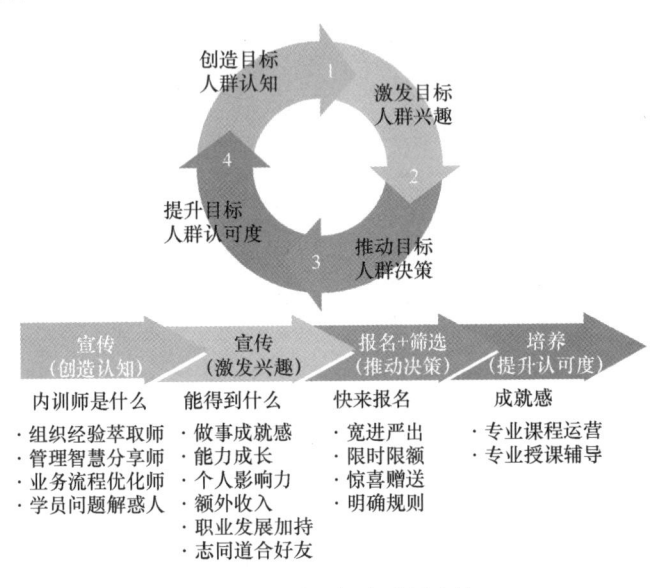

图7.4　吸引目标人群四步法

要想吸引目标人群成为忠诚的粉丝，可以重点把握 4 个环节，分别是创造目标人群认知、激发目标人群兴趣、推动目标人群决策和提升目标人群认可度，然后形成良性发展的闭环循环。

宣传：创造目标人群认知+激发兴趣

在内训师项目启动的宣传环节，培训管理者要做的绝不只是发封通知邮件，而是要创造目标人群的认知和激发他们的兴趣。在做项目宣传时，要重点突出两个要点："内训师是什么"和"成为内训师能得到什么"。

很多员工会简单地认为内训师就是"讲课的"。其实在"传道、授业、解惑"的背后，内训师是具有多重角色的，他们除了具备讲师的身份，还是组织经验萃取师、管理智慧分享师、业务流程优化师和学员问题的解惑人等。重塑员工对内训师角色和工作内容的认知，是激发他们参与意愿的重要环节。

在认知清晰之后，需要进一步激发员工的参与兴趣，重点聚焦在讲清楚"成为内训师能得到什么"。对于成为内训师的收益，可以重点突出 4 个方面：成就感、额外收入、职业发展加持和志同道合的好友圈。其中，成就感是宣传的重中之重，具体包括以下 3 个要点。

- 做事成就感。从工作中寻求意义、成就和满足感是人类的天性。在员工的本职工作以外，给他们多一个这样的选择机会，对他们来说是有吸引力的。
- 能力成长。注意在宣传环节，不要将重点放在内训师的课程开发和讲授等能力提升方面，而要突出对员工有帮助的职场关键能力，包括但不限于洞察力、逻辑思维、问题分析与解决、公众演讲、自我认知、PPT 制作、产品思维、学习能力、应变能力。
- 个人影响力。很多人认为在制度层面明确规定内训师与职业发展的硬性关联是最重要的，但从实际操作的角度来看，这一点是很难严格执行的。通过内训师职业发展调研，我发现真正能帮助内训师得到更好的职业发展机会的是他们对个人影响力的塑造，通过培训获得上级、平级和下级的广泛认同，可以帮助他们更好地把握职业发展机会。

报名+筛选：推动目标人群决策+明确培养规则

在创造认知和激发兴趣之后，培训管理者要"趁热打铁"，推动目标人群做出决策。重点把握 3 个要点：宽进严出、限时限额和惊喜赠送。

- 宽进严出。在项目启动初期，选拔标准可以适当宽松一些，报名人数需要比预期培养人数多一些。这样做一方面可以为项目"造势"，避免从一开始就打击员工的积极性；另一方面可以预留出人员流失和淘汰的空间，为后面的考核做好准备。
- 限时限额。要想让员工从"想"到"行动"，可以遵循"稀缺性"原则，对报名进行限时限额设定，如"4月20日报名通道关闭""报名人数达到40人自动关闭"等。
- 惊喜赠送。对于报名的员工，可以赠送惊喜礼品，这个阶段的礼品在一定程度上代表了项目的品质和定位。选择礼品的原则是惊喜、实用和品质。例如，可以选择"有声读书会员卡""PPT 素材库""PPT 汇报模板"等电子礼品，也可以选择实物礼品。在选择实物礼品时要注意一个原则，即尽量从低价值的商品中挑选高品质的礼物，这样效果会更好。

内训师的选拔方式除了自荐，还需要采用"推荐+定向邀请"的方式进行补充，从而确保内训师的能力水平和开发课程主题的有用性。在具体操作时，可以请业务部门结合培训需求推荐内训师候选人；同时，在以往的培训和工作过程中留意有潜质的内训师人选，重点关注内部晋升班等企业重点培养人才，将人才培养与内训师培养通道打通，盘活企业人力资源。

在筛选环节，要和报名的员工明确规则：需要参加全程培训和演练，过程中会设置淘汰机制。这样做一方面能够让员工提前做好心理准备，让他们重视和珍惜培训机会，更积极地投入培训；另一方面也可以为后续开展培训和管理学员奠定基础。

培养：提升目标人群认可度

在确定内训师培养名单之后，进入培养环节。在该环节，需要逐步提升学员的认可度，具体可以聚焦在对学员成就感的打造上。专业课程运营和专业授课辅导不仅是培训管理者重要的基本功，也是提升内训师参与意愿和成就感的两个最关键的动作，后文将进行详细的讲解。

参与内训师培养项目的学员对项目的评价，以及自身的收获和产出都将进一步助力企业全体员工对内训师形成更准确的认知，从而激发越来越多的优秀人才主动加入内训师队伍，并将成为一名内训师视为荣誉，这样就形成了良性循环。

7.3 专业课程运营：你的身份是项目经理

课程运营是培训管理的基础动作，很多培训管理者甚至直接把这个动作视为"大行政"，常规做法包括但不限于发布培训通知、安排讲师和学员的行程与食宿、准备培训物料、布置培训场地、培训现场辅助支持（偏行政）和培训后的资料归档等。以上动作没有错，但并不是课程运营的全部，也不是课程运营的精髓。

俗话说："大处着眼，小处着手。"对培训管理来说，越是基础动作，越能展现出培训管理者的初心和专业水平。

你的真实身份：项目经理

课程运营的角色与项目经理比较相似，培训管理者所做的工作实际上是培训项目的运营工作。从这个角度看，培训管理者需要做的事情绝不只是发布通知、协调行程和准备物料等行政工作，而应该把主要精力聚焦在项目经理的 3 项关键职责上，分别是营销推广、信息收集和迭代更新。对项目经理来说，实施执行只是其工作的一部分，他们最主要的工作职责是让产品变得更好，更加符合市场和客户的真正需求。对应在培训项目的运营上，就是让培训课程更好地满足企业和学员的需求。

产品优化的基础是让产品接触客户，并得到客户的体验反馈，具体可以分为正式发布前的测试推广和正式发布后的营销推广两个环节。在课程正式讲授之前，需要对课程的内容和效果进行内测，可以先做内测推广，在小范围内找几名目标学员对课程的思路和内容进行评估，然后征询他们对课程的反馈建议，包括但不限于：

- 课程主题是否与他们的真实工作需求相关；
- 课程思路是否能有效解决他们遇到的问题或挑战；
- 课程中引用的案例是否符合他们的工作情境；
- 课程提供的工具和方法是否能够直接应用到工作中；
- 还有什么其他更好的建议。

课程内测完成之后，可以正式进行课程营销。注意，这里所讲的营销，不是简单地发布培训通知，而是通过课程设计来真正激发目标人群的听课意愿，具体方法将在后文进行详细的讲解。

在课程交付过程中，要注意收集学员在体验过程中的反馈信息，重点观察学员在课程各环节中的现场反应，从而对课程的亮点和有待完善的部分进行评估，之后结合课后的正式评估，形成相对完整的课程效果反馈信息。

在课程复盘时，根据反馈信息进行课程的迭代升级，持续提升课程效果。只有不断优化课程效果，讲师才有持续投入和成长的动力，进而才能获得更大的成就感，企业才能打磨出真正符合需求的精品课程。

总结来说，课程运营表面上做的是交付工作，实际上做的是课程和讲师的双重优化。通过课程运营持续激励讲师的投入意愿，帮助他们提升能力，进而产出更好的精品课程，实现企业和讲师的双赢。

告别单点模式：弹性课程运营模式

课程效果的落地是培训领域的难题，传统的课程运营把主要的关注点集中在课堂呈现的现场部分，但受限于课堂的时间和空间，培训项目很难在几天或几小时内真正达成预期效果。

要想解决这个问题，首先应该突破视野局限。将课程运营等同于课堂交付，是一种视野局限。培训本无界，华为公司的"训战结合"、万达集团的"永不下课"，都是企业在意识到课堂的局限之后，对培训回归本质的探索。

从培训项目的运营角度来看，我提倡"课程的弹性"，即对课程运营的构建思路进行创造性的延展，使课程运营像弹簧一样富有"弹性"：收则聚焦，收得有力；放则发散，放得自然。在收、放之间，一方面拓展培训的时空界限，另一方面提升培训过程的节奏感，从而更好地将培训效果落地。具体来说，可以将课程运营的关注点从课堂部分向课堂两端拓展，逐渐打通"课前、课中、课后"3个环节，从而使课程变得更具弹性和张力。

课前"预"标准四动作：沟通、邀请、营销、翻转课堂

课前的运营重点是"预"，把课程的利益相关者提前带到课程中来；同时，做好课程的营销"造势"工作，提升讲师的投入度和学员的期待值，再结合翻转课堂的方式，让学员在课前实实在在地参与到课程中来。

沟通利益相关者

培训管理者在课前要对课程做一个整体的定位，从而确定课程的利益相关者，然后针对课程将要达成的预期效果和具体内容进行沟通，并达成共识。这样一方面能够有效提升学员及其上级对培训的重视程度；另一方面可以提升课程内容的有效性，并为课后的培训转化和评估起到铺垫和聚焦的作用。一般来说，培训课程的利益相关者包括但不限于老板（企业层面的培训）、参训部门的主管领导、学员及其直接上级，以及相关的外部合作伙伴。

邀请嘉宾和讲师

结合培训课程的主题，考虑是否需要邀请嘉宾做开班讲话，从而进一步提升学员的重视程度。同时，要对讲师进行正式的邀请，并告知其上级领导。这样做有两个原因：第一，体现出对讲师及其上级领导的尊重；第二，帮助讲师扫除后续的障碍，让其领导在安排部门工作时能够考虑讲师的工作量和时间安

排，从而进行合理的工作分配。

具体操作时，培训管理者可以提前和讲师及其上级领导进行沟通，然后发送正式的邀请邮件。注意，这封邮件是由培训部门向业务部门发送的一份正式的课程邀请函。收件人是讲师本人，抄送给讲师和发件人的上级领导。

邮件主题可以拟订为"诚挚邀请：××课程主讲讲师"。同时，如果培训项目中包含多个课程，如内部晋升培训班、管培生培训班等，可以将整个培训项目的介绍文件作为附件发送给收件人。这样做一方面可以让讲师及其领导了解培训项目的整体情况，以便更好地配合项目的进行；另一方面也可以让他们了解培训项目的重要程度，从而给予足够的重视。

邮件正文主要突出 3 个要点：课程的背景信息、真诚的邀请和感谢。正文示例如图 7.5 所示。

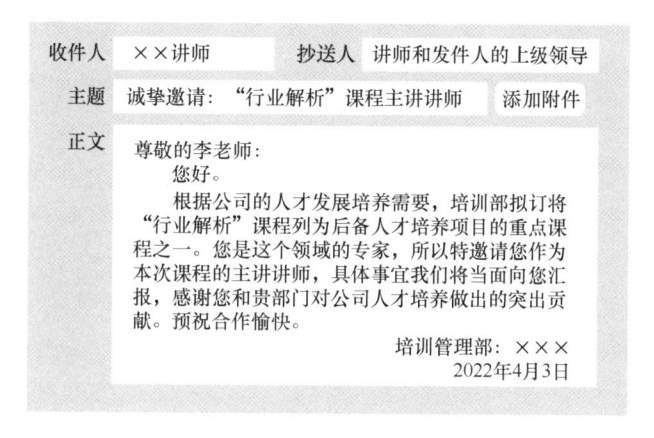

收件人	××讲师	抄送人	讲师和发件人的上级领导
主题	诚挚邀请："行业解析"课程主讲讲师		添加附件
正文	尊敬的李老师： 　　您好。 　　根据公司的人才发展培养需要，培训部拟订将"行业解析"课程列为后备人才培养项目的重点课程之一。您是这个领域的专家，所以特邀请您作为本次课程的主讲讲师，具体事宜我们将当面向您汇报，感谢您和贵部门对公司人才培养做出的突出贡献。预祝合作愉快。 　　　　　　　　　　　　　　培训管理部：××× 　　　　　　　　　　　　　　2022年4月3日		

图 7.5　邀请讲师邮件正文示例

课程营销

课程营销不是简单地发布培训通知，而是设计真正能够提升讲师的投入度和学员对课程的期待的营销动作。可以采用课程海报等方式进行造势推广。课程推广的关键信息有 4 个：课程名称、课程基本信息（包括但不限于参训对象、培训的时间和地点、主讲讲师的信息）、课程收益和简介，以及邀请信息和报名方式。提炼出课程推广的关键信息之后，可以对海报版面进行优化，提升视觉冲击力；还可以采用报告倒计时等方式，如"距培训开班还剩 3 天"，每天发布一张新的海报，提升目标学员的关注度。

在发布渠道方面，可以采用 O2O 的方式，将线上和线下推广渠道进行整合，采用更加多元化和立体化的方式进行呈现。线上渠道，可以用员工邮箱、企业网站和内部通知等方式在 PC 端进行投放，同时还可以通过企业订阅号、微信群和朋友圈等方式进行手机端的推广。线下渠道，可以在员工上班的必经之处，如餐厅、公告栏、电梯和员工打卡处等场所张贴课程海报。通过对课程的营销推广，不仅可以提升学员对课程的兴趣和关注度，对讲师来说也是一种很好的宣传和激励手段，使他们更加重视提升课程的效果。

翻转课堂

很多培训管理者认为翻转课堂是一个全新的概念，其实它更像对培训本质的回归。传统的培训理念认为培训就应该在课堂上进行，学员就应该在课堂上学习知识，然后在课堂外进行知识的内化。但经过长期的实践，人们发现单纯依靠课堂来点燃学员的学习激情，实现预期的培训效果是很难做到的。而翻转课堂的理念则打破了传统对培训时空界限的定义，主张学员把学习变成一种习惯，变成一种在工作情境中可根据需要随时随地学习的常规行为，然后在课堂上通过老师的传道解惑进行内化，从而提升学习的效率和效果（见图7.6）。

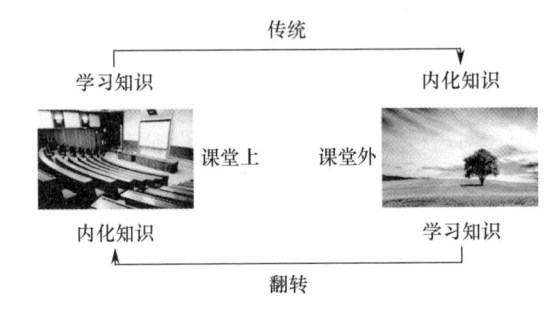

图 7.6 翻转课堂的含义

要想完全做到翻转课堂，需要企业有丰富的学习资源和技术支持做支撑。但从课程运营的角度出发，培训管理者可以在课前做一些有价值的尝试，重点聚焦在4个方面：测评、调研、案例提交和以考代训。

用测评激发兴趣

通过"课前测评+课堂报告讲解"的方式，在课前激发学员的学习兴趣，并提前为课程的学习氛围造势，从而提高学员对课程现场的期待值，强化学习动机。（注：这里的"课前测评"为非考核类测评，主要用以激发学员的学习兴趣，如性格测评、压力值测评等。）

用调研聚焦需求

通过"课前需求调研+课堂数据分享"的方式，提前了解学员及其上级对课程的需求，进而从课程优化和现场数据分享两个方面提升课程的精准性和友好度；同时还可以实现让学员"先提前思考，再现场聚焦"的预期课程目标。

用案例优化课程

通过"课前提交案例+共同优化课程"的方式，在课前把学员融入课程的设计之中。通过让学员提交与课程主题相关的案例，一方面促使学员在课前进行工作反思；另一方面可以优化课程案例与学员需求的契合度，讲授的案例更容易被学员理解和接受，从而提高课堂现场的学习效率。

用考核代替宣贯

对于不需要课堂现场培训的内容，尤其是纯宣贯类课程（如规章制度等），可以通过"课前自学+课堂考核或竞赛"的方式，把需要学习的内容提前发给学员进行自学，课堂现场可以采用考核或知识竞赛等方式进行验收，一方面可以一定程度上避免现场宣贯的枯燥；另一方面可以提升课程的有用度和学员的参与度。

课中"热"标准四动作：建群、班规、主持、竞争机制

课中的运营重点是"热"，主要关注对讲师和学员的热度管理，激发讲师的授课激情和学员的学习热情。可以通过建群、制定班规、做好主持人和设计竞争机制等动作，分别从联系、纪律、氛围和活力4个方面提升课堂的学习氛围。

建群

建群的本质是建立联系，在培训管理者、讲师和学员之间建立沟通网络。可以通过微信群在课前介绍讲师和课程的基本信息，让讲师和学员之间及学员相互之间通过网络熟悉起来。这样做有3个优点：第一，提前了解学员的情况，有助于缓解讲师的压力；第二，学员之间相互熟悉，有利于培训现场破冰，提升课堂活跃度；第三，有助于培训管理者进行班级管理，有问题可以随时沟通。

制定班规

制定班规的本质是明确课堂纪律，这会直接影响培训管理者对班级的管理，以及学员在培训期间的状态。制定班规不仅是对学员提出要求，同时也要突出课程的价值和吸引力，具体可以突出5个关键点：出勤、听讲、价值、投入和收益。掌握了制定班规的关键点，就可以结合当下热门的主题文风设计班规内容，在明确课堂纪律的同时，又可以活跃学习氛围。

下面来看一个用"三生三世，十里桃花"文风制定的班规（见图7.7）。

```
              培训天规
出勤  1. 按时出勤，不要人间、仙界来回穿梭，
         更不要四海八荒到处溜达。
听讲  2. 上课要带元神来，不能只带仙体。
价值  3. 讲师会把十几年的修为毫无保留地渡给
         你，帮你渡劫。
投入  4. 自己要努力，争取顺利飞升上神，最起
         码也要上仙，千万不要应劫、退训。
收益  5. 通过培训考核，将受益三生三世，收获
         十里桃林！
```

图 7.7　班规示例

做好主持人

主持人是带动课堂现场氛围的关键角色。一个精彩的培训开场和收尾，不仅能够调动学员的学习状态，而且能够激发讲师进行更好的临场发挥和在培训领域的持续投入。可以参考 TIS 结构来设计有吸引力的开场和收尾。

开场：介绍讲师 TIS 结构

开场介绍讲师的 TIS 结构是指主题（Topic）、重要性（Importance）和主讲人（Speaker），简称"题、重、人"。首先，介绍课程的主题。然后，明确课程的重要性，以及课程对学员有哪些帮助。最后，介绍主讲人的信息，包括但不限于主讲人的姓名、经历和成就。这样的开场设计既不会过于简单无力，又不会烦琐冗长，可以有效地抓住学员的注意力。下面来看一个示例。

各位伙伴：

大家上午好！

这节课我们学习的是如何演讲。（T）

大家知道，公众演讲能力是我们提升职场影响力的重要技能之一。出色的演讲能力将使我们在职场中受益无穷。（I）

今天我们邀请的讲师在业内有着近 10 年的演讲训练经验。之前上课的学员都觉得受益颇多，相信今天同样可以让大家收获多多。他就是商务拓展部的著名讲师刘烨，让我们用热烈的掌声有请刘老师为我们精彩授课。（S）

这样的开场能够调动学员的学习状态，同时也可以让讲师增强信心，把课程整体氛围带动起来。

收尾：感谢讲师 TIS 结构

一场培训不能虎头蛇尾，在讲师完成课程分享之后，主持人可以用感谢

讲师 TIS 结构进行收尾，即感谢（Thanks）、重要性（Importance）和主讲人（Speaker），简称"谢、重、人"。首先，感谢讲师的精彩分享。然后，再次强调课程内容的重要性，以及后续安排。最后，再次感谢讲师。下面来看一个示例。

感谢刘烨老师的精彩授课！（T）

现在我们对如何演讲有了清晰的认识。不要忘了老师讲解的重点，回到工作岗位之后我们要进行更多的实践和练习。（I）

让我们再次以热烈的掌声感谢刘老师。（S）

这样的收尾能够将培训效果延伸到课后，对讲师来说也是收获成就感的重要时刻，千万不要让讲师默默离开，而要让他获得学员的肯定和感谢。

设计竞争机制

设计竞争机制是让学员在课堂上保持活力的有效方式之一。参考游戏设计中的关键要素，可以对 5 个关键元素进行设计，分别是计分、头像、任务、资源和动作（见图 7.8）。

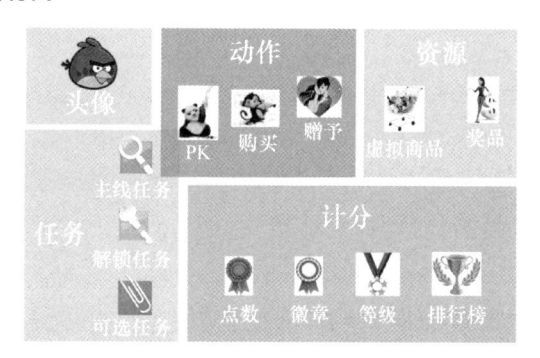

图 7.8 竞争机制设计要素

计分

既然是竞争机制，肯定要有评判标准，计分是保证竞争过程公平公正的可视化呈现方式。可以采用计数或发放筹码等方式统计小组和学员的积分。注意在设计每个环节积分的发放规则和数量时，要提前估算小组和个人的积分情况。有些任务是小组积分，有些任务是个人积分；有些是每个小组或个人都会得到积分的"阳光普照型"任务，有些则是拉开积分差距的关键任务（见图 7.9）。

如果运营的是培养周期较长的培训项目，还可以借鉴游戏中的点数、徽章、等级和排行榜等元素进行计分，如几个点数换一个徽章，几个徽章升一个等级，从而进一步提升培训过程的趣味性。

新员工培训班竞争机制设计表

序号	评分动作/任务		任务类型	发放规则	筹码	个人得分预估	发放节点	备注
1	开营破冰游戏		小组	获胜组（每人）	2	4（最多）	第一天上午	差异分
2	在线学习		个人	完成的学员（每人）	2	2	第一天上午	阳光普照
3	案例	工作案例	个人	完成的学员（每人）	2	2	第一天上午	阳光普照
4		体会案例	个人	完成的学员（每人）	2	2	第二天	阳光普照
5	精品案例课	剧本产出	小组	完成的小组（每人）	2	2	第二天	阳光普照
6	课上发言		个人	发言的学员（每人每次）	1	6（最多）	第二至四天	差异分
7	在线问答		个人	完成的学员（每人）	2	2	第四天下午	阳光普照
8	考试		个人	成绩前三名（依次每人）	3、2、1	3（最多）	第四天下午	差异分
9	精品案例课 最佳案例剧		小组	获胜组（每人）	5	5	第五天	差异分

图 7.9　竞争机制的计分设计示例

在整体把握计分动态时，可以根据培训课程的主题内容设计最终获奖者的范围。为了更好地激励全体学员的学习状态，可以让"获胜小组多吃"，而不要让"获胜小组通吃"，尽量避免因积分差距太大而导致小组放弃竞争的情况发生。同时，建议采用排行榜进行小组名次的即时呈现，让每位学员都可以随时看到计分情况，进一步提升激励效果（见图7.10）。

龙 虎 榜

新员工培训班每日成绩公示

小组	D1	D2	D3	D4	D5	累计排名
第1组						
第2组						
第3组						
第4组						
第5组						
第6组						

图 7.10　竞争机制的计分呈现示例

头像

让学员亲自设计小组的组名和头像，代替"第一组""第二组"等名称和形象。这样的做法可以提升学员的团队归属感，再结合小组计分统计，激励效果会更好。

任务

任务设置是计分的基础，但任务不完全是为计分而设置的。低阶的竞争机制关注计分，高阶的竞争机制关注意义，即通过任务引导学员更好地关注、理解和掌握课程的重点内容。常用的任务设置包括但不限于个人反思、个人回答问题或完成任务、小组研讨或完成任务，以及课后任务（见图7.11）。

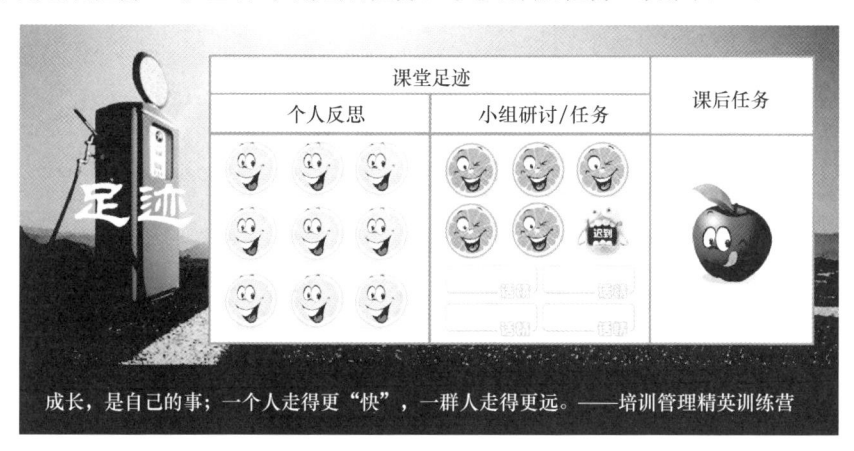

图7.11 竞争机制的任务呈现示例

如果想把任务设置得更有层次感，还可以将任务进行细化和联动设计，设置主线任务、解锁任务和可选任务等。

资源

为了让竞争过程更有吸引力，充分激发学员的投入度，还可以设置一些有激励作用的资源，如虚拟物资、虚拟商品、阶段性小奖品和终极大奖等，小组和学员可以用积分或筹码进行兑换。

动作

在任务、计分和资源设置的基础上，还可以通过设计小组间的联动来进一步提升课堂的互动性和趣味性，让积分、筹码或资源在小组间流转起来。例如，通过小组比赛，赢方可以获得输方的资源，小组之间可以互相购买限额资源或有条件地赠予资源等。

通过设计竞争机制，可以辅助讲师管理学员的学习状态，提升学员参与课程的积极性，促进培训效果的转化。

课后"续"标准四动作：回顾、指导、互动、反馈

课后的运营重点是"续"，尽量将课堂上的所有元素进行延续，包括但不限于课堂的学习氛围、学员的学习应用、讲师的支持指导、课程的优化完善、培训的合作互动和学习型组织的持续完善。在具体操作时，可以重点关注 4 个方面，分别是内容回顾、支持指导、互动社群和评估反馈。

内容回顾

课程结束后，可以通过内容回顾的方式将课堂的学习氛围和内容延续到课后。这样的做法一方面有助于学员进行学习内容的转化和应用；另一方面有利于进一步宣传培训的效果，在全员范围内形成口碑传播效应，提升企业培训的品牌力。回顾形式包括但不限于新闻报道、电子影集视频、课程知识点和应用工具。

新闻报道

通过新闻报道全面回顾培训项目的整体过程，扩大培训效果的影响力。注意，新闻报道不是单纯地展示课堂记录，而是向全体员工展示培训的理念和价值，还是对下一期课程做营销推广的宝贵机会。具体操作可以参考第 4 章的口碑效应传导图，分别从项目成果、项目价值和员工诉求 3 个方面进行报道。

首先，介绍培训项目取得的成果，让大家了解培训项目的基本信息。然后，回顾做本次培训项目的最初动因，阐释项目的价值。最后，从员工的角度说明培训项目满足了大家哪些诉求，以及有怎样的收获，同时预报下一期培训课程的主题，为课程营销做好铺垫。

这样的做法一方面介绍了培训项目的整体情况；另一方面展现了培训部门秉承的"以终为始"的做事理念，不仅提升了全体员工对培训的期待值，也增强了各业务部门与培训部门合作的信心。

电子影集视频

可以在培训期间抓拍讲师和学员的精彩瞬间，之后将相关的素材和培训期间产生的"金句"加以整理，生成电子影集视频发给讲师和学员，这对他们来说将是一段很宝贵的回忆，同时也可以将课堂的学习氛围延伸到课后的工作情境中。

课程知识点和应用工具

在进行课程设计与开发时，将课程的关键知识点进行提炼和突出，尽量将理念和方法工具化。同时，将课程知识点和应用工具整理成电子文件，在课后

推送给学员，方便他们复习和应用。

支持指导

在传统的培训模式下，讲师和学员之间的关系往往限定在课堂上，课后双方基本不会继续交流互动，这会导致培训效果转化的脱节，直接影响培训效果的落地。调研发现，在讲师和学员课后交流受阻的情况下，通常容易出现两种情况：第一，学员课后根本没有进行实践，培训效果转化就此终止；第二，学员在实践过程中遇到了问题，但因为不方便联系讲师，导致问题被搁置，同时被搁置的往往还有实践动作。随着时间的推移，学员逐渐不再思考甚至会忘记实践中遇到的问题，而这将成为他们日后成长的阻碍。

培训管理者应该保证讲师和学员课后沟通渠道的畅通，确保学员在课后实践过程中"有问题可以继续问老师"，而讲师也可以对学员提出的问题给予及时的解答和指导。

互动社群

建立互动社群，可以搭建讲师和学员之间学习交流的平台。一方面，用群体的力量促进个体进行实践转化，更有利于营造积极、持续的学习氛围，以及课后实践任务的跟踪落实；另一方面，培训管理者和讲师可以及时了解学员在实践过程中遇到的具体问题，给予指导。

互动社群可以采用 O2O 形式。线上交流可以通过在课堂上建立的微信群或企业在线学习平台等方式实现；线下交流可以采用"课后实践经验分享会"的方式，把讲师和学员再次聚集到一起，请学员以小组的形式汇报在课后实践过程中的收获和困惑，之后请讲师对学员的困惑进行答疑，从而进一步帮助学员进行培训效果的转化落地。这样的做法对学员的学习转化有所帮助；对讲师来说，能够看到学员的实际改变也是一种非常重要的激励手段。

评估反馈

培训项目的评估反馈既是面向过去的总结，也是面向未来的探索和展望。只有做好培训项目的评估反馈和联动，才能真正形成学习型组织氛围。评估反馈的对象并不局限于讲师本人，还应该包括学员及其直接上级、讲师的上级领导和公司管理层等。

向学员及其直接上级反馈

在对课程项目的评估反馈中，学员的直接上级是一个非常重要且极易被忽略的目标群体。他们对培训的理解和认可度，不仅会直接影响学员学习效果的转化，而且会决定员工的后续培训参与程度。

如果学员的直接上级不了解课程的内容或不认同课程的理念和方法，那么学员在回到工作岗位之后就很难进行实践，这就造成了课程内容与应用情境之间的脱节，从而直接影响学员的行为改变。同时，如果学员的直接上级不认同培训的价值，他们会让下属花时间完成本职工作而非参加培训。长此以往，企业上下对培训的评价会越来越差，形成恶性循环。因此，提升学员直接上级对培训的理解和认可是建设学习型组织非常重要的一环。具体反馈内容包括但不限于课程的背景回顾、核心内容简介、学员的课堂学习效果评估、课后任务（尤其是需要学员的直接上级支持和监督落实的内容），以及下阶段培训需求调查等。

对学员的培训评估反馈，可以分为整体和个体两个部分。对培训评估的整体反馈包括但不限于课程目标回顾、学习过程回顾、课程关键知识点回顾、课程整体的满意度反馈、课程考核的整体情况反馈等；对学员个体的反馈内容包括但不限于个人培训考核结果反馈、在课后应用过程中的问题反馈（讲师课后的支持指导）、学员直接上级的评估反馈，以及下阶段的培训需求调查等。

向讲师及其上级领导反馈

培训课程完成后，对讲师给予课程效果反馈，既是对讲师辛苦付出的尊重，也是课程持续迭代优化的必要动作。对讲师的反馈内容主要包括 3 个部分：课程满意度、课程完善建议和学员问题反馈。

对课程满意度的反馈可以通过邮件的方式进行，同时还可以表达对讲师及其上级领导的感谢。注意，邮件内容是培训部门向讲师及其所在部门积极支持培训工作表示感谢。收件人是讲师本人，抄送给讲师和发件人的上级领导。

邮件主题可以拟订为"感谢××老师在××课程中的精彩授课"。邮件正文主要突出两个要点：真诚的感谢和课程满意度反馈，具体示例如图 7.12 所示。

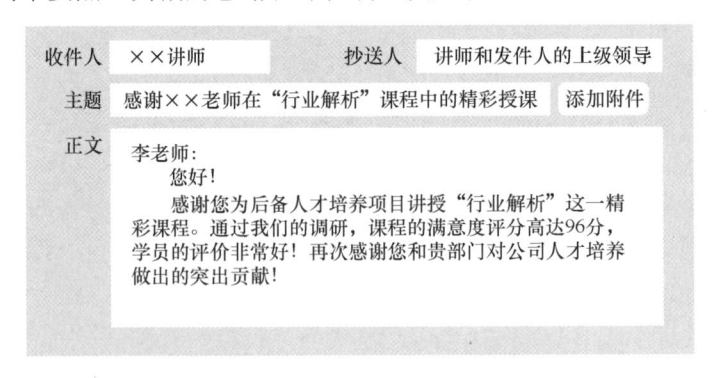

收件人	××讲师	抄送人	讲师和发件人的上级领导
主题	感谢××老师在"行业解析"课程中的精彩授课		添加附件
正文	李老师： 您好！ 感谢您为后备人才培养项目讲授"行业解析"这一精彩课程。通过我们的调研，课程的满意度评分高达96分，学员的评价非常好！再次感谢您和贵部门对公司人才培养做出的突出贡献！		

图 7.12 感谢讲师邮件正文示例

同时，注意跟踪学员在课后应用过程中遇到的问题，及时进行汇总并反馈给讲师，请讲师给予指导和帮助。

向公司管理层反馈

除了向学员和讲师及其上级反馈，还要进一步扩大培训项目的影响力，向公司的管理层反馈。反馈内容包括但不限于培训项目的背景、价值、过程简介，以及课程满意度评估结果（反应层面）、学员学习评估结果（学习层面）、学员直接上级对学员行为转变的评估结果（行为层面）、培训项目对组织和业务工作产生的影响（结果层面），以及对课程的改进和推广建议。

以上反馈内容以培训评估报告的方式推送给企业的管理层。这样做有 3 个好处：第一，提升他们对培训的价值及培训部门专业度的认知；第二，帮助讲师及其所在部门提升影响力，只有培训管理者时刻为讲师着想，讲师才更愿意和培训部门建立良好的合作关系；第三，通过向企业管理层汇报培训情况，更容易激发各部门之间的横向对比，使那些积极支持和投入培训课程的部门倍受鼓舞，同时带动其他部门更积极地参与进来。

7.4 专业授课辅导：你可能缺失的角色

专业的课程运营体系可以帮助讲师更好地组织和实施培训，不过讲师的成就感不仅来自课程讲授的过程，还来自自身能力的持续成长。专业的授课辅导是使讲师快速入门并持续成长的关键动作，但遗憾的是，大多数企业的培训管理者都缺失这一角色。

瞄准靶心：内训师痛点大盘点

要想帮助内训师快速入门和持续成长，首先要了解他们在课程开发和讲授方面存在的痛点。通过与企业内训师的访谈和调研，我总结了内训师普遍遇到的问题和挑战。

- 课程主题难定。在课程开发初期，很多内训师都不知道应该如何确定课程主题，以及如何评估课程主题的价值。这样的困扰会使他们在整个课程开发和讲授过程中不断自我怀疑，从而影响培训过程的效率和效果。
- 课程目的不明。接到课程开发和讲授任务后，有的内训师由于没有掌握充分的背景信息而导致对课程目标感到迷茫。课程背景信息包括但不限于课程需求的来源、课程目标、学员的基本信息、学员需要解决的问题或挑战、培训课时。

- 没时间准备。因为内训师需要同时兼顾本职工作和培训任务，再加上缺少必要的能力和技能培训，很容易导致课程设计和开发过程效率低下。
- 不会做课件。很多内训师虽然是业务专家，但并不擅长制作课件和PPT，因此在被指派完成培训任务时容易产生强烈的抵触情绪。
- 内容太枯燥。内训师担心自己准备的课程内容枯燥，在课堂上无法吸引学员持续关注和学习课程内容。
- 逻辑不清晰。内训师担心自己准备的课程资料太繁杂，在将其整理成课件的过程中容易出现逻辑不清、内容重复和重点不突出等问题。
- 讲课紧张。面对公众讲话，对大多数人来说都是一个很大的挑战。紧张的情绪会直接影响内训师的授课意愿和呈现效果。
- 不善表达。一些性格内向的内训师会给自己贴上"不善表达"的标签，从而形成心理障碍，暗示自己正在做不擅长的事情，使自己更加紧张。
- 不敢互动。内训师因为太紧张而把主要精力放在"顺利把课程讲完"上，不敢和学员互动，生怕出现意外情况。
- 气氛尴尬。内训师担心培训现场气氛尴尬：继续讲吧，学员不愿意听；想走吧，又走不掉。
- 学员状态差。内训师担心学员因缺乏主动学习的意愿或因疲惫（如培训前一晚加班等）而在课堂上出现学习状态差的情况。
- 学员挑战。内训师担心学员在课堂上质疑自己所讲内容的正确性或提出具有挑战性的问题，不知道应该如何应对。
- 时间失控。内训师担心对授课时间的把握不够准确，出现"提前结束，没有内容可讲"或"结束时间已到，还没讲完"等情况。
- 效果不佳。内训师担心课程讲完后反馈的效果不理想，影响学员对培训部门、讲师个人及其所在部门的评价和印象。
- 训后执行弱。内训师担心学员课后缺乏行动力，导致学习效果止步于课堂，无法真正在工作情境中实现学习转化。

内训师的"想要"与"不想要"

多年的讲师培养经验告诉我，内训师对培养课程是有一定的要求和标准的，这就要求培训管理者在组织关于如何培训培训师做培训（Training the Trainer to Train, TTT）的课程时充分了解他们的心理需求。内训师，尤其是业务讲师，在提升自己的培训相关能力的过程中想要的是实战、工具和有趣，担心的是"理论大师""还得再琢磨""枯燥和尴尬"。

实战 VS 理论大师

内训师希望接受的培训是贴近实战的,而不是一大套理论。当然,理论是非常重要的,但在课程设计时要注意"理论是要为实战服务的"。

拿来就用的工具 VS 还得再琢磨

内训师不仅要完成培训任务,而且不能耽误本职工作。这就要求培训管理者在组织 TTT 课程时尽量简化学习转化的过程,即提供给学员"拿来就用"的工具,而不是各种难以应用的知识。例如,第 6 章介绍的造课图就是一种拿来就用的工具,学员按照造课图的结构就能够把课程设计、开发出来。

有趣 VS 枯燥和尴尬

内训师希望培训过程是有趣的,他们担心课程内容是自己听不懂的"专业理论",同时也担心自己在演练环节"尴尬、出丑"。这就要求培训管理者在组织 TTT 课程的过程中,注意将枯燥的内容游戏化,并化解学员的紧张情绪,建立相对轻松的学习氛围。

专业辅导的 4 个步骤

对内训师进行专业辅导是让他们获得成就感,继而持续投入培训事业的关键所在。专业的辅导不仅能够让内训师有更好的培训产出,而且能够让他们的能力和个人影响力得到持续的提升。具体来说,培训管理者可以重点关注 4 个关键环节:课程设计与开发、授课风格、收集课堂信息和课后评估反馈。

有用、高效的课程设计与开发

课程设计与开发的质量不仅对培训效果起到决定性作用,还与内训师在课堂上的授课状态密切相关。当内训师讲授一门自己认为质量很好的课程时,他们的紧张情绪会得到一定的缓解,兴奋感也会得到相应的提升,在授课过程中也愿意和学员进行互动交流。相反,如果内训师讲授的课程连他们自己都不看好,他们就会很紧张,在授课过程中自然也不会和学员积极互动,只想赶快讲完,快些结束。

因此,培训管理者对内训师在课程设计与开发环节的辅助是至关重要的,可以帮助他们高效地设计和开发出真正有用的课程。

下面分享一下在课程设计中的破冰环节。

破冰 PUNCH 原则

破冰不是简单的暖场，而是在课程中建立多维度联系，包括但不限于学员与课程主题之间的联系、学员与个人目标之间的联系、学员与学习成果之间的联系，以及学员之间的联系。

在设计破冰活动时，可以遵循 PUNCH 原则（见图 7.13），重点关注 5 个方面：投入、需求、规则、预期和了解。

提升兴趣和热情	投入	Promote interest and enthusiasm
了解学员的需求	需求	Understand participants' needs
注意基本规则和管理要求	规则	Note the ground rules and administrative needs
明确预期	预期	Clarify expectations
帮助人们相互了解	了解	Help everyone get to know each other

图 7.13　破冰 PUNCH 原则

投入，即提升学员参与课程的兴趣和热情；需求，即结合课程主题，了解学员的具体需求；规则，即明确培训期间的基本规则和管理要求；预期，即明确课程要达成的预期目标；了解，即帮助学员之间相互了解。

在具体操作时，可以结合破冰 PUNCH 原则，将破冰活动的效用聚焦在 3 个方面：引导学员进入学习状态、与课程主题建立联系和帮助学员相互了解。例如，破冰游戏"画出你自己，猜猜 TA 是谁"（见图 7.14）。

操作指引：首先，请每位学员在下图中间的位置写上自己的名字，然后画出4个问题的答案，分别是"喜爱的食物""兴趣爱好""喜爱的电影""我的样子"。完成后，依次向小组成员做自我介绍，并展示和解释自己的"画作"。

喜爱的食物	兴趣爱好
姓名	
喜爱的电影	我的样子

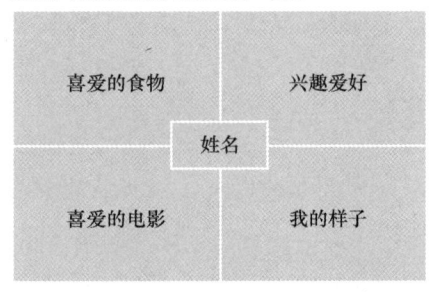

图 7.14　破冰游戏"画出你自己，猜猜 TA 是谁"

引导学员进入学习状态

通过让学员画出"喜爱的食物""兴趣爱好""喜爱的电影""我的样子"4个问题的答案，并与其他学员相互交流和分享，充分激发学员开放、反思和好奇的学习心态，为正式学习课程做好准备。

与课程主题建立联系

将破冰游戏与课程主题建立联系，需要注意的是，将同一个破冰游戏嵌入不同的课程主题时，关联的侧重点要进行相应的调整。例如，如果将"画出你自己，猜猜 TA 是谁"与 TTT 课程建立联系，关联的侧重点可以聚焦在"自我认知是确定内训师讲授风格的关键，对他人产生兴趣是课程设计和开发的基础"；如果将其与领导力课程主题建立联系，关联的侧重点则需要调整为"在领导他人之前先看清自己，清晰的自我认知是领导团队的关键所在"；如果将其与跨部门协作课程主题建立联系，关联的侧重点可以调整为"跨部门协作的第一步是打开自己，只有这样大家才能看到更丰富的资源，进而更好地整合资源"。

帮助学员相互了解

在完成"画作"之后，请学员向小组成员做自我介绍，并展示和解释自己的作品。整个过程轻松有趣，让大家在欢声笑语中增进对彼此的了解，同时提升小组的凝聚力，为讲师在课程中与学员的互动做好准备。

破冰游戏集锦

"彩色动物世界"：请学员用一种动物形容自己，用一种颜色形容自己现在的心情。

"谁是堆塔王"：15 分钟内，不允许使用任何工具，只用一张 A4 纸搭建纸塔，看谁搭得最高。

"烦心事，丢！"：请学员把当下的烦心事写在一张 A4 纸上，然后折成纸飞机，丢出去！

"汉字大测评"：以小组为单位，请学员写出含有"心"的汉字，越多越好。

"原来你也在这里"：请学员在规定的时间内相互做自我介绍，并拿到对方的签名，看谁能够认识最多的伙伴。

"没想到你是这样的人"：请学员写出人生中的 3 个关键词，其中两个是真实的，一个是假的，然后做自我介绍，并让其他人猜出哪个关键词是假的。

"整整齐齐大排行"：请学员了解彼此的信息，然后按照出生月日、名字拼音首字母或手机号码中数字的先后顺序进行排队。

> "歌曲寻缘"：请每位学员在进入教室时领取一张写有歌词的纸条，然后组歌形成小队。（歌曲尽量选择大家耳熟能详的曲目，如《敢问路在何方》《千年等一回》《好汉歌》《雨蝶》《当》等。）

采用差异化的授课风格

只有找到自己，才能改变世界。帮助内训师提升课程授课能力，并不是让他们学习统一、标准的动作，而是要帮助他们找到适合自己的授课风格。授课效果好的讲师，其授课风格往往独具特色。有的讲师感性、热情，善于调动现场气氛；有的讲师理性、严谨，善于分析和推理，课程讲得丝丝入扣；有的讲师善于讲故事，娓娓道来；有的讲师善于用数据说话，科学严谨。在培养内训师时，最好在培养初期就帮助他们找到适合自己的授课风格。只有这样，他们才能快速建立自信，将自己的优势在授课过程中充分发挥出来。

第 4 章中介绍了性格五行理论，不同性格特征的内训师适合的授课风格也是不同的。

"金"性格特征的内训师的授课风格

"金"性格特征的内训师，整体的气质属性是"锐"，突出的行为特征是自信霸气、结果导向、执行务实和掌控有力等。这类内训师往往比较适合使用结果导向的授课风格，在讲授过程中紧紧围绕课程目标进行分享，课程的结构紧凑聚焦，内容务实有效，并且善于控制、引导培训现场。

同时，"金"性格特征的讲师要注意倾听，在结果导向和高效分享课程的同时，需要关注学员对讲授内容的理解情况，注意倾听学员的想法，再结合现场互动促使他们更好地吸收课程内容。

"木"性格特征的内训师的授课风格

"木"性格特征的内训师，整体的气质属性是"序"，突出的行为特征是理性分析、逻辑有序、精益求精和关注细节等。这类内训师往往比较适合使用逻辑有序的授课风格，在授课过程中逻辑结构严谨，内容翔实，且多以案例和数据佐证，讲解时善于运用总分、因果、递进等逻辑结构，指导学员时更关注细节。

同时，"木"性格特征的讲师要注意活力，在保证课程科学严谨的同时，要注意调动学员在听课过程中的兴奋感和注意力。讲师一方面可以调整自己的授课状态，让自己兴奋起来；另一方面可以加强课程的参与感和互动性，从而让学员持续保持理想的学习状态。

"水"性格特征的内训师的授课风格

"水"性格特征的内训师，整体的气质属性是"柔"，突出的行为特征是温柔亲和、同理心强、善于倾听和包容体谅等。这类内训师往往比较适合使用亲和互动的授课风格，天生的亲和特质让他们能够迅速与学员拉近距离，再加上同理心和善于倾听等行为特征，学员更愿意与他们进行互动分享。

同时，"水"性格特征的讲师要注意关注结果，授课时，在与学员充分互动的同时，要注意对课程目标的聚焦，在课程节奏明显滞后或学员回答问题偏离课程主题时要及时进行调整，确保达成课程的预期目标。

"火"性格特征的内训师的授课风格

"火"性格特征的内训师，整体的气质属性是"热"，突出的行为特征是热情直爽、善于表达、人际交往和渲染力强等。这类内训师往往比较适合使用热情活力的授课风格，在授课过程中可以充分发挥其热情活力的特质，同时运用语言表达和人际交往的优势带动学员的学习热情，提升培训现场的活力和感染力。

同时，"火"性格特征的讲师要注意关注逻辑，在充分调动培训现场活力的同时，注意对课程逻辑的把握，合理分配课程的时间和内容重点，关注课程各模块之间的逻辑关系和衔接过渡，避免跑题和时间失控等情况的发生。

"土"性格特征的内训师的授课内容

"土"性格特征的内训师，整体的气质属性是"合"，突出的行为特征是特质均衡、灵活调整、善于协调和整合资源等。这类内训师往往比较适合使用丰富多变的授课风格，他们的各种性格特质都比较均衡，没有明显的短板，可以根据课程主题和学员的特征进行灵活的调整，从而选择最适合自己的授课风格，将课程效果落地。

同时，"土"性格特征的讲师要注意因地制宜，尽量做到有意识地根据课程主题和学员特征主动设计、调整授课风格，在课程刚开始时可以先体验一种授课风格，之后再逐步体验其他授课风格；切忌随意变换授课风格，否则很容易迷失自我，陷入混乱状态。

课堂信息收集：看什么、问什么

培训管理者在课堂现场除了做好辅助性教务工作，还有更重要的工作要做，那就是观察课程在呈现过程中的实际效果，对内训师的辅导和用于完善课程的关键信息主要来自这个环节。因此，培训管理者必须清楚在课堂现场应该"看什么"和"问什么"，以便收集有效的课程反馈信息。

在课堂现场看什么

培训管理者在课堂现场主要应该观察 3 个要点：讲师、课件和学员。讲师是课程内容的主要分享人，课件是课程内容的主要视觉工具，学员则是课程内容的主要接收方，三者对课程的呈现和反馈会对课程效果起到至关重要的作用。

对讲师的观察

讲师是课程的主要分享人，他对课程内容的理解和设计决定了课程帮助学员解决问题与挑战的思路和质量。在课程现场对讲师的观察可以聚焦在 4 个方面：授课状态、对课程内容的把握、对授课技巧的掌握和对学员的关注。其中，讲师对学员的关注尤为重要，因为这在很大程度上决定了他是为了"完成任务"还是真正在帮助学员解决问题和挑战。

对课件的观察

课件是大多数课程的主要视觉呈现工具，可以帮助讲师引导学员理解课程思路和掌握关键内容。对课件的观察主要聚焦在两个方面：课程逻辑和呈现效果。

课程逻辑分为课程的主线逻辑和模块内容逻辑。在课堂现场听课时要注意课程的主线逻辑是否清晰，能否有效引领学员跟上课程的节奏，同时按照 MECE 法则，确保各模块内容之间"不重叠、不遗漏"。

呈现效果是指学员对课件的实际体验效果。有时，讲师对课件在培训现场的呈现效果的预估与学员的实际体验是存在差异的。有些内容讲师觉得很有吸引力，但学员可能并不感兴趣；有些内容讲师觉得并不重要，但恰恰是学员关注的重点；有些内容讲师认为已经呈现得很清楚了，但学员理解起来还有很大的难度；有些内容学员很容易就能理解，但讲师讲得很详细。

对学员的观察

学员是课程内容的主要接收方，他们对课程内容的理解和掌握程度决定了课程最终的效果。在培训现场对学员的观察主要聚焦在两个方面：听课状态和理解程度。

相对于学员在课后的满意度评估，培训管理者在课堂现场观察的信息更能直接反映课程的效果。培训管理者可以通过观察学员的听课状态，从他们的表情和眼神中判断课程的哪部分内容容易听懂，哪部分内容难以理解；哪部分内容会促使他们参与到讨论中去；哪部分内容容易让他们产生抵触情绪，不愿意进行互动。这些都是课程优化的关键信息。

在课堂现场问什么

培训管理者在课堂现场除了观察，还要积极地与学员进行沟通，进一步了解课程的效果和学员的评价。具体来说，可以在课间休息或课程结束后向学员征询他们对课程的感受，询问的内容可以聚焦在两个方面：课程评价和课程建议。

课程评价

询问学员对课程的整体感觉："如果用 1~10 分来评价（1 分为最低、10 分为最高），您会给本次课程打几分？"然后，重点询问课程方向与他们的实际需求的匹配程度："本次课程是否对您有所帮助？具体有哪些内容是您需要的？您还关注哪些方面的内容？"

课程建议

了解了学员对课程的评价后，可以针对课程的设计进一步征询他们的建议。具体可以聚焦在两个方面：亮点和待完善的部分。例如，"请您评价一下课程的哪些方面让您印象深刻？哪些方面可以做得更好一些？"

注意，在询问时，培训管理者可能会遇到这样的情况：学员很容易说出课程的亮点，但对于需要完善的部分会选择回避。培训管理者要清楚一点：大多数情况下学员都知道课程需要完善哪些部分，但他们可能会不好意思说出来。如果培训管理者停止追问，就错过了有价值的关键信息；如果培训管理者表现得很真诚，并坚持追问一下，学员通常会说出心中的真实想法。

课后评估反馈：沟通的艺术

课后评估反馈不应该只停留在评估环节。统计评估数据后就留存备档的做法不仅会使信息和数据失去真正的价值，也会使内训师和课程错过最佳的成长和迭代机会，直接影响内训师的成就感和持续投入的意愿。

柯氏四级评估模型

柯氏四级评估模型把培训评估分为 4 个层级：反应层级、学习层级、行为层级和结果层级（见图 7.15）。

反应层级

反应层级主要评估学员对课程现场的反应和感受，包括但不限于学习参与度、相关性和满意度。学习参与度是指学员愿意参与到教学过程中来的程度；相关性是指课程内容与学员实际需求的关联程度；满意度是指学员对课程整体的满意程度。

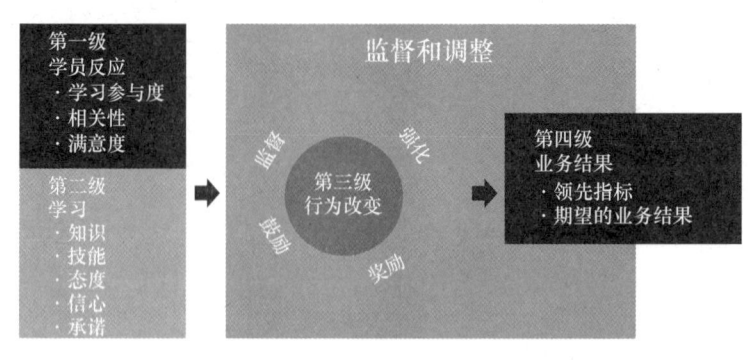

图 7.15　柯氏四级评估模型

学习层级

学习层级主要评估学员对培训内容的习得程度，包括但不限于知识、技能、态度、信心和承诺。知识、技能和态度，即学员对培训内容中知识、技能和态度的掌握情况；信心和承诺，即学员对学习和应用的动力激发和心态准备。

行为层级

行为层级主要评估学员的行为改变情况。培训的核心是有用，衡量课程有用程度的标准之一是课后是否有人在用，这不仅与课程现场有关，更与学员所处的工作环境密切相关。培训管理者应该在需求调研环节与课程的利益相关者（尤其是学员的直接上级）就学员需要改变的关键行为和课程内容达成共识，同时设置驱动方法和措施。

结果层级

结果层级主要评估培训对业务结果产生的影响。业务结果包括领先指标和期望的业务结果两个部分。领先指标是在实现最终业务结果的过程中设置的里程碑。从评估顺序来看，对结果的评估排在最后，但从培训项目的运营角度来说，结果是应该最先确定的部分。根据培训"以终为始"的理念，培训管理者应该在项目立项时就确定培训要达成的业务结果，然后反推需要做出怎样的行为改变，之后再确定培训的内容和呈现方式。

对结果的评估是培训管理者普遍认为最难的部分，但实际上它是最简单的部分，因为结果不是凭空创造出来的，而是由学员的行为自然产生的，这也与行动学习的核心理念"行为决定结果"相符。从这个角度来看，对结果的评估更像对最初培训设计目标的验证，真正起到作用的干预措施主要集中在前面的环节。

课程满意度评估

课程满意度评估侧重于柯氏四级评估模型中的反应层级，是辅导内训师成长的重要信息来源。评估项目可以分为 3 个部分，分别是课程、培训师和培训安排。评估标准可以参考反应层级评估的 3 个要点：学习参与度、相关性和满意度（见图 7.16）。

课程满意度调查问卷

为了确保本培训项目能更有效地满足学员的需求和兴趣，请您认真填写这份表格。请告诉我们您对培训的评价和意见，您所提供的任何建议和意见都是对我们的莫大帮助，都会促使我们为您提供更好的服务。

培训讲师：_____ 培训课程：_____ 日期：_____年___月___日

一、评估项目：（请在您认为最适合的分数前打√）

□ 关于课程	非常满意　　　　　　　　　　　　　　　　　　　不满意
1. 课程对您有所帮助	□10分 □9分 □8分 □7分 □6分 □5分 □4分 □3分 □2分 □1分
2. 课程结构清晰、合理	□10分 □9分 □8分 □7分 □6分 □5分 □4分 □3分 □2分 □1分
3. 培训方式能够吸引您参与	□10分 □9分 □8分 □7分 □6分 □5分 □4分 □3分 □2分 □1分
4. 引用的案例与主题契合	□10分 □9分 □8分 □7分 □6分 □5分 □4分 □3分 □2分 □1分
请留下您的评价和建议：	

□ 关于培训师	非常满意　　　　　　　　　　　　　　　　　　　不满意
5. 讲师对主题内容的掌握水平	□10分 □9分 □8分 □7分 □6分 □5分 □4分 □3分 □2分 □1分
6. 讲师能够条理清晰地讲授	□10分 □9分 □8分 □7分 □6分 □5分 □4分 □3分 □2分 □1分
7. 讲师能够有效引导学员参与	□10分 □9分 □8分 □7分 □6分 □5分 □4分 □3分 □2分 □1分
8. 讲师能够有效解答问题和点评	□10分 □9分 □8分 □7分 □6分 □5分 □4分 □3分 □2分 □1分
请留下您的评价和建议：	

□ 关于培训安排	非常满意　　　　　　　　　　　　　　　　　　　不满意
9. 培训的时间安排合理	□10分 □9分 □8分 □7分 □6分 □5分 □4分 □3分 □2分 □1分
10. 培训的场地安排合理	□10分 □9分 □8分 □7分 □6分 □5分 □4分 □3分 □2分 □1分
请留下您的评价和建议：	

图 7.16　课程满意度调查问卷

对课程满意度的评分，一般采用两种计分方式：十分制和百分制。在统计得分时，建议采用体育比赛的计分方法，去掉一个最高分和一个最低分，然后计算平均分。这样的计分方式可以避免个别学员因对培训或企业存在抵触情绪而故意打低分的情况。完成分数统计后，将学员对培训的建议进行汇总，然后结合在培训现场收集的信息一起反馈给内训师。

课程完善建议书

做培训评估的目的不是划分等级，而是更好地达成培训效果。因此，将数据和信息转化为真正有助于改善培训效果的一系列动作是这个环节真正的价值所在。可以使用课程完善建议书（见图7.17）来完成具体的操作。

课程完善建议书

培训讲师：_____ 培训课程：_____ 日期：_____年___月___日

课程目标	
满意度得分	
课程亮点	（观察到的现象、学员评价）
待完善值点	（观察到的现象、学员评价）（2~3个）
完善计划：	
关键动作1	完成时限
关键动作2	完成时限
关键动作3	完成时限
备注：	

图7.17 课程完善建议书

在图7.17中，课程亮点是指在课程设计和现场讲授过程中的亮点，既包括培训管理者在培训现场通过观察和询问收集的信息，也包括课程满意度调查问卷中学员的评价，其中学员的评价对讲师更有激励效果。

待完善点是指在课程设计和现场讲授方面有待完善的部分，同样也包括培训现场收集的信息和课程满意度调查问卷中学员给出的建议。

完善计划是指根据课程有待完善的地方，与内训师共同制订完善课程的行动计划，详细列出具体的关键动作并设定完成时限。

课程完善建议书示例如图 7.18 所示。

课程完善建议书

培训讲师：___刘烨___ 培训课程：___魅力演讲___ 日期：_2021_年_10_月_20_日

课程目标	提升后备人才的公众演讲能力（向上、跨部门/商务、向下）		
满意度得分	96分		
课程亮点	（观察到的现象、学员评价） 1. 课程的逻辑很清晰，能够准确把握学员痛点，有效吸引学员持续投入课程。 2. 老师讲课很有激情，能够带动课堂学习氛围。 3. 公众演讲技巧随身卡、自我效果反思表和学员互评表等工具非常有用！ 4. 学员评价：收获很多！感谢刘老师！辛苦啦！希望可以再次听刘老师的课！		
待完善点	（观察到的现象、学员评价） 1. 讲到"视觉辅助工具"时，学员普遍不太理解，建议添加实际案例和实操演练。 2. 讲到"处理提问"时，学员有问题想问，但被忽略了，建议添加提问互动环节。		
完善计划：			
关键动作1	"视觉辅助工具"部分，添加实际案例和实操演练（以PPT呈现）	完成时限	11月15日
关键动作2	"处理提问"部分，添加提问互动环节（以PPT呈现）	完成时限	11月15日

图 7.18 课程完善建议书示例

课程评估反馈

有些培训管理者不知道应该如何向讲师提出课程的完善建议，尤其是当讲师的课程满意度评分较低时，更是不知道应该如何开口。

在具体操作时，可以将反馈的谈话结构分为 3 个部分：肯定、待完善和肯定。先肯定讲师做得好的部分，然后指出他们有待完善的地方，最后以鼓励的话收尾，让他们有信心和动力完善课程。这样既能够指出讲师的亮点和不足之处，又不会过度打击他们的积极性。在"鼓励、指出不足、鼓励"的反馈结构基础上，对满意度评分不同的讲师，要采取不同的沟通策略（见图 7.19）。

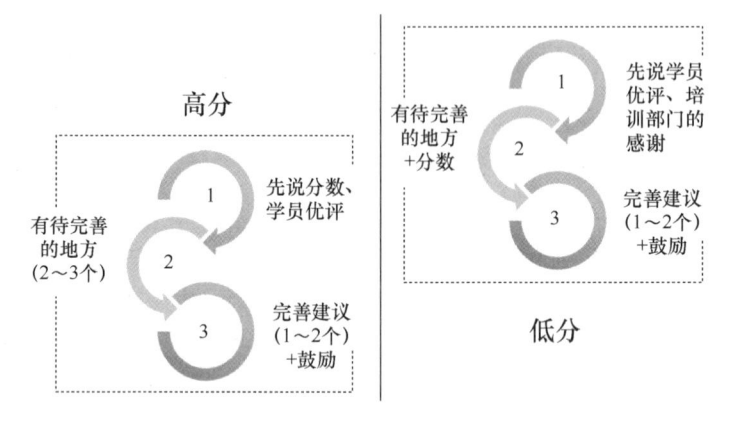

图 7.19 对满意度评分不同的讲师采取不同的反馈策略

对满意度评分高的讲师的反馈策略

如果讲师的课程满意度评分较高，培训管理者可以将反馈结构设计为 3 个部分。首先，直接说出课程满意度评分和学员的正面评价，充分激发讲师的成就感。然后，客观描述有待完善的地方，注意在合作初期选取最重要的 2~3 个待完善点就可以了，不要一次性指出太多，否则容易打击他们的积极性。最后，结合有待完善的地方，给出课程的完善建议（1~2 个即可），同时感谢他们的辛苦付出，并鼓励他们做出精品课程。

对满意度评分低的讲师的反馈策略

如果讲师的课程满意度评分较低，培训管理者需要将反馈结构的 3 个部分进行相应的调整。首先，不要直接说出课程满意度得分，而要描述学员对课程的正面评价，表达培训部门的感谢，以稳住他们的情绪。然后，客观描述有待完善的地方，之后说出课程满意度得分。最后，结合有待完善的地方，给出课程的完善建议。注意，即便讲师在授课初期有待改善的问题有很多，也不建议一次性全部指出，只需选取现阶段最需要改善的 1~2 个问题即可，同时再次对他们的辛苦付出表示感谢，并激励他们积极调整，不断提高自己的授课水平。

7.5 内训师激励方案：经典课程项目全流程操作解析

激励内训师的关键在于激发他们的成就感，只有帮助他们达成更好的培训效果，才能让他们获得真正的收益，包括但不限于成就感、能力成长、领导认同、个人影响力、结交好友和职业发展。培训管理者只有扎扎实实地把课程运营和授课辅导做得足够专业和有效，才能真正实现激励内训师的目标。

"魅力演讲"培训项目全流程操作指引

下面以"魅力演讲"培训项目为例进行全流程操作梳理，以帮助你"把点串连成线"，更加系统地理解和掌握关键动作。

项目评估

"魅力演讲"作为后备人才培养项目的重点课程，从项目评估角度来看，在重要-紧急程度评估矩阵中属于"重要-不紧急"象限，在收益-实施难度评估矩阵中属于"收益高-实施难度低"象限，整体培训项目的开发价值较高（见图7.20）。

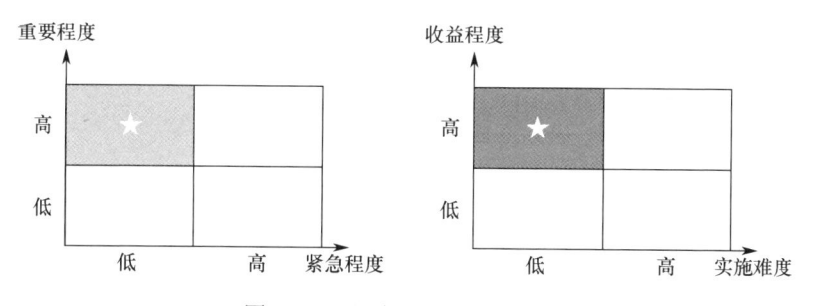

图 7.20 "魅力演讲"项目评估

确定并邀请讲师

经过了解和沟通确认，拟订由商务拓展部的刘烨担任"魅力演讲"课程的讲师。之后，培训管理人员向刘烨发送邮件进行正式邀请，并抄送给商务拓展部和培训部门的相关领导（见图7.21）。

项目透视分析

培训管理人员和刘烨讲师共同对"魅力演讲"课程项目进行透视分析。明确学员遇到的问题和挑战，并将培训目标定为提升学员在向上汇报、跨部门协作和商务场景、向下管理 3 个方面的公众演讲能力。课程方向聚焦于提供方法和工具，并以公众演讲技巧随身卡和成长反思点评表作为课程效果落地的交付物。最后，再次确认培训实施的具体时间、学员和培训预算（见表 7.1）。

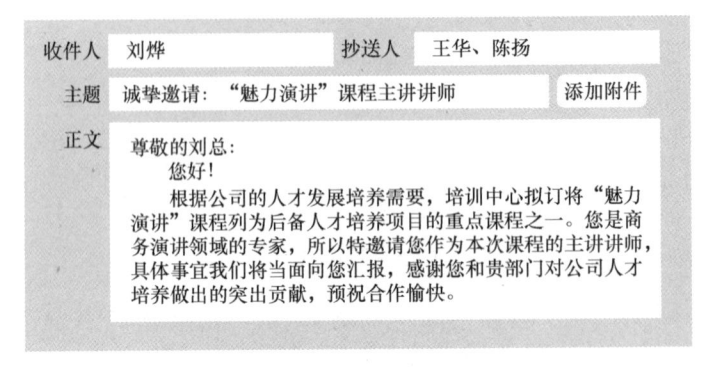

收件人	刘烨	抄送人	王华、陈扬	
主题	诚挚邀请："魅力演讲"课程主讲讲师			添加附件
正文	尊敬的刘总： 　　您好！ 　　根据公司的人才发展培养需要，培训中心拟订将"魅力演讲"课程列为后备人才培养项目的重点课程之一。您是商务演讲领域的专家，所以特邀请您作为本次课程的主讲讲师，具体事宜我们将当面向您汇报，感谢您和贵部门对公司人才培养做出的突出贡献，预祝合作愉快。			

图 7.21 "魅力演讲"课程邀请讲师邮件

表 7.1 "魅力演讲"项目透视 CT 表

培训项目管理要素		具体内容
What	问题/挑战	后备人才普遍公众演讲能力不足，影响团队管理和业务推进
Effect	期望效果	提升后备人才的公众演讲能力（向上、跨部门/商务、向下）
Why	原因/难点分析	方法
How	解决方案	给予方法和工具
Which	交付物	公众演讲技巧随身卡、成长反思点评表
When	实施时间	2022 年 5 月 20 日
Who	岗位/人员	后备人才班学员
How much	培训预算	3 000 元

课程设计与开发

在对"魅力演讲"课程项目透视清晰的基础上，培训管理人员与刘烨讲师运用造课图进行课程的设计与开发，进一步明确了课程名称、课程目标、授课对象、痛点分析、交付物和课程逻辑，并标注了课程的互动点（见图 7.22）。

最后，完成课件的开发，并进行试讲演练和时间估算，做好授课前的准备工作。

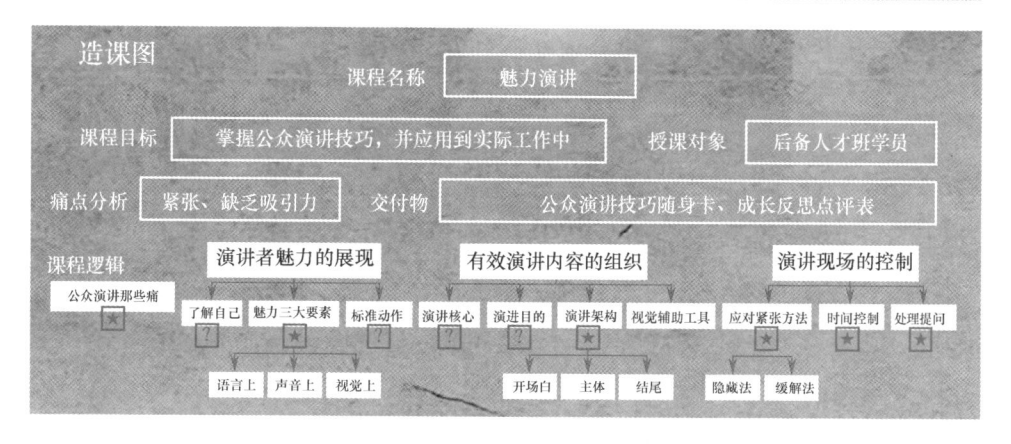

图 7.22 "魅力演讲"课程造课图

授课风格辅导

在试讲演练环节，培训管理人员对刘烨讲师进行了性格分析定位，初步确定他属于"火"性格，并得到了本人的认同。在授课风格方面，培训管理人员建议他充分发挥热情活力的特质，并运用语言渲染力和人际交往方面的优势带动学员的学习热情；同时注意对课程逻辑的把握，关注课程各模块之间的衔接过渡，避免跑题和时间失控等情况的出现。

课程营销

在课程开始前做好营销造势工作，制作课程宣传海报（见图 7.23），并运用线上和线下渠道进行营销推广。

图 7.23 "魅力演讲"课程宣传海报

翻转课堂

在课前发布学员任务，督促学员完成课程需求调研和演讲稿案例中的任务。这样的做法一方面可以引导学员在实践中反思自己在演讲方面遇到的难点和困惑；另一方面可以将学员的课前作业汇总后交给讲师，有助于讲师了解学员的具体情况，以便在授课时能够对学员进行更有针对性的讲解和点评。

班级管理

建立课程微信群，邀请讲师和学员入群并相互熟识。在课程现场，组织学员签到、发布班规，并讲解课程龙虎榜（竞争机制）的积分规则和获胜奖励（见图 7.24）。

图 7.24 "魅力演讲"课程龙虎榜

现场主持

扮演好现场主持人的角色，按照"题、重、人"和"谢、重、人"的结构设计开场和收尾的主持词（见图 7.25），提升学员对课程的期待值和讲师的成就感。

各位伙伴，大家上午好!
课程主题（T）：这节课我们将学习如何进行演讲。
重要性（I）：大家知道，公众演讲能力是我们提升职场影响力的重要技能之一。出色的演讲能力将使我们在职场中受益无穷。
主讲人（S）：今天我们邀请的讲师在业内有着近10年的演讲训练经验。之前上课的学员都觉得受益颇多，相信今天他同样可以让大家收获多多。他就是商务拓展部的著名讲师刘烨，让我们用热烈的掌声有请刘老师为我们精彩授课。

感谢（T）：感谢刘烨老师的精彩授课。（鼓掌）
重要性（I）：现在我们对如何演讲有了清晰的认识。不要忘了老师讲解的重点，回到工作岗位之后我们要进行更多的实践和练习。
主讲人（S）：让我们再次以热烈的掌声感谢刘老师。（鼓掌）

图 7.25 "魅力演讲"课程现场的主持词

现场评估

在课程现场，做好课程反馈的信息收集工作。除了完成课程满意度调查问卷，还要注意观察和评估讲师、课件和学员 3 个方面的实际情况，并在课间休息时和课后询问学员对课程的整体评价和建议。

内容回顾

课程结束后，从项目成果、项目价值和员工诉求 3 个方面进行新闻报道，全面回顾培训项目的整体过程，扩大培训效果的影响力。同时，把在培训现场抓拍的精彩照片和"金句"剪辑成电子影集视频发给讲师和学员，将课堂的学习氛围延伸到课后的工作情境中，并将课程的关键知识点、公众演讲技巧随身卡和成长反思点评表整理成电子文件推送给学员，方便他们复习和应用。

支持指导

注意跟进学员在课后的实践情况，及时收集他们遇到的问题，并邀请刘烨讲师进行解答和指导，保持讲师和学员之间沟通渠道的畅通。

互动社群

建立互动社群，搭建讲师和学员之间学习交流的平台。在课程结束两周后，组织"魅力演讲"课后实践经验分享会，请学员分享在课后实践过程中的收获和困惑，并邀请刘烨讲师对学员的困惑进行现场答疑，进一步帮助他们提升演讲的实战能力。

评估反馈

做好培训项目的评估反馈工作，反馈群体包括学员的直接上级、讲师及其直接上级和公司管理层。

向学员的直接上级反馈

向学员的直接上级全面介绍"魅力演讲"课程的背景、核心内容、实战工具和课后任务，并邀请他们协助监督学员完成课后实践任务。

向讲师及其上级领导反馈

通过邮件方式告知刘烨讲师关于课程满意度的评分，并抄送给商务拓展部和培训部门的相关领导，对刘烨讲师及其上级领导的支持表示感谢（见图 7.26）。

同时，整理课程满意度调查问卷和在培训现场收集的信息，形成课程完善建议书反馈给刘烨讲师，并与其共同制订和落实课程完善计划。

向公司管理层反馈

将"魅力演讲"课程的简介和评估结果列入后备人才培养项目评估报告，

向公司管理层汇报,提升他们对培训价值和培训部门专业度的认知,同时进一步激励商务拓展部门参与后续培训工作,并带动更多部门积极投入到企业培训工作中来。

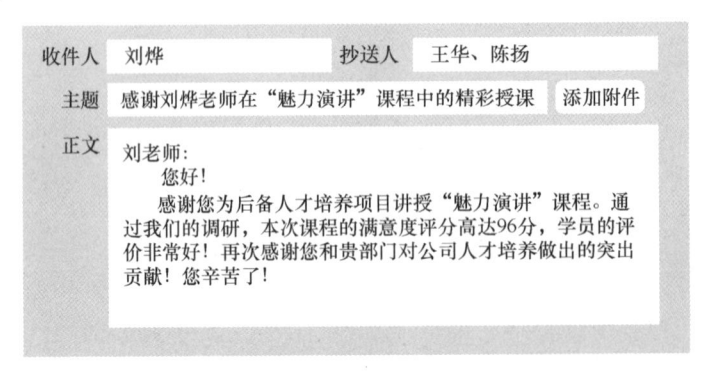

收件人	刘烨	抄送人	王华、陈扬
主题	感谢刘烨老师在"魅力演讲"课程中的精彩授课		添加附件
正文	刘老师: 　　您好! 　　感谢您为后备人才培养项目讲授"魅力演讲"课程。通过我们的调研,本次课程的满意度评分高达96分,学员的评价非常好!再次感谢您和贵部门对公司人才培养做出的突出贡献!您辛苦了!		

图 7.26 "魅力演讲"课程感谢讲师邮件

内训师激励辅助方案

培训管理者与内训师在培训方面的投入程度是成正比的,因此扎实地做好课程运营和授课辅导是激励内训师的根本因素。除此之外,培训管理者还可以通过帮助内训师做一些讲课以外的事情来实现激励效果,而做好这一切的关键在于"用心"。

讲课以外的事情涵盖工作和生活两部分。在工作方面,培训管理者可以从帮助内训师树立职业形象、完成工作任务、获得上级认可和职业发展机会等方面提供支持,具体动作包括但不限于拍摄职业照片、提供工作汇报 PPT 模板、培训工作汇报技巧、将课程评估效果反馈给相关领导、颁发讲师认证证书和授课证书,以及制作教师节宣传册。在生活方面,培训管理者要对内训师表现出真诚的关心。

小　结

1. 激励内训师,实质是在激励事业合伙人,关键在于激发内训师的成就感。

2. 培养内训师的五大挑战包括如何让内训师"想做""能做""能讲""有用""优化"。

3. 优秀的内训师要兼具3种角色:领域专家、培训讲师和产品经理。

4. 选拔内训师的3个重要考评维度:意愿、业务能力和培训能力。

5. 专业课程运营的角色定位是项目经理，其关键职责是营销推广、信息收集和迭代更新。

6. 弹性课程运营模型将课程运营的关注点从课堂部分向两端拓展，从而打通课前、课中、课后3个环节，使课程更具弹性和张力。

7. 课前"预"标准四动作：沟通、邀请、营销、翻转课堂。

8. 课中"热"标准四动作：建群、班规、主持、竞争机制。

9. 课后"续"标准四动作：内容回顾、支持指导、互动社群和评估反馈。

10. 专业辅导的4个步骤：有用、高效的课程设计与开发，采用差异化的授课风格，收集课堂信息，课后评估反馈。

11. 帮助内训师做讲课以外的事情也可以实现激励效果，其中的关键在于"用心"。

关注订阅号"匠心宇航"，领取本章检视/行动工具：邀请讲师邮件模板、班规设计案例、感谢讲师邮件模板、课程满意度调查问卷、课程完善建议书。

第 8 章

总结汇报有诀窍

8.1 培训总结的真正内核：复盘思维

培训总结就是做复盘，探索如何更好地支持企业战略和运营工作。复盘的本质是从经验中学习。

复盘的作用

复盘不是单纯的工作总结，"项目后评估"也不一定是复盘。真正的复盘是对成功和失败的案例进行分析，总结经验教训，进而将经验教训转化成组织能力，而不只是简单地回顾培训内容。复盘对企业经营管理来说，主要有 3 个重要作用。

传承经验，提升组织能力

组织经验不会自动产生价值，必须对其进行分析、复盘，才能提升组织能力。在评估组织经验时，可以按照绩效结果和学习效果两个维度进行整合分析，形成 4 种组织经验类型：期望的成功、有意义的失败、弱意义的成功和彻底的失败（见图 8.1）。

- 期望的成功。绩效结果好，同时能为组织和员工提供很好的学习机会和效果，是企业最需要的成功经验。
- 有意义的失败。虽然绩效结果不理想，但此次失败为组织和员工提供了宝贵的经验和教训，因此称之为"有意义的失败"。
- 弱意义的成功。虽然绩效结果是好的，但此次成功并没有对组织和员工产生更有价值的学习效果，因此称之为"弱意义的成功"。

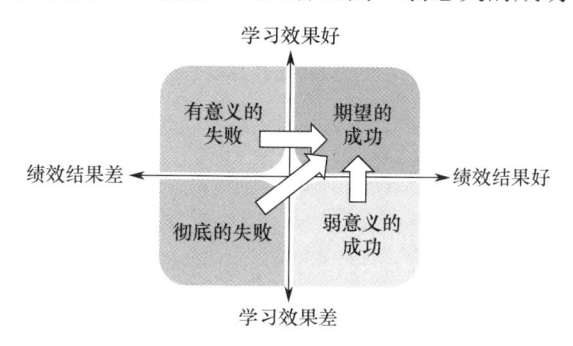

图 8.1 复盘传承组织经验

- 彻底的失败。绩效结果不理想，此次失败也没有给组织和员工带来有价值的启发和学习效果，对企业来说，是彻底的失败。

对没有复盘习惯的企业来说，其所经历的事件大多属于"弱意义的成功"和"彻底的失败"两种类型，即"成功没有智慧的沉淀，失败也没有教训的总结"，所以导致组织能力成长缓慢甚至停滞不前。复盘的重要作用之一就是盘活企业的经验，将"有意义的失败"、"弱意义的成功"和"彻底的失败"事件转化为"期望的成功"事件，让企业在成长过程中积累智慧，提升组织能力。

总结规律，优化制度流程

在企业的经营活动中，制度和流程能够保证关键动作的标准化，企业管理者在经营过程中要不断完善、调整制度和流程。复盘就是优化企业制度和流程的重要方式，根据企业的经验，动态地完善和调整已有的制度和流程，确保其发挥应有的作用（见图 8.2）。

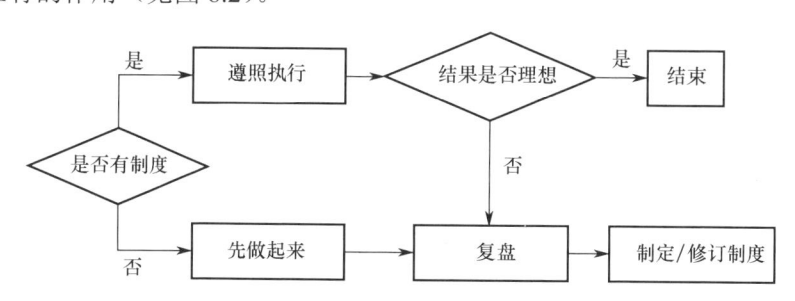

图 8.2 复盘优化制度流程

企业在完善制度和流程时，首先要复盘经营过程中的关键动作是否需要用制度或流程加以规范。如果关键动作没有相关制度或流程加以规范，可以在执行后进入复盘环节。如果已有相关制度或流程加以规范，则可以进一步评估关键动作的结果是否达到预期效果，如果达到预期效果，可继续按照现状执行；如果没有达到预期效果，则需要进入复盘环节。通过复盘进一步制定和修订企业的制度和流程，从而提高企业运营的效率和质量。

巩固成果，强化文化基因

通过复盘企业中的成功和失败事件，不仅可以找到更加优化的企业管理模式及解决问题和挑战的方法，而且可以在复盘过程中明确企业文化和核心价值观，不断阐释企业倡导的做事理念和方法，用更加生动和具体的事件统一全体员工的做事方式，强化组织基因，增强企业的向心力、凝聚力和执行力。

复盘的操作思路

复盘的操作思路可以分为 4 个要点：回顾目标、评估结果、分析原因和总结经验。具体来说，复盘是一个通过对比目标和结果之间的差异，分析其中的原因，总结经验和教训，从而更好地实现目标的循环过程（见图8.3）。

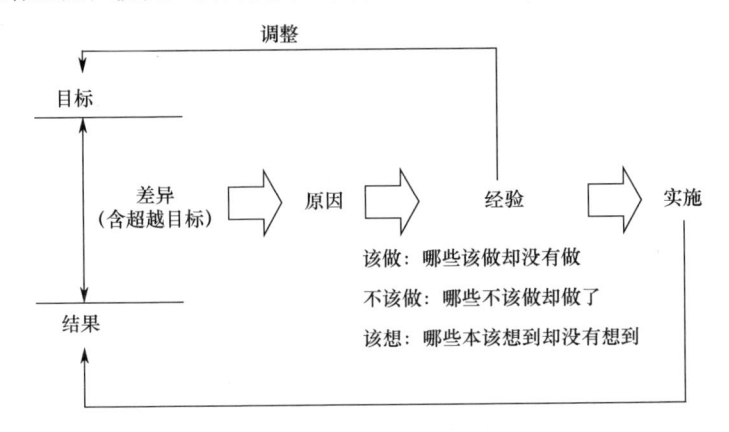

图 8.3　复盘操作思路解析

- 对比目标与结果之间的差异。对比预期目标与实施结果之间的差异，其中既包括没有达成目标的情况，也包括完成甚至超越目标的情况。
- 分析原因。分析产生差异的原因，找出成功达成目标或解决问题的关键所在。
- 总结经验和教训。总结成功的经验和失败的教训，重点反思 3 个问题：哪些该做却没有做、哪些不该做却做了、哪些本该想到却没有想到；同时，调整和细化预期目标。
- 实施反馈。在总结经验的基础上，制订和实施新的执行计划，同时密切关注产生的结果，为进入新一轮的复盘流程做好准备。

将复盘思维嵌入经营管理

管理的 3 个重要环节是计划、实施和回头看。复盘正是将这 3 个环节落实为行动的重要方法，同时也是一种思维方式。如果将复盘思维嵌入企业的经营管理，就能盘活企业这个生命体，使其具备自我成长的能力，这也是建设学习型组织的重要途径。

企业高质量的经营管理，不是单纯来自基于结果的检验，更是来自基于过程的不断改善。复盘思维与 PDCA 循环和行动学习的理念相结合将发挥更大的作用。PDCA 循环是全面质量管理的思想基础和方法依据，它将质量管理分为 4 个阶段，即计划（Plan）、执行（Do）、检查（Check）和改进（Act）。结合复盘操作思路，可以将对工作事项的复盘分解为 5 个步骤：确定工作目标、评估结果、分析原因、总结经验和完善动作（见图 8.4）。

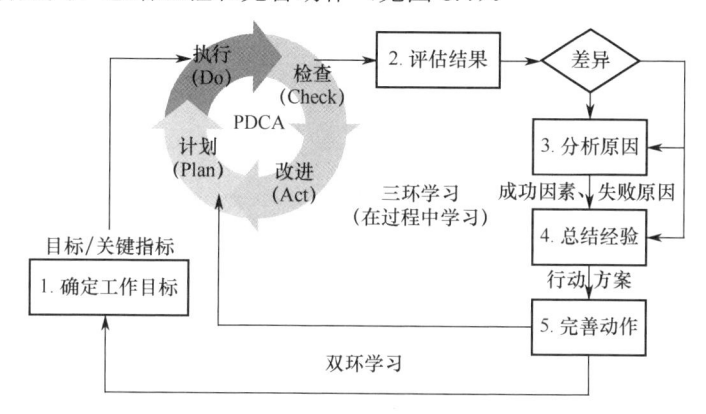

图 8.4 将复盘嵌入经营管理

确定工作目标

确定工作事项的预期目标，并明确达成目标的关键指标。在此基础上，制订具体的实施与管控计划，并严格执行。

评估结果

评估实施的结果，并与预期目标和关键指标进行对比，找出差异点。

分析原因

结合目标与结果之间的差异，重新审视实施与管控计划，分析执行落实的全过程，进而找出获得成功或导致失败的关键因素。

总结经验

将成功和失败的关键因素进行提炼，并在此基础上明确关于 3 个问题（应该做的事情、不应该做的事情和应该考虑周全的事情）的具体行动方案。

完善动作

结合总结出来的行动方案，对原来制订的实施与管控计划进行完善，并把要开始做和停止做的每个动作都启动单独的 PDCA 循环，进行闭环完善。同时，重新审视工作事项的预期目标和关键指标，确保整体目标难度合理，细化的关键指标能够有效支撑整体目标的达成。

在整个复盘过程中，可以实现行动学习"在做中学"的高效学习方式和三环学习效果，突破传统企业"头痛医头、脚痛医脚"的单环优化模式，从根本上掌握总结成功经验和问题原因的有效方法，并养成定期审视和优化工作价值的习惯，提升组织和员工的核心能力。

8.2 系统地做好培训总结

培训总结要体现培训的价值，明确培训想更好地支持企业战略和运营工作的理念，并复盘过去的实践经验，在充分反思的基础上提供未来可行的行动计划。培训价值的体现要遵循"以终为始"的原则，培训管理者可以从整体和单个培训项目两个层面来复盘培训工作。其中，对培训整体工作的复盘可以聚焦于"更好地支持企业战略和运营工作的思路"；对单个培训项目的复盘可以聚焦于"更好地解决具体的问题和挑战"。

年度培训总结和计划

做年度培训总结和计划的思路与复盘思维是一致的。第 3 章介绍了年度培训总结和计划的关键要点，具体可以分为 6 个模块：基础数据、计划回顾、培训体系建设、关键项目回顾、反思总结和下年度计划。其中，前 3 个模块的内容主要是目标与结果之间的差异对比，第 4 和第 5 个模块分别是对单个项目和培训整体工作的经验总结，第 6 个模块的内容是制订新一轮的行动计划，并作为新一轮复盘的重要对标依据。因此，年度培训总结和计划并不是一个简单的工作报告，而是需要培训管理者以复盘思维和连贯的时间视角评估过去、现在和未来，这样才能更好地支持企业战略和运营工作，帮助组织和员工持续成长。

年度培训总结和计划不是简单的数据统计。相对于表面的数据，培训管理者更应该关注的是培训运作机制的有效性，以及在数据背后对"路"的理解和规划。培训运作机制的有效性取决于培训部门与组织和业务部门对话的内容、频率和结果,这将直接影响所提供的数据的质量与结构。例如,信息是如何汇总的?哪些数据是重点?哪些是应该关注的问题?同时,保持对话的频率和持久度也很重要,这将影响后续对话的质量,进而影响整个组织的社交结构。

阿尔伯特·爱因斯坦说过:"能计算的不一定重要;重要的不一定能计算。"培训管理者在关注数据的同时,更要看清数据背后的"路",精确的数据无法代替大方向上的判断,战术上的勤奋不能弥补战略上的懒惰。培训体系是培训部门支持业务的思路,培训计划是落地执行的"作战图",做培训总结和计划要以企业的战略和运营规划为基础,重点关注培训部门角色定位的调整和培训体系的优化完善。

培训项目的复盘总结

介绍重点培训项目时可以参考 CCAR 结构,分别从培训项目的背景信息、项目的挑战和难点、具体采取的解决方案及最终取得的结果 4 个方面进行介绍。

与培训整体工作的总结一样,重点培训项目的总结也不是对过去发生的事件的简单记录,在关键项目回顾 CCAR 结构的背后,是对培训项目清晰的复盘总结。培训项目复盘模板(见表 8.1)是通过对工作事项复盘的 5 个步骤及要点进行提炼而设计的,通过对培训项目进行系统的复盘,可以为后续项目的设计和实施积累宝贵的经验。

表 8.1 培训项目复盘模板

培训项目名称				
项目情况概述				
1. 回顾目标	2. 评估结果	3. 分析原因	4. 总结经验	5. 完善动作
目标/关键指标:	亮点: 不足:	成功因素: 失败原因:	该做: 不该做: 该想:	行动方案:

培训项目复盘模板包括两个部分,分别是培训项目基本信息和复盘过程分析。培训项目基本信息包括培训项目名称和项目情况概述;复盘过程分析包括 5 个部分,分别是回顾目标、评估结果、分析原因、总结经验和完善动作。其中,回顾目标包括培训项目设置的目标和关键指标;评估结果包括项目的亮点和不足之处;分析原因包括项目的成功因素和失败原因;总结经验包括应该做却没有做的事情、不应该做却做了的事情和应该想到却没有想到的事情;完善

动作即培训项目的后续完善行动方案。

下面通过一个案例来介绍复盘过程分析的 5 个部分。

培训项目名称：2022 年度管培生培养项目（见表 8.2）。

表 8.2 某公司管培生培养项目复盘

培训项目名称	2022 年度管培生培养项目			
项目情况概述	管培生培养项目是公司后备人才培养体系中重要的组成部分。该项目于 2021 年启动，共招募 80 人，由培训部门和各业务部门共同制订培养方案。经过一年的培养期，64 名学员顺利达到预期培养效果，同时有 16 名学员流失，流失率为 20%。			
1. 回顾目标	2. 评估结果	3. 分析原因	4. 总结经验	5. 完善动作
目标/关键指标：一年期目标为完成管培生从学生向职业人的转变；部门满意度评分高于 80 分，学员满意度评分高于 85 分，流失率低于 15%	亮点：学员满意度评分 88 分，高于预期目标	成功因素：洞悉学员转型难点，进行有针对性的培养设计	该做：与业务部门一起细化轮岗阶段的培养方案 不该做：在前期准备不足的情况下，一味督促部门加强培训和强调学员的学习意识 该想：管培生培养项目应该设计全周期培养方案	行动方案：完善管培生职业发展通道和各阶段培养方案；细化轮岗阶段的部门培养方案，并进行双向考核；建立管培生定期沟通反馈机制
	不足：部门满意度评分 75 分（低于考核指标）；流失率 20%（高于考核指标）	失败原因：轮岗阶段的部门培养方案不清晰，直接造成学员流失和部门满意度低		

回顾目标

管培生培养项目的一年期目标是完成管培生从学生向职业人的转变。同时，设置项目的关键考核指标为部门满意度评分高于 80 分，学员满意度评分高于 85 分，学员流失率低于 15%。

评估结果

从管培生培养一年期的结果来看，学员满意度评分达到 88 分，高于预期目标；但部门满意度评分为 75 分，学员流失率为 20%，均没有完成考核指标。

分析原因

通过对项目的复盘分析，学员满意度较高主要是因为培训部门对管培生从学生向职业人转变过程的难点分析得比较准确，其中涵盖了心态、知识和技能等关键要点,并进行了有针对性的培训方案设计,能够满足学员的成长需求。

部门满意度低和学员流失率高的情况,与培训部门将主要精力聚焦在集中培训环节,而对轮岗阶段的部门培养方案不够明确和细化有关,这直接导致管培生轮岗部门不知道应该教些什么,学员也不知道要学些什么,最终用人部门觉得学员的学习和适应能力弱,学员则觉得公司的培养方案不完善,部门对自己不够重视,从而造成人员流失。

总结经验

结合原因分析和项目实施情况,培训部门将项目经验总结如下。

- 该做却没有做的事情:培训部门应该在项目的设计和开发环节,与轮岗部门明确和细化管培生在部门轮岗过程中的培训内容,并结合双向考核进行检查,既考核轮岗部门的培训落实情况,也考核学员的学习效果。
- 不该做却做了的事情:在前期轮岗部门培养方案不够明确和细化的情况下,一味督促轮岗部门加强培训和强调学员的主动学习意识,不仅没有取得预期的效果,反而增加了轮岗部门和学员的抵触情绪。
- 该想到却没有想到的事情:管培生培养是一个全周期的培养项目,不能只关注对集中培训的安排,而应该从公司、业务部门和管培生的角度出发,分析三方的需求,进而设计全过程培养方案。

完善动作

结合培训项目的经验总结,拟订培训项目后续的完善行动如下。

- 完善管培生职业发展通道和各阶段培养方案。
- 细化轮岗阶段的部门培养方案和具体内容,并进行部门和学员的双向考核。
- 建立管培生定期沟通反馈机制,及时发现和解决问题。

8.3 如何向不同的领导做汇报

培训管理者向不同的领导做培训总结汇报时,尽管汇报的内容是一样的,但只有根据听取者的关注内容和性格特征制定有针对性的汇报策略,才能取得更理想的汇报效果。

不同部门领导关注内容的差异

培训工作总结的汇报对象并非只有老板一人,有时候还需要向业务部门的负责人进行汇报和沟通,以及在人力资源系统或培训部门内部进行总结汇报。不同的汇报对象会因其所处的位置不同,重点关注的内容会有所差异。

老板关注的内容重点

培训管理工作的成绩可以分为功劳和苦劳两种类型。苦劳体现培训管理人员的辛苦,如开发课程的数量、组织培训的课时数和培训人天量等;功劳则体现培训的真正价值。苦劳不会直接产生绩效,功劳才会。作为企业的经营者,老板更关注培训职能在企业经营价值链中发挥的实际作用。

老板平常接触培训的机会有限,他评判培训有用度时主要参考两个维度:"功劳"和"谁说有用",这也是培训管理者在向老板汇报培训工作时的两个重点内容。功劳,即培训真正为企业和员工解决了哪些问题和挑战;谁说有用,是对功劳效果的评估,包括但不限于业务部门对培训工作年度、半年度和季度的打分和评价,以及学员的满意度评估。这样,老板通过了解培训工作具体做了哪些有价值的事情,以及业务部门和员工(培训服务的内部客户)对培训工作的评价,就可以基本判断出培训工作的价值了。

业务部门负责人关注的内容重点

业务部门负责人在听取培训汇报时会重点关注 3 个方面的内容,分别是绩效考核指标的完成情况、解决的具体问题和挑战,以及部门之间的横向对比情况。

业务部门负责人首先关注的是部门的业绩达成情况,既包括部门的经营业绩指标,也包括在培训工作方面的绩效考核指标,如按计划实施培训的情况、内训师和开发课程的数量、授课总时长,以及培训满意度评分等。需要注意的是,对培训工作的绩效考核指标不是独立的,而应该能为经营指标提供支持。

培训工作对业务部门经营提供支持的重要体现之一,就是帮助业务部门解决了哪些具体的问题和挑战。这要求培训管理者在制订培训计划时就与业务部门一起找到真正有价值的培训项目,这样在做培训总结汇报时就会更加有的放矢,也更容易体现培训的价值。

此外,业务部门负责人还比较关注部门之间的横向对比情况,尤其是在得知相关数据会被汇报给老板时。通过把各业务部门支持培训的情况公开,可以在一定程度上提高业务部门负责人对培训工作的重视程度。相对于从下至上地争取支持,这种从上至下的推动会更加高效。

人力资源系统和培训部门负责人关注的内容重点

人力资源系统和培训部门负责人更加关注 4 个方面的内容，分别是培训体系的完善情况、重点培训项目的实施情况、解决具体问题和挑战的情况，以及业务部门和学员对培训工作的评价。也许你已经发现了，最后两个方面的内容正是向老板汇报的重点内容。

除了解决的具体问题和挑战、业务部门和学员对培训的评价这两个重点内容，人力资源系统或培训部门负责人也会关注培训管理工作的整体思路优化和部门专业度的提升。培训体系是培训支持业务的思路，重点培训项目是培训支持业务的聚焦点和里程碑，通过对这两个方面进行复盘，既可以从整体上优化培训管理工作的方向和关键价值，又可以在培训项目的运营方面总结经验，提升培训管理工作的专业度。

向不同性格领导汇报的差异化策略

向"金"性格特征的领导汇报的策略

"金"性格特征的领导在听取汇报时，最关注"结果"。因此，在向他们做培训总结汇报时，适合的策略是"先结果，再说明"，即先汇报培训工作的结果，再说明具体情况。有些培训管理者不了解这个策略，按照自己的想法准备了厚厚的汇报资料，结果刚汇报几分钟，领导就不耐烦地说："你直接说结果吧。"然后直接翻到报告的倒数第 3 页，导致汇报的效果大打折扣。

向"木"性格特征的领导汇报的策略

"木"性格特征的领导在听取汇报时，最关注"逻辑"。因此，在向他们做培训总结汇报时，适合的策略是"按先后，重逻辑"，即按照事情的先后顺序把前因后果讲清楚，在讲的过程中要注意逻辑的严谨性和细节的准确性。他们与"金"性格特征的领导不同，非常看重做事情的正确性和逻辑性，如果培训管理者在做汇报时先说结果，可能会被他们打断："你还没有说明为什么要做这个培训项目，以及具体是怎么做的呢，咱们一步一步来。"

向"水"性格特征的领导汇报的策略

"水"性格特征的领导在听取汇报时，最关注"风险"。因此，在向他们做培训总结汇报时，适合的策略是"扫风险，重和谐"，即先告诉领导培训工作整体完成得不错，各项绩效指标均已达成，让领导安心，然后逐步汇报工作细节。有些培训管理者不了解"水"性格特征的领导，为了突出自己的能力和业绩，开场就说"培训遇到了很多阻碍和困难，过程中出现了各种意外情况"，结果导致领导在听汇报的过程中无法安心，最终非但不觉得培训管理者解决意外情况的能力强，反而会认为他做事情不够沉稳和成熟。

向"火"性格特征的领导汇报的策略

"火"性格特征的领导在听取汇报时，最关注"创新"。因此，在向他们做培训总结汇报时，适合的策略是"突氛围，重创新"，即突出培训现场热烈的学习氛围和项目设计的创新之处。对"火"性格特征的领导来说，最不愿意看到的情况是一成不变，如果培训管理者每年的工作汇报就是变更一下数字，那么得到的反馈就是这样的："培训需要创新""培训要紧跟形势""关注现在最新的培训方式，咱们是否要尝试一下线上学习和直播方式"。

向"土"性格特征的领导汇报的策略

"土"性格特征的领导在听取汇报时，最关注"意义"。因此，在向他们做培训总结汇报时，适合的策略是"讲意义，重引导"，即首先要讲清楚做培训项目的意义和价值，同时在汇报的过程中注意引导领导的思路和关注点。"土"性格特征的领导首先关注做事情的意义，然后有可能展现其"善变"的特质，有时关注结果，有时关注逻辑，有时看重风险防控，有时则注重创新，让汇报人不易琢磨。因此，培训管理者在汇报过程中除了要适应他们的"善变"，还要注意引导他们跟随汇报的思路，这样才能变被动为主动，取得理想的汇报效果。

8.4 超越复盘，提升组织效能

培训总结是在做复盘，培训计划是在设计更好地支持企业战略和运营工作的执行地图。培训管理能够在企业战略和落地之间拓展出缓冲地带，实现战略与落地之间的对话，而非"硬着陆"。

企业战略从制定到落实是一个自上而下的过程，而在执行过程中发现问题和弥补组织能力短板是一个自下而上的过程，两者之间需要对话空间和缓冲地带来消除其间的差异和摩擦，这正是培训管理的作用。因此，培训复盘的本质是提升组织发现和解决问题及应对挑战的能力，进而提升战略制定和落实的核心竞争力。如果能从这个视角重新审视培训管理，就可以更清晰地理解培训体系、培训需求分析、业务协作关系、人才发展体系、培训项目的设计与开发、内训师培养与激励，以及培训总结复盘到底是在做什么。

PDCA 的全貌解析

PDCA 循环将质量管理分为 4 个阶段，即计划（Plan）、执行（Do）、检查（Check）和改进（Act）。但这并非 PDCA 循环的全貌，它具有 3 个主要特征：周而复始、大环套小环和阶梯式上升（见图 8.5）。

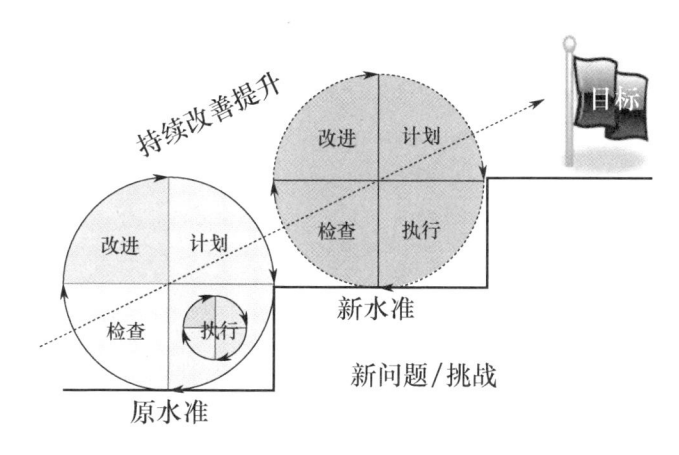

图 8.5 PDCA 循环的主要特征

周而复始

PDCA 循环不是运行一次就终止了，而是一个周而复始的闭环循环，不断检索和解决企业遇到的问题和挑战。一方面，改进环节与制订新的行动计划是无缝衔接的；另一方面，在 PDCA 循环过程中，企业也会发现新的问题和挑战，进而制订行动计划，启动新的 PDCA 循环。

大环套小环

一个组织的 PDCA 循环结构不仅是多个循环在同时进行，而且存在"大环套小环"的结构模式，就像机器中的大齿轮带动小齿轮，齿轮之间形成联动关系并进行动力传导，从而支持机器整体的正常运行。

同时，PDCA 循环的内部还可以设置另一个 PDCA 循环进行效果强化，即发现问题（Problem finding）、展示问题（Display）、清除问题（Clear）和确认结果（Acknowledge）（见图 8.6）。

通过"发现问题—展示问题—清除问题—确认结果"循环，可以强化 PDCA 循环中从执行到检查各环节中对问题的发现和解决能力，进而提高 PDCA 循环的整体效率和质量。

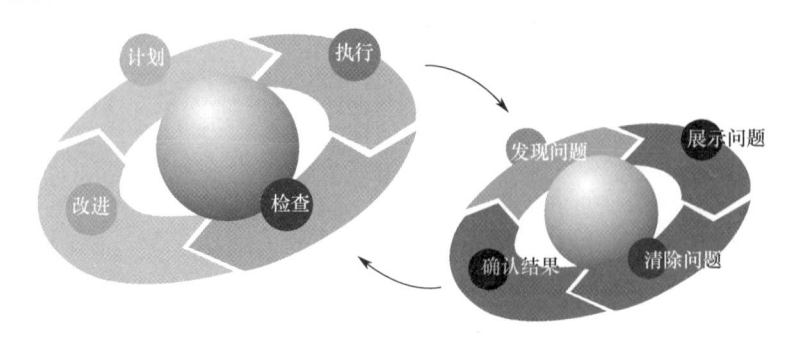

图 8.6　PDCA 循环中的"大环套小环"

阶梯式上升

PDCA 循环不是停留在同一个水平面上"原地打转",而是呈阶梯式上升的。随着企业不断践行 PDCA 循环,整个过程也将持续改善和提升组织能力,主要体现在两个方面:PDCA 管控能力及复盘和学习成长能力。

组织 PDCA 管控能力的阶梯式上升

PDCA 循环绝非机械的周而复始,而是有着不同的"阶梯"。PDCA 伴随着自身的成长永无止境,持续强化组织的计划、执行、检查和改进能力,并不断完善闭环循环模式。

组织复盘和学习成长能力的阶梯式上升

PDCA 循环真正的作用是实现持续的改善提升,通过"计划—执行—检查—改进"循环不断提升组织发现和解决问题的能力。其中,检查环节不只是评估结果,更重要的是找出问题的原因并解决它;改进环节也不是简单的纠正错误,而是通过对成功经验的标准化沉淀和对失败教训的总结,持续优化企业的管理制度和流程,将组织管理水平提升到新的高度。

通过复盘来提升组织效能

复盘的目的不在于复盘本身,培训总结的终极目的也不在于复盘,而是通过复盘重塑组织能力和行为习惯,提升组织效能。行动学习是组织能力提升的有效方式,即"在做中学,在学中做",复盘是以解决问题和挑战为导向的团队协作任务。复盘能够把行动学习的理念更好地形成闭环,不仅可以通过总结经验来完善组织管理智慧,而且能够在整个过程中提升组织的协同和学习能力。

完善组织管理智慧

第 2 章介绍了培训体系优化模型,其中的支撑部分(第二层和第三层)的本质是组织效能知识库的完善和应用。第二层是企业知识管理平台（这里的知识即组织管理智慧），是对组织经验和智慧的萃取。在知识管理平台之上列出的各个模块（第三层）是对组织经验和智慧的梳理和应用。支撑部分是为完成企业目标和解决问题服务的，进而支持具有引领作用的顶层结构（企业文化、战略落地和业务运营）。

复盘是对组织效能知识库进行完善和应用的有效方式，能够使企业在实战中更加重视对经验的总结，同时用实战中总结的经验更好地指导实战，提升组织效能。

提升组织协同和学习能力

复盘的过程也是重塑组织能力和行为习惯的过程。通过复盘可以打通企业各个部门之间的壁垒，将"事后追责"的工作方式转变为"事前群策群力、事中协同执行、事后复盘反思"的组织习惯，从而提升组织的协同能力。同时，将企业的复盘工作常态化，做到"小事及时复盘、大事阶段性复盘"，进而将组织的复盘动作从自发到规范，从规范到实效，从实效到形成组织能力提升的闭环体系，打造学习型组织的自驱动和成长能力。

小　结

1. 培训总结是在做复盘，探索如何更好地支持企业战略和运营工作。
2. 复盘对企业经营的 3 个重要作用：传承经验，提升组织能力；总结规律，优化制度流程；巩固成果，强化文化基因。
3. 对工作事项复盘的 5 个步骤：确定工作目标、评估结果、分析原因、总结经验和完善动作。
4. 年度培训总结和计划的 6 个模块：基础数据、计划回顾、培训体系建设、关键项目回顾、反思总结和下年度计划。相对于表面的数据，培训管理者更应该关注培训运作机制的有效性，以及在数据背后对"路"的理解和规划。
5. 做培训总结和计划时要以企业的战略和运营规划为基础，重点关注培训部门角色定位的调整和培训体系的优化完善。
6. 培训项目复盘模板是通过对工作事项复盘的 5 个步骤及要点进行提炼而设计的，通过对培训项目进行系统的复盘，为后续项目的设计和实施积累宝贵的经验。
7. 培训管理者在向不同的领导做培训总结汇报时，要根据对方的关注内容和性格特征制定有针对性的汇报策略。

8. 不同性格特征的领导在听取工作汇报时，关注点和适合的汇报思路是不同的。

9. PDCA循环的3个主要特征：周而复始、大环套小环和阶梯式上升。

10. 培训复盘的本质是提升组织发现和解决问题及应对挑战的能力，进而提升战略制定和落实的核心竞争力。复盘不仅可以通过总结经验来完善组织管理智慧，而且能够在整个过程中提升组织的协同和学习能力。

关注订阅号"匠心宇航"，领取本章检视/行动工具：年度培训汇报模板、培训部门定位调整图、培训体系优化调整图、培训项目复盘模板。

第 9 章
如何打造学习型组织

9.1 构建学习型组织场域

构建学习型组织是指建场域、赋能和强健企业生命体。国际组织学习协会创始人彼得·圣吉（Peter Senge）说过："未来唯一持久的优势，是有能力比你的竞争对手学习得更快。"当前，组织学习力已成为企业的核心竞争力，知识管理成为未来组织的核心和企业战略运营层面不可或缺的组成部分。

很多企业在培训方面投入了大量的资源，也引进和创新了多样化的培训方式，但并没有达到预期效果。在老板和业务部门的眼中，培训更像企业的保健品——吃不死人，也没多大用。因此，构建学习型组织需要的并不是简单的"学习方式"的创新，而是"工作价值"的变革。很多培训管理者认为构建学习型组织就是对企业知识进行管理。这种观点本身并没有错，但相对于知识管理，释放企业和员工的潜能更加重要。培训要做的事情不是注满水桶，而是点燃火种。

一些培训管理者存在这样的困惑：企业每年都组织了很多场培训，但为什么还是没有构建出学习场域呢？从系统动力学的角度来看，系统空间有三大因素：元素、元素之间的关系和系统的功能。对应企业的培训管理，元素是指企业的学习资源，包括但不限于知识、案例、培训项目和学习技术。相比各个元素本身，元素之间的关系对形成学习场域更加重要。也就是说，培训管理者要整合企业的学习资源，让资源之间形成联动，而非多个单点的罗列，如果企业的培训就是几场单独的"点"，那就可能无法形成学习场域。此外，培训管理者要关注系统的功能，即清楚地知道要打造一个怎样的学习系统，这个学习系统又要通过怎样的结构和方式具体起到什么作用。

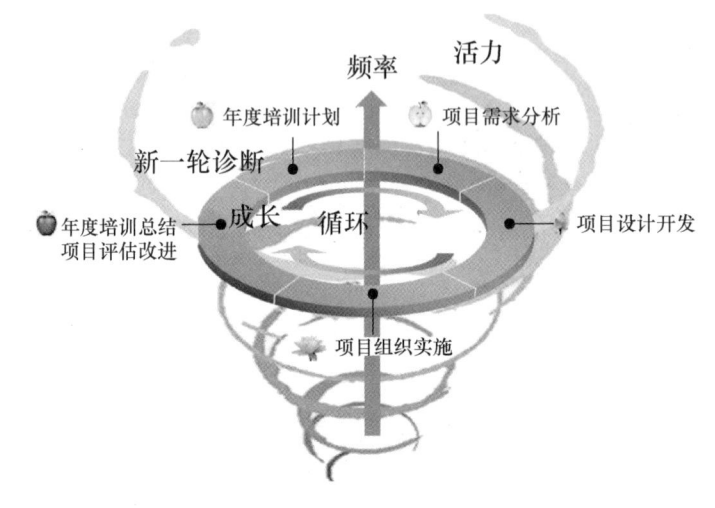

学习型组织场域模型

学习型组织场域模型，通过将传统培训的"结束点"和"开始点"（如培训总结与计划、培训项目评估与立项等关键环节）进行重新定义和打通，将需求分析和评估改进环节进行无缝衔接，助力企业成长。需求分析不再是从零开始，而是不断盘点企业在成长过程中的即时诉求；评估改进也不再是培训项目的终点，而是新一轮需求分析的开始，从而形成良性的闭环循环。同时，提高学习系统运转的频率，从而形成螺旋式上升的学习型组织场域，更好地实现对企业学习资源的整合和联动（见图9.1）。

图9.1 学习型组织场域模型

相对于传统培训"点状"的运营模式，学习型组织场域模型具有两个能够将"点"形成场域的关键因素，分别是循环和频率。从螺旋动力学的角度来看，循环不仅能够加强学习资源各"点"之间的联动，还能够在闭环循环的过程中加快组织能力的提升；频率能够将整个学习系统的节奏带动起来，同时为各个循环提供持续向上的动力。横向的场域闭环循环和纵向的场域频率拉升，共同构建了螺旋式上升的学习型组织场域。

横向的场域闭环循环

学习型组织场域模型中的闭环循环以 ADDIE 课程开发模型为基础，同时融合六西格玛 DMAIC 理论和 PDCA 理论整合而成（见图9.2）。

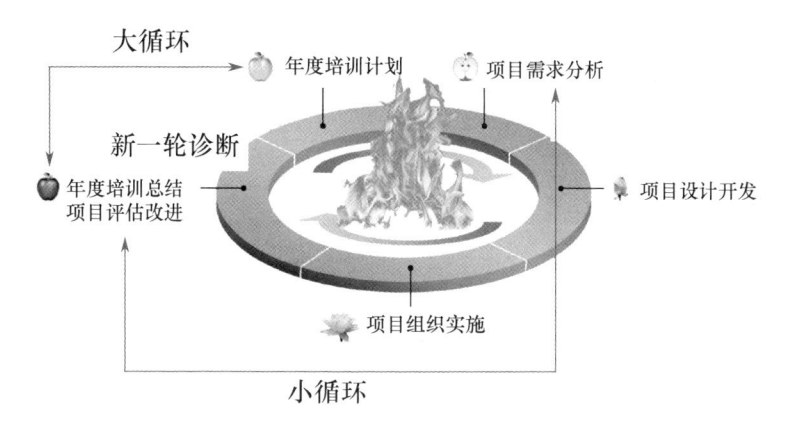

图 9.2　学习型组织场域模型中的闭环循环

- ADDIE 是课程开发的经典模型，将课程开发分为 5 个步骤：分析（Analysis）、设计（Design）、开发（Develop）、实施（Implement）和评估（Evaluate）。
- DMAIC 是六西格玛管理中用于改善流程的重要工具，具体是指由定义（Define）、测量（Measure）、分析（Analyze）、改进（Improve）和控制（Control）5 个阶段构成的过程改进方法。
- PDCA 循环是全面质量管理的思想基础和方法依据，它将质量管理分为 4 个阶段，即计划、执行、检查和改进。

学习型组织场域闭环循环借鉴了 PDCA 循环中"大环套小环"的结构模式，大循环是对培训整体规划和总结的闭环循环，小循环则是对培训项目的闭环循环。循环过程以"需求分析、项目设计和开发、组织实施和评估改进"为主线，同时借鉴六西格玛 DMAIC 理论，重点对需求分析和评估改进两个环节进行细化，突出定义测量和改进控制这两个关键动作，并进行闭环衔接优化。

定义和测量需求

需求是需要被定义和测量的。不要盲目追求效率和花样，要先找到真正的需求，否则事倍功半。有些培训管理者非常看重做事情的效率，在还没有看清楚事情本质的情况下"先行动起来再说"，结果在实施过程中才发现自己提供的培训根本不是企业和学员所需要的，但也只能硬着头皮做下去；有些培训管理者喜欢追求"培训新花样"，去年组织行动学习，今年引进视觉化引导，明年准备做教练技术，他们选择课程的标准是"新，做过的不能再做"，结果学员每年都在"掰棒子"，去年学习的技能还没有掌握，今年又要学新内容了，几年下来每样都学了点，但每样都用不好。在这些情况下，学习型组织场域是很难建立起来的。

构建学习型组织场域，首先培训部门的角色定位要从"产品的推介方"转变为"价值的创造者",在培训需求分析环节找准真正的价值点。制订年度培训计划是一个"以终为始"的定义和测量培训需求的过程,通过诊断企业和员工面临的问题和挑战,确定哪些需求需要被满足,同时结合培训项目的选择标准进行聚焦,最终确定最有价值的培训项目。相对于种子,我更倾向于用"青果实"来代表确定要做的培训项目,以突出培训立项的重要性和培训项目本身的价值。

第 3 章讲过,如果把企业发展看作一棵树的话,那么培训要做的事情就是通过不断收获果实来帮助树茁壮成长。选择培训项目有两个关键点:一是培训项目必须是企业成长所需要的;二是培训项目必须能够落地,达到培训效果(见图9.3)。

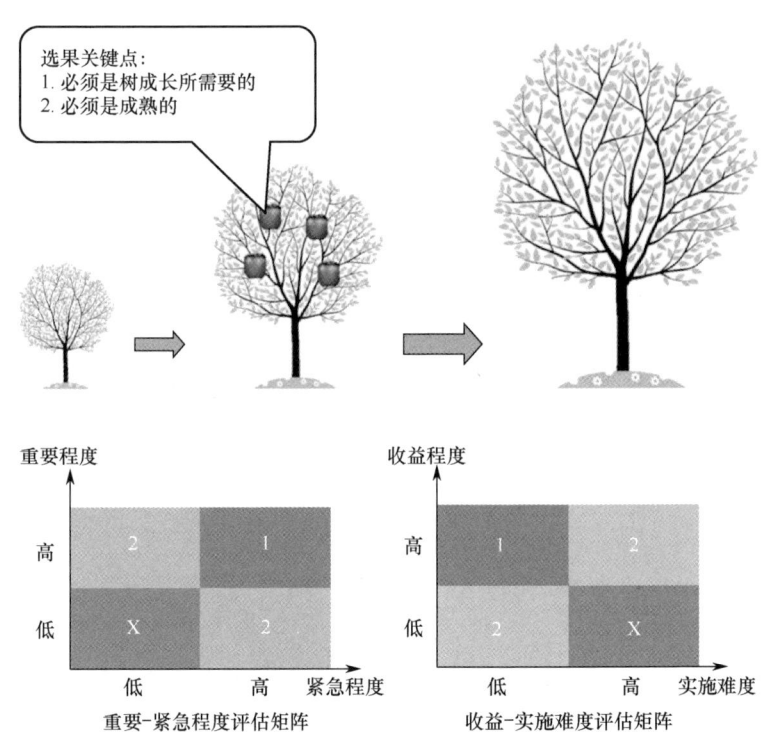

图9.3 培训项目的选择标准

在确定培训项目立项后,不要立刻进入课程开发环节,此时要做的是项目需求分析,即对"青果实"进行剖析。首先,明确培训项目的期望效果,并通过对问题或挑战的原因及难点进行分析,找到真正有效的解决方案,然后判断其中哪些部分能够通过培训来解决,还需要做哪些事情才能够真正达成预期效果(见图9.4)。

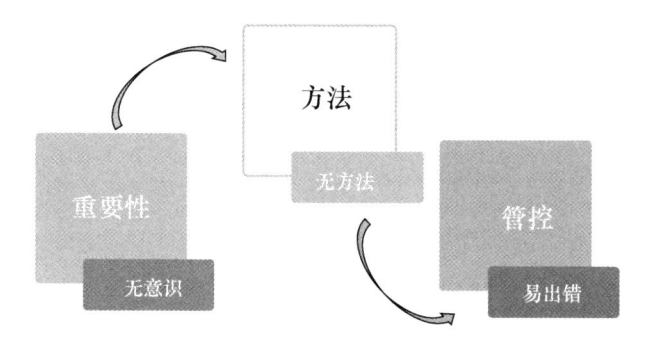

痛点分析与解决思路三要点

培训项目管理要素	具体内容
What	问题/挑战
Effect	期望效果
Why	原因/难点分析
How	解决方案
Which	交付物
When	实施时间
Who	岗位/人员
How much	培训预算

培训项目透视CT表

图9.4 培训项目的需求分析

设计开发和组织实施

如果说培训项目的立项是"找到青果实",项目需求分析是"剖析青果实",那么项目的设计和开发就是"培养含苞待放的花骨朵",组织实施则是"精彩绽放的花朵"。在此过程中,培训部门做的是创造价值的事情,通过提供超出学员期望的体验过程,获得学员的高满意度和项目的好口碑。

将评估建议转化为改进和控制动作

培训的评估改进是"收获成熟的果实",只有将评估的结果和建议转化为改进的行动和控制落实的动作,才能真正取得培训成果。在具体操作时,培训管理者可以从年度培训总结和计划、培训项目复盘和培训课程优化3个方面来提升培训管理的评估改进效果。

年度培训总结和计划

制订年度培训总结和计划时,除了对过往培训工作的回顾,更重要的是从过去的实践经验中找到更好的支持企业战略和运营工作的思路,并转化为行动方案，融入下年度的培训计划之中。

培训项目复盘

对培训项目的复盘同样要落实到改进的行动方案上，通过回顾目标、评估结果和分析原因，总结出项目经验（包括应该做却没有做的事情、不应该做却做了的事情和应该想到却没有想到的事情），进而制订出项目完善的行动方案。

培训课程优化

对培训课程的优化不是单纯地更新课程内容，而应该建立在实践反馈的基础之上。通过整理和分析培训课程的评估反馈信息，总结出课程的亮点和有待完善的部分，然后制订具体的行动计划，将完善动作落到实处。

有效的评估是检验成果的关键，有效的改进和落实动作则是达成最终成果的重要一环。同时，对培训工作的改进和落实动作也是开启新一轮需求诊断的重要基础，因为正是这一步证明了培训部门是一个"做事且能成事"的部门，只有这样，其他部门才愿意继续与培训部门合作，共同开启新一轮的需求诊断。为培训项目画上句号的评估是总结性评估，探索新的可能性的评估是发展性评估，在企业需求诊断和满足的循环中，培训部门将通过持续了解客户需求和提供超越客户预期的解决方案，逐步建立起真正的战略合作伙伴关系。

纵向的场域频率拉升

除了横向的场域闭环循环，纵向的场域频率拉升也是影响学习型组织活力指数的重要因素，即企业组织培训项目的频率将直接影响学习型组织场域的活力。可以从物理学的角度看清楚其中的原理。

学习型组织场域力学原理

古希腊哲学家亚里士多德通过观察物体运动得出一个结论："当推一个物体的力不再去推它时，原来运动的物体便归于静止。"之后，意大利物理学家伽利略通过实验提出这样一个观点："假如有人推着一辆小车在平路上行走，然后突然停止推那辆小车，小车不会立刻静止，而会继续运动一段距离。"继而得出结论：一个物体，假如没有外力作用于它，此物体将均匀地运动，即沿直线以同样的速度运动下去。英国著名物理学家牛顿在伽利略研究的基础上提出了著名的牛顿第一运动定律（又称惯性定律），即物体会保持静止或匀速直线运动状态，除非有外力迫使其改变运动状态（见图9.5）。

第9章 如何打造学习型组织

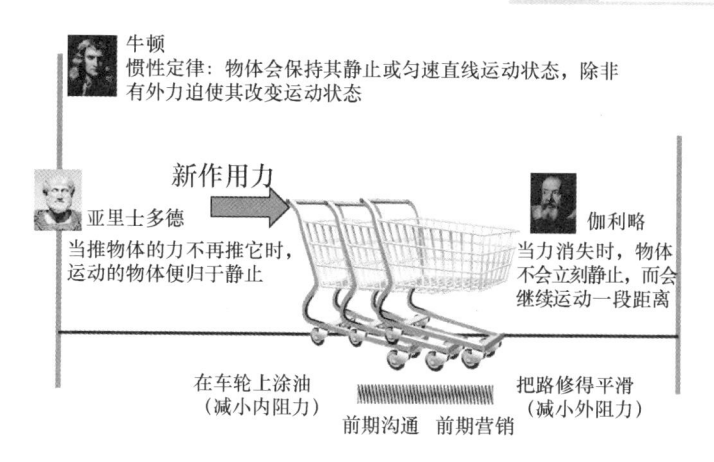

图9.5 学习型组织场域力学原理

"没有外力影响的环境"在现实中是不存在的。人们应该关注的是"在现实环境中，如何能让小车运动到更远的距离"。对此，有两种有效的方法，分别是施加新作用力和减小阻力，如给小车施加一个新的推力或想办法减小运动中的摩擦力（在车轮上涂油或把路修得平滑等）。

培训管理工作也是同样的道理。要想让培训项目的效果和影响力更好，可以从两个方面进行提升。第一，提升组织培训项目的频率，当一个培训项目的影响力不足时，及时推出新的培训项目，增加学习型组织场域的活力。第二，做培训项目时尽量减小阻力。例如，在培训项目实施前，与业务部门做好充分的前期沟通工作（就像在车轮上涂油），减小项目实施过程中的内阻力；在培训项目取得成果后，做好项目的宣传营销工作（就像把路修得平滑），提升培训在企业和学员中的影响力，减小后期合作的外阻力。

学习型组织场域能量转化原理

能量是物质运动转换的度量。一个物体能够做的功越多，能量就越大。物体由于运动而具有的能量叫动能，同一物体运动速度越快，动能越大。物体由于受到重力并处于一定高度时所具有的能量叫重力势能，同一物体所处的高度越高，重力势能越大。动能和重力势能是可以相互转化的。

以游乐园里的过山车为例，过山车启动后，从低点逐渐上行，在此过程中过山车的动能和重力势能随着速度和高度的增加而增加。当过山车运行到最高点停车时，重力势能达到最大值，动能最小。当过山车从最高点向下行驶时，重力势能因高度的降低而减小，转化后的动能则因速度的增加而变大（见图9.6）。

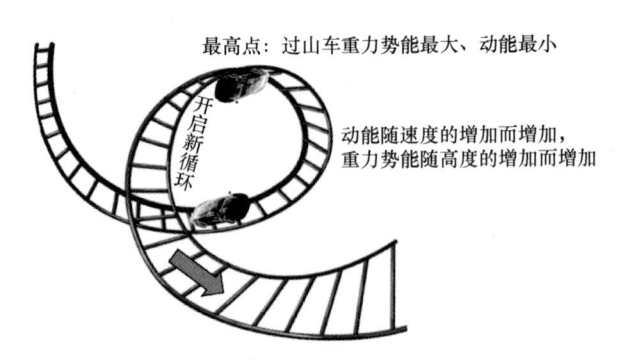

图 9.6　学习型组织场域能量转化原理

做培训项目也是同样的道理。项目启动后，参与人员随着对培训项目的了解，参与意愿逐渐增强（动能增加）。随着项目的推进和展开，阶段性效果逐渐显现（重力势能增加）。当项目结束时，培训效果达到顶峰（重力势能拉满），同时参与人员随着项目的完成而不再参与（动能最小）。

此时，培训管理者应该开启新一轮循环，"将最大的重力势能转化为动能"，即在向业务部门做培训项目总结汇报时进行二次营销，探索下一个合作机会，将培训项目的后期营销与下一个合作项目的前期沟通进行无缝衔接（将此时项目的最大重力势能转化为下一个项目的动能）。

培训管理者通过拓展培训项目的"弹性"空间，将原本孤立的培训项目进行系统的联动，从而与业务部门保持持续且紧密的合作，建立"连点成线、结线成面、聚面成体"的立体化合作关系。

培训管理是一件需要系统思考的事情，这也是本书的一个核心理念。也许你已经发现了，前面各章中有很多内容都是相互关联的，这种关联并非我刻意为之，而是因为培训管理本身就是一个整体，它不是动作的分解，更不是技巧和工具的简单罗列。只有当你不再将学习视为一种灌输，而将其视为一种具有相关性、创造性、协作性和挑战性的活动时，你才能真正发挥出学习型组织场域的力量，完成点燃火种的培训使命。

9.2 组织生态系统的 4 层形态与知识星云终极构想

组织生态系统的 4 层形态

组织生态系统分为 4 层形态，分别是学习型组织、赋能型组织、平台型组织和生态型组织（见图 9.7）。

第 9 章 如何打造学习型组织

学习型组织	赋能型组织
以组织学习为导向，创新和深化学习方式，塑造组织学习环境	将组织的学习力转化为实战能力，将组织的思考力转化为行动力
生态型组织	平台型组织
激活个体，构建生命智能系统，提升组织的应变进化能力	将组织结构去中心化，建立知识共享运作机制

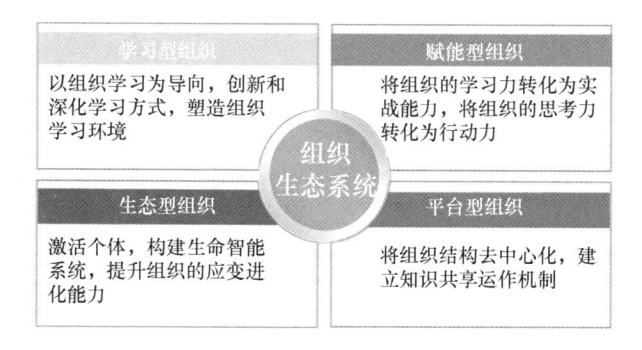

图 9.7　组织生态系统的 4 层形态

学习型组织

学习型组织以组织学习为导向，创新和深化学习方式，塑造组织学习环境。学习方式的创新和深化要以学习效果为导向，不要单纯为了寻求新花样而创新，否则容易影响企业和业务部门对培训的认知和价值判断。组织学习按照物理空间进行划分，可以分为线上和线下两种方式。

线上学习方式

线上学习方式的优势在于打破了学员学习的时空界限，让他们可以随时随地进行学习，并且降低了企业和学员的学习成本。同时，线上学习也存在自身的劣势，隔着屏幕的学习方式会直接影响课程的"温度"，对学员约束力的降低会使课程在通过互动来引发学员思考和夯实课程关键点等方面的难度有所提升，从而影响培训效果。

线下学习方式

线下学习方式为讲师和学员创造了更多的互动和交流机会，从而使学员能够更好地掌握学习的过程和效果，但相比线上学习，企业和学员付出的学习成本较高。从组织学习模式来看，线下学习可以通过 6 种方式来提升组织学习能力，分别是解读历史、分析过程、反思学习、可行性实践、可比性组织和培训辅导（见图 9.8）。

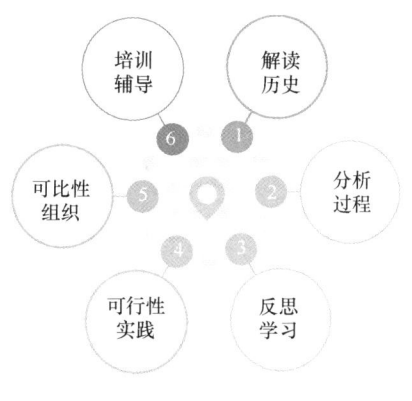

图 9.8　线下学习的 6 种方式

解读历史、分析过程、反思学习和可行性实践是组织通过总结过去指导未来的一种学习方式，案例萃取和行动学习是这个领域有效的学习方法。可比性组织是企业通过对标同行业企业或跨行业领先企业进行学习的一种学习方式，它是企业向外学习的一种尝试，通过学习其他企业优秀的管理经验，对自身进行优化和完善，标杆游学是这个领域有效的学习方法。培训辅导不仅包括传统的课堂授课方式，更重要的是将企业在学习过程中总结的知识和智慧加以应用。例如，将案例萃取和行动学习过程中提炼的关键知识点进行分享，对标杆游学过程中总结的借鉴价值点进行转化，对工作项目复盘过程中总结的经验加以应用，等等。

塑造组织学习环境

除了对学习方式的优化，培训管理者还应该关注组织的学习环境。爱因斯坦曾经说过："我从不教我的学生，只会提供一个让他们能够学习的环境。"环境能够影响人的成长，营造良好的组织学习环境能够激发员工主动学习。

组织学习环境并不局限于传统的培训教室，企业中的很多空间都是学习的理想环境。对学习空间的思考，重点不在于什么样的学习空间才是正确的，而在于如何理解学习这件事情。当培训管理者更加关注人们相互之间的交流时，企业工作空间将被重新定义和设计。按照不同的沟通模式，可以将企业工作空间重塑为多种学习空间的集合，这些学习空间包括营火、水源地、洞穴、山顶和空气。

○ 营火：教室

教室是传统的企业学习空间，它适合一对多的学习模式。在教室中，教学就像露营时点燃篝火一样，大家围坐在一起，结合主题进行分享和学习，主讲人运用自己的经验和智慧点燃大家心中的火焰，照亮他们的知识盲区。

○ 水源地：茶水间

茶水间是被很多企业忽略的学习环境，也是员工出现频率最高的工作空间。水源地的特征是大家都可以到这里来饮水，彼此之间是对等的关系，所以这里适合多对多学习模式。这个空间崇尚"知者为师"，大家在这里可以进行对等协作，相互交流工作中的困惑和心得，每个人都可以成为老师。

○ 洞穴：办公室

办公室是领导与下属之间布置和汇报工作的主要场所，也是领导对下属"授权和辅导"的理想空间。它就像洞穴一样，适合一对一学习模式，领导可以结合下属的工作情况进行有针对性的教练式辅导。这种学习方式在"721"学习法则中属于"向榜样和有经验者请教和交流"（约占成人学习效果的20%），学习效果优于课堂学习。

○ 山顶：会议室

会议室是工作项目推进的主要场所，也是员工在实战中学习成长的理想空间。工作本身就是最宝贵的学习资源，"在攀登中学习登顶"的挑战式学习模式正是"721"学习法则中学习效果最佳的"在工作实践中进行学习反思"模式。攀登过程中的山就是工作，在工作推进过程中有大量学习成长的实战机会，让员工实现"在做中学、在学中做"的最佳学习效果。

- 空气：互联网

互联网以其无处不在的特点覆盖了企业的工作空间，它就像空气一样，无形却又不可或缺，充斥在每个角落，将学习变成可以随时随地发生的事情。互联网是协作和沟通的媒介，可以让学习和沟通更有效率。

赋能型组织

赋能型组织将组织的学习力转化为实战能力，将组织的思考力转化为行动力。训战结合、目标与关键结果（Objectives and Key Results，OKR）都是提升组织实战能力和行动力的有效实践方式。

训战结合

华为公司是全球领先的信息与通信解决方案提供商，该公司创始人兼总裁任正非说过，华为实行的战略预备队将是一个长效机制，这种循环赋能的机制是永生的。循环不能终止，训战也不能终止，超稳定状态一定是毁灭华为的重要问题。

训战结合的人才培养方式，秉承"仗怎么打，兵就怎么练"的理念，通过训练、实战和复盘的循环赋能机制，实现人才和业务效益的最大化。训战结合以场景化培训为核心，通过找准赋能点、翻转学习、场景化培训、对抗演练和复盘总结，将"学与用、练与战"打通，提升人才培养的效率和效果。

- 找准赋能点：培训目标明确

与传统培训课题存在盲目立项的情况不同，场景化培训的赋能点源于企业业务战略和人才地图提出的赋能诉求，学习方案则是将赋能点进行场景化，课程是将赋能点和学习方案目标进一步拆解为具体的知识和技能。这种"因需才做"的项目立项方式能够使培训目标更加明确。

- 翻转学习：培训效率高

翻转学习能够将课堂学习的效率和效果最大化，通过在课前组织学员学习在线课程或参加考试等方式，将课程的基础内容学习前置，从而使学员在课堂上有更多的时间进行实战演练。

- 场景化培训：培训内容贴近实战

场景化培训是围绕确定的赋能点，梳理具体的业务情境和核心工作任务，并明确在完成工作任务的过程中学员可能遇到的痛点和挑战，进而提供解决方案。培训内容是基于现实业务提炼的典型业务场景和案例，通过提供被证明有效的解决方案，形成可复制的流程、工具和模板，或者可被广泛借鉴的经验教训，确保学员能够快速地将其在培训中所学的内容复制或运用到实战中，或者能快速地找到更好的解决方案。

○ 对抗演练：培训效果真实转化

对抗演练是对真实业务场景的实战演练和及时反馈。将传统培训课后的效果转化这一薄弱环节放到课堂上，学员通过演练可以将学到的知识和技能进行实战应用，并得到老师的及时指导和纠正，从而将"学与用、练与战"打通，提升培训转化的效果。

○ 复盘总结：学习成长闭环提升

复盘是学习成长的有效方式，可以在学习过程中或学习结束后将学习路径进行闭环反思。训战结合的复盘包括个人复盘和团队复盘两种形式，复盘内容围绕赋能点，回顾培训目标、学习和演练的过程与结果，并在此基础上总结经验，制订后续的完善计划。

目标与关键结果法

OKR 由英特尔公司原 CEO 安迪·格鲁夫（Andy Grove）发明，并由约翰·杜尔（John Doerr）于 1999 年引入谷歌公司，之后在 Facebook、LinkedIn 等企业得到广泛应用。它是一套明确目标并跟踪其完成情况的管理工具和方法，也是提升组织能力的智能适配工具。

制定 OKR 的基本方法如下。首先设置目标，然后设定促成目标实现的可量化的关键结果。下面来看一个实际操作示例（见图 9.9）。

目标
O：提供培训支持销售团队
关键结果
KR1：11月5日前，设计和开发完成销售流程培训课程 KR2：80%的销售团队成员通过销售流程培训认证 KR3：销售培训满意度平均分不低于85分

图 9.9　OKR 实际操作示例

OKR 可以提醒团队需要做什么、如何做和何时做，并准确地反馈最终结果。理想的 OKR 系统往往允许员工自主设置部分目标及大部分或全部关键结果，从而将企业中"官僚式的服从"转变为"热爱式的服从"。"写下目标"这一简单的行为可以提高员工达成目标的可能性，同时通过与同事共享目标并监督目标达成的进程提高成功率。

OKR 中的各关键结果并非相互独立的孤岛，而是创建了相互联系的网络，在垂直、水平、对角等各个方向全方位地连接了组织中最重要的工作，将每个人的工作与团队工作、部门项目及整体的组织使命联系起来。OKR 具有 4 个优势特征。

对优先事项的聚焦和承诺

企业员工往往容易将目标和使命弄混淆。使命是具有方向性的；目标则包含一系列具体的步骤，需要个体真正参与其中并为之不懈地奋斗。OKR 能够聚焦主要目标，并将其在组织中层层分解，当员工承诺完成的目标与公司的最高目标保持协同时，将激发出强大的激励效果和组织行动力。

团队工作的协同和联系

缺乏协同是企业战略制定与执行之间的主要障碍。当各个部门需要互相依赖以获得重要支持时，却往往因为缺乏及时、明确的依赖关系而导致信息传递不畅，沟通协作受阻。通过 OKR 对目标和关键结果的共享，各部门之间及管理者与下属之间会对工作形成整体上的统一认知，并清楚彼此的分工和项目进展，从而提升组织的协同能力。

责任的可追踪性

OKR 在将目标分解为关键结果的同时，还会对目标落实的进度进行量化管理。通过使用实时指示板，用绿色（目标完成）、黄色（目标取得了进展，但没有完成）和红色（项目停止）来显示项目的进展情况，从而掌握项目实施的进度，提升项目完成的效率和效果。同时，可以以季度和年度为节点，分阶段评估取得的实质性进展，逐步达成宏伟的目标。

充分延展进而挑战不可能

大多数人在面对难题时倾向于退缩，而不是去寻找解决难题的机会。OKR 可以将一个难题转化为若干个可实现的且有挑战性的小目标，进而增强员工的信心和行动力。取得可量化的进步比公众认可、金钱或实现目标本身更有激励性，可以鼓励员工不断挑战难题，实现个人和组织的能力成长。

OKR 是持续性绩效管理，通过激发员工主动性来塑造"勇于挑战、善于落实、协调配合、承担责任"的组织文化。同时，OKR 系统是灵活的，就像一个充满活力、会呼吸的有机体，促进企业生命体和员工细胞的共同成长。

平台型组织

平台型组织将组织结构去中心化，建立知识共享运作机制。相对于传统的项目制培训模式，平台型组织最显著的特点是能在短时间内实现指数级增长。

与传统组织提供标准商品给客户的经营模式相比，平台型组织更侧重于提供海量的资源和解决方案给客户，从而在组织效率、客户满意度和组织成长持久度等方面取得更好的效果（见图9.10）。

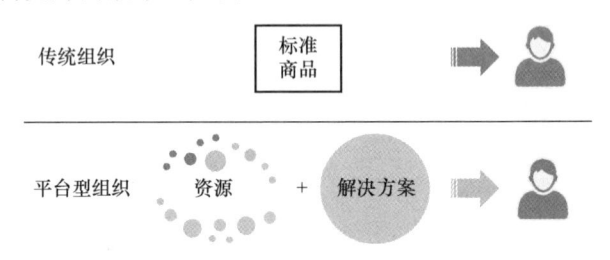

图9.10　传统组织与平台型组织对比

从培训管理的角度来看，内部客户就是企业、各个部门和员工，相对于标准的培训课程产品，培训部门应该提供更丰富的资源，以帮助大家更好地形成解决方案，助力企业经营落地。在工作效率方面，培训部门的产出应该符合或超过企业和员工的预期；在客户满意度方面，应该尽量满足企业经营和员工成长的合理需求；在组织成长持久度方面，应该确保或增强企业在经营过程中和员工执行工作任务时应具备的能力。

要想实现以上目标，仅靠培训部门的努力是不可能实现的，需要对组织结构进行优化调整，并建立知识共享运作机制。

双元系统组织结构

无论是企业经营还是培训管理，都应该以创造价值为核心理念，并且构建与之匹配的适合进行价值创造的组织结构。在组织结构方面，平台型组织与传统组织的区别是去中心化、敏捷化和开放化。双元系统组织结构在传统层级组织结构的基础上增加了网络组织结构，从而增强了组织的灵活性、敏捷性和创新性（见图9.11）。

层级组织结构更适用于管理落实，优点在于稳定和效率，在制度和流程规范覆盖的范围内稳定而高效地完成规定动作。但对于一些制度和流程规范的盲区及需要创新性解决问题的工作事项，层级组织结构中的"条条框框"式工作模式将造成责任不清、相互推诿、思维固化和反应滞后等低效的组织行为，使企业错失发展机会。

第9章 如何打造学习型组织

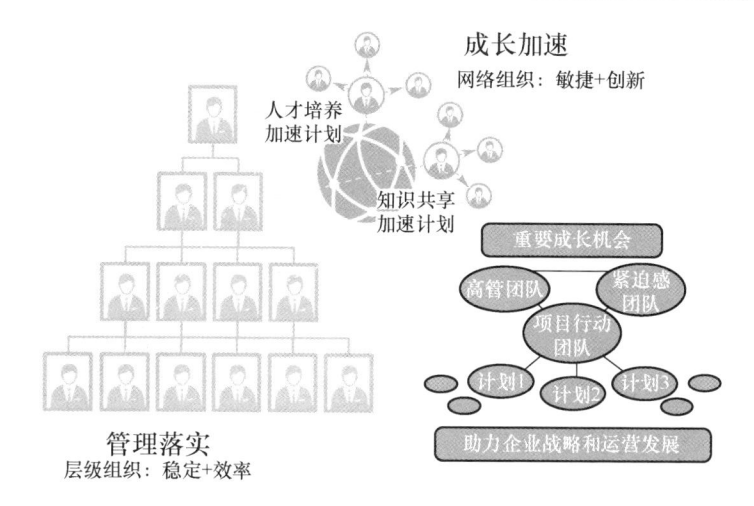

图9.11 双元系统组织结构

网络组织结构以抓住能够助力企业战略和运营发展的重要成长机会为核心任务，由企业高管团队、紧迫感团队和项目行动团队共同组成敏捷行动小组。高管团队负责重要成长机会的挖掘和验收工作；紧迫感团队负责对成长机会进行评估，确定项目价值和评定优先级；项目行动团队负责将成长机会进行落实。

项目行动团队会根据培训项目的实际需要，从层级组织结构中选出适合的人员组成培训专项组。培训专项组设置组长和组员，实施扁平化管理，突破传统岗位职级层层报批的工作模式，采取以培训项目为核心的共创高效协作模式，提升组织的敏捷性和创新性。

双元系统组织结构不是两种体系的并行，而是合二为一的整体动态结构。善于管理落实的层级组织和善于加速成长的网络组织就像不断演化的太阳系一样，彼此配合，和谐运转，共同创造出新的组织能力。

知识共享运作机制

管理学教授陈春花认为，企业只有成为一个知识驱动型组织，自上而下地构建组织的知识"DNA"，构建以数字化驱动为导向的组织结构，才能够真正持续优化，创造可持续的价值。

重新理解信息

很多企业管理人员对信息存在本质上的误解，他们认为"信息就是权力"，所以企业内出现了大量中层管理人员"老板说了什么，有限传达；下属做了什么，选择汇报"的情况，他们成为信息的"黑洞"。

信息应该是组织生命力的"营养"。根据马斯洛需求层次理论，人类最高层次的需求是自我超越（与更广阔的世界连接）和自我实现（发挥潜能、实现理想）。企业中的核心人才最主要的驱动力来自成就感和社会价值，他们最需要的是企业对他们赋能，也就是为他们提供更加开放和共享知识信息的环境和工具。因此，未来组织管理的关键不再是"胡萝卜+大棒"，而是为员工提供基于赋能的知识管理系统。

信息需要流动

李彦宏曾经多次在百度内部表示："百度从诞生第一天起就是一个高科技的、知识密集型公司。这么多年来，我们积累了很多经验、教训、知识信息，这些东西如果能够高效流动起来，一定会让我们创新的速度有大幅度的提升……现在我们应该更多地考虑怎么让我们的知识更加高效地流动。"

《平台型组织》一书提到，平台型组织的竞争力来源于以下4个方面。

- 通过基于数字化的管理创新实现交易成本最优。从信息孤岛到智能互联，开放地构建坚实的智能化大数据体系。构建企业的私有云，打造具有企业专有特征的智能化大数据平台；以公有云为基础，逐步奠定企业的大数据基石——基础设施即服务（IaaS）、平台即服务（PaaS）、软件即服务（SaaS）。
- 通过组件标准化和组件开放化组合实现规模经济、范围经济、学习效应的综合最优。
- 通过平台的打造实现强大的网络效应。
- 通过高度专业化和柔性敏捷实现机会成本和沉没成本依赖最低。

数字化的核心是度量和优化。将万物度量抽象为数据和信息，在此基础上形成组织知识和智慧，进而优化组织行为。从组织成长的角度来看，重要的不是哪个人或哪个岗位负责解决问题，而是哪些信息、知识、能量和智慧可以用来解决问题。信息是组织生命力的营养，能够让信息实现自由流动，让员工充分共享信息是基于赋能的知识管理系统要实现的最重要目标。

建立知识共享运作机制

运作机制是决策结构与社交结构（人际网络结构）在企业的决策系统与流程中合二为一的产物。运作机制既包括制定企业战略、审批经营计划和预算、甄选和培养关键人才等核心机制，也包括例行工作会议等日常运作机制。决策结构的顺利运作得益于每周工作会议的社交结构。在知识共享方面，社交结构比决策结构更强大。

企业系统是一个开放的演化系统，各个要素之间需要建立相互联系和作用的机制,只有这样,新的创造力才能被激发出来,这是一个共享和创造的过程。知识共享运作机制是一个由企业全体员工共同参与分享和应用获益的体系,以企业和员工的需求为核心,动态地连接创新个体,同时倡导在企业核心业务场景的基础上,鼓励员工通过无私地分享已有的知识、经验和教训来响应组织需求,从而打造"人人为师,人人受益"的赋能型平台组织。

建立知识共享运作机制,需要在组织的每个层级培养创新型领导者。他们需要充满正能量,主动挖掘自己和身边伙伴的可传授的知识和智慧,并带动更多人参与进来。通过这种方式促使组织内的员工相互交流,让他人也接受培训。无论是以一对一的形式还是以小组或线上交流的形式,他们都乐于与其他人分享信息,从而让组织内部的信息和资源实现自由流动。创新型领导人才被培养为领导者,同时又会以领导者的身份培养他人,这样,组织中就会出现越来越多的创新型领导者,他们就像种子一样,会逐渐改善组织知识共享的土壤。

知识共享运作机制除了倡导员工分享知识和智慧,更重要的是对已有知识和智慧的应用和再次创造。传统的知识管理系统大多是通过上传、分类、存储和检索等步骤,将知识内容存档。这种操作背后的逻辑是,知识内容是企业的资产,通过保存知识,可以避免因员工离职导致企业资产流失,其本质是一种基于控制的知识管理思路。当知识管理被异化为"知识存储",那么对知识的应用自然就会被忽略,这就注定了这种知识管理系统很难发挥真正的作用,慢慢沦为存档工具,无法持续运作下去。

知识和智慧的萃取是在为企业平台"蓄能",让知识管理系统真正发挥作用的关键在于赋能,这就需要为知识和智慧设计符合业务应用场景的接口。例如,在撰写案例时,可采用"遇到×××(问题),怎么办"或"如何应对×××(挑战)"的标题,按照案例背景描述、挑战或原因分析、解决方案和结果的结构撰写。

这样直指应用的知识共享运作机制可以起到培训、指导和反馈的作用,持续完善和丰富分享者的知识和智慧。随着组织分享经验的不断积累,不仅知识与智慧之间的联动和相关案例会更加丰富,员工收集和分享信息的能力也会得到持续提升,组织内的对话也会变得更加高效且富有建设性,从而加速将学习成长基因融入企业。

生态型组织

生态型组织可以激活个体,构建生命智能系统,提升组织的应变进化能力。生态型组织的核心力量是"以人为本",华为公司创始人任正非曾经说:

"战略只需要方向大致正确，但组织需要充满活力。"如果说平台型组织是将自己变成能够自由链接资源的平台，实现内部的自由联动，那么生态型组织就是充分激发人们的才能和潜能，增强组织生命体的无边界能力成长和应变进化的极致性。

组织力是企业持续发展的重要能力，即企业的内生凝聚力和驱动力。数字化是时代发展的趋势，但不要把人"数字化"，企业管理者需要和他人建立有效的人际关系，激发共同的信心，构建命运共同体。个人发展与组织发展不是矛盾的，提升组织力需要打破传统的静态化人才培养体系，构建开放、动态的人才生态系统。

激活个体

只有在人的价值被充分尊重且使用的前提下，组织才能实现指数级增长。组织往往看重的是自己的"本体"，而忽略了自己时时刻刻都在与个体发生的"关系"。生命是开放的，需要不断吸纳新能量。培训管理者需要具备整体的和动态的认知思维，从根本上认识到激活个体的重要性。

成就感是激励员工的最重要因素，人们获得成就往往有两个动机，分别是使命感和危机感。组织看待员工的方式决定了激励员工的方式，如果组织认为员工先天具有主动性，往往会采取偏重于点燃使命感的激励方式；如果组织认为员工先天是懒惰的，往往会采取偏重于煽动危机感的激励方式。前者侧重于正向引导，后者侧重于负向施压。从构建生态型组织的角度出发，点燃使命感的激励方式更加有效。

如果想了解生态型组织是如何改变自我的，首先要记住，你是在与能量打交道，而非物质。意义具有能量特征。对工作意义的探索能够让员工摆脱程式化的行为，真正被激活，定期为员工提供从零开始重新思考的机会，思考自己本来是为了什么而存在、应该做什么、为什么没能做到，从而从本源激发员工的动力。

员工需要探寻工作的意义，同时也需要相互信赖并认可自己的组织环境。员工需要参与组织活动，而这种参与行为又会影响他们自身的变化。稻盛和夫提出了"阿米巴经营模式"，将大组织分为多个小的独立经营体，通过与市场直接联系的独立核算制进行运营，实现全员参与经营模式，其本质是"量化分权"，也叫"内部市场化"。每个经营体都有自己的成本、收入和利润，对结果负责。其实，这种经营模式从根本上说，是为了解决员工缺乏独立经营意识的问题。海尔集团提出的"人单合一"也是对这一理念的实践，"人"是员工，"单"是客户的需求，"人单合一"可以提升员工的经营意识，以满足企业内外部客户的实际需求为工作的根本出发点。

稻盛和夫的哲学的核心是敬天爱人，企业经营不是人体解剖学，而是对鲜活生命的推动。激活个体是激发组织活力的必要前提。

个体与组织共生共赢

培训管理者要把组织看作完整的系统，组织中的人都具有自组织能力，将人才发展从削足适履的"人岗适配"转变为有机更新的"人才生态"，打造企业与员工之间的共赢关系。

优秀的人群形成引力场

谷歌前首席人才官拉斯洛·博克（Laszlo Bock）认为，未来的组织将由一群聪明的创意精英组成，组织的成功之道在于营造合适的氛围和支持环境，充分发挥员工的创造力。组织是一个"虚拟网络"，它持续发展的根基是优秀人才形成的引力场对个体的吸引力。优秀的企业会吸引优秀的人才加入，这会使它们变得更加成功，并由此吸引更多更优秀的人才，进而使它们能够持续成功。

优秀的组织氛围加持引力场

生命的"基本建筑材料"是关系，而不是个体。对未来组织的讨论，本质上是围绕如何更高效、更敏捷地解决生产力和生产关系问题展开的。技术的不断迭代将人类从繁重的体力劳动中解放出来，人工智能技术革命可以帮助人类追求更高层级的自我实现。当未来的组织拥有共享性、开放性、协同性，为个体价值的实现提供更多机会时，这样的组织也将拥有更好的未来。

人与组织环境没有"关系"不行，但如果有"关系"而不能产生持续和稳定的"价值"，也是没有意义的。培训管理者要积极构建组织与个体的价值型关系网络，其中的价值型是指经济价值与思想价值的总和。

越来越多的组织开始放弃对永久性结构的依赖，它们不断去除自己的刚性，以便支持更加流畅的协作过程。从能量流动的角度来看，员工是企业能量交汇的相互作用区域，如果企业能够创造一个开放和具有催化性的环境，让优秀的人才在相互扶持、相互促进和充满活力的工作氛围中自由互动和交流，那么企业将迸发出惊人的工作能力和组织成长力。

一个开放和具有催化性的组织环境，既需要督促员工的成长，也需要包容员工的多样性。当企业规模扩大时，员工的自我成长速度要跟得上集体向上发展的速度，只有这样，企业才能得到健康的发展。员工的原动力除了来自工作的意义，还来自他们与目标之间的差距所产生的结构性张力。为员工设置目标，并通过差距带来的结构性张力完成目标，可以帮助他们建立自驱力，让他们超越自己的生物性，在组织系统中高速成长和进化。

生态型组织应该是一个包容的生命体，其中的包容体现在容纳多样性上，鼓励员工有不同的想法，积极做出创新实践活动。研究表明，当企业展现出以下情形时，它将更贴近一个开放和具有催化性的组织。

- 积极展望未来，人们迫切而充满热情地付诸行动。
- 人们因为充分了解所面临的挑战和机遇，所以能够围绕共同的目标探索新的方向。
- 人们都与问题密切相关，彼此之间也是相互连接的，畅通的信息交流与合作取代了组织内部的专制。
- 当需要各个部门和各层级的员工、客户、供应商及其他利益相关者贡献有价值的想法时，他们会积极参与进来。
- 人们能够快速识别绩效差距并制订解决方案，提高工作效率和客户满意度。
- 人们制定的流程和发展的技能不仅能够应对当前的挑战，而且能够应对未来的挑战。

企业与员工共同发展是一个循环的过程，员工的目标共识、广泛参与、积极行动和高效协作将促进企业的成长，企业的成长反过来也会激励员工的发展。

企业和员工共建生态圈

价值型关系网络，不仅是指企业和员工共同创造经济价值，还包括思想价值的统一和共创，后者是企业的"魂"，也是企业区别于其他企业的核心所在。一个典型的复杂系统是由无数个个体成分或因子组成的，它们聚集在一起，呈现出集体特性。在任何一个组织里，都存在大量的自相似行为，这些自相似行为确立了这个组织的模式。

有效的自组织建立在两个关键要素的基础之上，分别是清晰的同一性意识和自主性。如果人们在清晰的组织同一性的指引下，通过自参照过程实现自主决策，整个系统就会有很好的一致性和力量。这样的组织虽然不太注重控制，却更有秩序，系统不再通过强加在外围的限制来获得秩序，而是通过清晰的内核。

自组织系统的稳定性源于其自身的本性，简单的指导原则具有强大无比的威力。建立组织愿景是在创造力量，而不是构建一个空间；是在创造影响，而不只是设定一个目标。如果一个组织知道自己是谁，自己的优势在哪里，自己的使命是什么，就能够灵活地应对环境变化。这个组织要做的事情主要由其清晰的自我意识决定，而不是由新出现的趋势或市场决定。拥有了清晰的同一性，组织就不会被环境所左右，它将拥有更大的自主性来决定应该如何应对环境变化。

组织愿景、理念和价值观有助于帮助个体规范自己的行为。它们的作用就像"场"一样，对员工的行为产生影响。从场域的角度进行思考，需要高度的一致性，既要有一致的信息，更要有一致的行为。生态型组织要为知识的产生和广泛共享创造条件，清除影响信息流通的障碍，消除人们对信息公开的恐惧感，建立一种相互信赖的组织关系。只有创造更广阔的前景，全新的挑战与巨大的机遇所带来的兴奋感才能成为培养员工的最好的"养料"。

构建生态型组织要将整体作为一个不断演变的过程来看，创造开放和具有催化性的组织环境，让组织实现协作式探寻，有利于促进组织实现自我认知。生命系统最有价值的特征就是富有弹性，员工是单边网络效应，生态是多边网络效应，只有让员工能够在组织环境中高效协作，每个人都能倾听他人，提炼他人的经验并加以吸收，才能实现组织和员工的共同进化。

坚持构建组织生态，一旦突破了临界点，员工和生态组织就会自我成长，届时组织将获得无边界的能力成长和应变进化的极致性。

知识星云终极构想

构建学习型组织的本质是建场域、赋能和强健企业生命体，要想实现这个目标，单靠做几个培训项目是不够的，培训管理者需要探索和构建一个"永不下课、无处不在、随需即学、随学即用"的生态型成长系统。

知识星云构想

知识星云是企业的"智慧大脑"，"哪里不会学哪里"的应用方式可以让企业的知识和智慧"活"起来并保持生命力（见图9.12）。

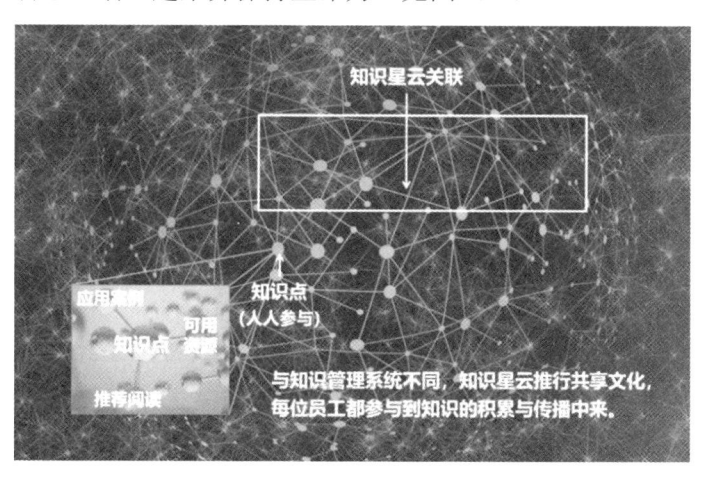

图9.12 知识星云：哪里不会学哪里

哪里不会学哪里

知识星云是一种基于互联网技术的知识分享与组织成长系统，通过将企业的知识分享与应用做到极致，让人们可以"哪里不会学哪里"，根据需要快速查询和学习信息并直接加以应用，从而更加从容地应对工作中遇到的问题和挑战。

知识星云不是课程的集合，而是知识点的充分呈现。每个知识点的信息都经过严格的筛选和聚焦。在信息爆炸的世界，清晰的见解将成为一种力量。知识星云中的每个知识点都包括 4 个部分的内容，分别是内容解释、应用案例、推荐阅读和可用资源。点击"知识点"，可以直接看到知识点的内容解释；点击"应用案例"，可以查询此知识点在企业中应用的相关案例，从而加深对知识点的掌握；点击"推荐阅读"，可以查看与知识点相关的文章，帮助人们建立与其他知识点之间的关联认知网络；点击"可用资源"，可以看到应用知识点的关联制度、流程或实战工具，直接实现对知识点的转化应用。

学习成长推送机制

知识星云在单独知识点呈现的基础上，还将结合企业的人才发展体系，以及工作岗位的重点工作任务和场景，自动向员工推送学习内容。系统在了解员工实际情况的基础上，找到他们能力边缘的知识点进行推送学习，并保证知识点与他们的工作密切相关且难度适中。在所有推送的知识点中，系统将优先推送使员工最容易产生成就感的"甜蜜知识点"；对于难度过大的知识点，系统将暂时"锁住"，待员工掌握"甜蜜知识点"后再自动开放，这样员工就会在持续的适度挑战中不断拓展自己的能力边界，点亮更广阔的知识星域，完成自我进化。

线上线下无边界成长

随着科技的发展，线上学习逐渐升温，甚至有人认为线上学习就是培训的未来。当然也有人持有不同的观点，认为线上学习取代不了线下培训，人们的学习需要面对面的深度交流和实战演练。互联网不是干巴巴的技术，而是一个更加人性化的生命空间，它增补了真实世界，让人们获取信息和交流变得更加高效，而非完全取代线下培训。

线上学习不是培训的未来，线下培训也不是，线上与线下相结合（O2O）的方式才是。这是一种进化，同时也是一种回归。O2O 才是培训本来的样子，学习从本质上说是不分线上学习和线下学习的，只不过因为科技水平的制约，过去只能采用线下学习的方式；线上学习就像线下学习"走失的另一半"，随着科技的发展，培训回归了原有的样子。知识星云正是一个 O2O 的生态体系，互联网的部分就像空气，能够让员工随时获取所需的信息；同时，要想让信息发挥实战作用，还需要结合营火（教室）、水源地（茶水间）、洞穴（办公室）和山顶（会议室）等工作空间，通过 OKR、训战结合和行动学习等方式，将获取的信息加以应用，这样才能将知识真正转化成"进化的养料"。

知识星云背后的共享文化

与知识管理系统不同，知识星云推行的是共享文化，每位员工都要参与到知识的积累与传播中来。知识星云需要大量的信息积累并不断更新完善，它背后依托的是强大的企业知识共享文化和运作机制。

知识星云是一个需要所有员工共同参与、共同受益的共享成长系统。《5 分钟商学院》作者刘润老师说过："商业模式，是利益相关者的交易结构。"劳动创造财富，交换激励创造。从商业模式的角度来看，知识星云系统持续运营的关键是优化利益相关者的交易结构。交易的天堑是信息不对称和信用不传递，搜索引擎解决了人与信息之间的不对称，即时通信解决了人与人之间的信息不对称；信用不传递是因为离我们越远的人，我们越不信任。越来越高效的连接能够使信息不对称和信用不传递这两个问题得到更高效的解决。企业知识共享文化和运作机制就是知识星云这个企业"智慧大脑"神经元的连接方式。

智能组织的出现是数字化时代经营模式创新的必然结果，通过将组织的信息和管理实现线上化，充分解放人的能动性，让每个人都能实现自我驱动，从而激发出无限的创造能力，进而发展出一种高质量、可进化的组织形态。这种组织模式有两个关键点：智能和能力。对企业来说，智能代表更高阶的生产力，能力是支撑智能的生产关系。构建知识星云系统需要重构组织逻辑结构，从传统科层的金字塔架构转变为开放互联的智慧生态架构，从知识推送转变为自由连接，打破垂直型组织架构，建立供给侧自组织的自由联动模式。目前已经有企业在进行这个方向的组织结构变革，如字节跳动未来型组织的典型特征就是"网状结构+信息透明+员工自驱"。

生态体系需要充分地激活个体，实现需求端和供给端的双向联动。从需求端来看，激活个体可以充分激发用户需求，稳固生态体系"以人为本"的核心运营主旨；从供给端来看，激活个体意味着协同化、专业化，即人人都是能响应"炮火"的专家（见图 9.13）。

需求端和供给端是双向联动和彼此促进的关系。随着企业和学员的成长需求不断增加，

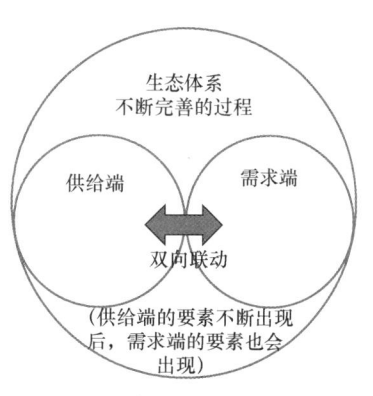

图 9.13　生态体系的供需双向联动

供给端会出现越来越多的解决方案和产品；随着供给端的要素不断出现，需求端也会出现新的要素，并且两端的要素质量会随着双向联动变得越来越高，从而实现生态体系的进化。在双向联动的过程中，生态体系同时会对整个过程进行复盘和梳理，不断优化联动的动作和效果，进而完成组织能力的成长和进化。

知识星云正是通过生态体系的供需双向联动，实现整体的持续运营和进化。随着企业和学员需求的不断增加，企业培训的供给端在不断优化，逐步出现产品标准化的品牌课程、学习和服务体验标准化的专业培训班级运营，以及拓展学习时空的在线学习平台（见图9.14）。

生态体系
- 快速萃取知识的技术（生产周期标准化）
- AI技术的创新与应用（获取技术标准化）
- 知识点的营销（品牌的传播）

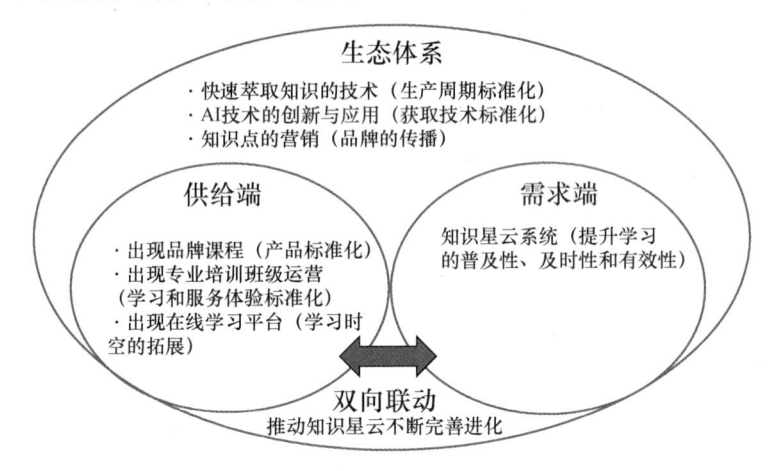

供给端
- 出现品牌课程（产品标准化）
- 出现专业培训班级运营（学习和服务体验标准化）
- 出现在线学习平台（学习时空的拓展）

需求端
知识星云系统（提升学习的普及性、及时性和有效性）

双向联动
推动知识星云不断完善进化

图9.14　知识星云的供需双向联动

供给端这些要素的出现，又会促使企业和学员对培训需求提出更高的要求。例如，提升培训的普及性，使其能够覆盖更广泛的岗位范围；提升学习的及时性和有效性，能够实现"随需即查、随查即用"等。正是这样的需求升级推动了知识星云系统的出现。同时，知识星云系统也将在供需双向联动中不断完善，形成一系列标准化的运作流程和规范动作。例如，发展快速萃取知识的技术，实现知识生产周期的标准化；发展AI技术的创新与应用，实现学员获取知识的技术标准化；完善知识点的营销推广方案，持续扩大知识星云的品牌传播力，吸引越来越多的伙伴参与到知识星云的共建中来，实现知识星云和组织的持续进化。

流量改变存量，存量改变世界。虽然流量是必要的，但只有被转化为存量的流量才是最有价值的。知识星云正是通过增加企业知识的流动、沉淀和应用来创造价值的，同时让学习的过程变得开放、互动、不断重复和具有成长性。知识星云持续运营的关键不是静态的"建构"，而是创造动态的"潮流"，实现

"动态平衡"。从物理学的角度来看,动态平衡是从微观看功率(或能量)的输入输出在频繁地进行,由于总体保持平衡,因此看上去好像没有发生任何变化。但对生态系统来说,波动和变化是建立秩序的过程中必不可少的。潮流虽然看起来是静止不动的,但波动总是处于运动之中。一个又一个潮流连续起来就形成了波动。

组织需要塑造知识场域,让知识流行起来。通过激发员工的自行为,促进知识星云系统的成长和新陈代谢。新陈代谢是生命之火,是生命的燃料,只有保持对知识的不断优化更新,才能持续吸引人们的参与和应用。现代管理学之父彼得·德鲁克说过:"管理的本质,是激发善意。"而善意来自"上下同欲",打造"上下同欲"的组织要关注两个要点:第一,尽可能让人们获得更多的收益;第二,承认人性的自私,用正确的机制让"自私"而不是"集体主义精神"成为大家共同获益的原动力。同时,在知识星云系统中设置缓冲器管理波动,当系统不够活跃时,用"缺乏型波动"缓冲器来提升系统的活跃度;当系统过度活跃时(需要沉淀和复盘),用"过剩型波动"缓冲器来稳定系统的活动频率。

数字化时代的最重要价值不是通过大数据来预测未来,而是解放个体,并保持持续进化的能力。知识星云系统是秩序和弹性的结合,秩序本身也并非机械的排列,而是富有灵活性和弹性的。连接是进化的动力,衡量连接效率的终极指标是网络密度。知识星云的终极形态是实现信息的完全对称和价值的高效传递,把企业共享的网络密度从 0 发展为 100%,从而充分激发组织自驱动,使群体共治成为可能,实现"大共享平台+敏捷应用前端+富生态+共治理"的生态体系。届时培训的定倍率[(生产成本+交易成本)/生产成本]将无限接近 1,而交易成本将无限接近 0,培训的最终归宿也许正是不再需要培训。

《失控》一书指出,只有分布式网络在工程技术层面得以实现,基于生物逻辑的分布式、去中心、自组织的新进化论才能产生类似摩尔定律那样的指数级影响力。也许知识星云的终极形态可以不断接近,却永远无法达到,它注定是培训管理领域的乌托邦,但是这并不影响它对培训管理者产生的重要价值。未来已来,只是还未全面展开,站在未来回头看,曾经的断层可能只是一个缓坡,重要的是一旦我们走上这条路,无限的可能性就向我们展开了。从受限成长到奇点临近,从创新创造到奇点循环,生命的简单性、一致性和复杂性是那么迷人。作为"以人为本"的培训管理者,我们将如何一天一天地逼近这个培训管理的乌托邦呢?

(本书对知识星云的构想受到很多智者的启发,特别感谢润米咨询的刘润老师,《失控》的作者凯文·凯利,《平台型组织》作者刘绍荣、夏宁敏、唐欢、尹玉蓉等。)

小 结

1. 构建学习型组织是指建场域、赋能和强健企业生命体。

2. 学习型组织场域模型将传统培训的结束点和开始点进行重新定义和打通，形成良性的闭环循环；同时提高学习系统运转的频率，形成螺旋式上升的学习型组织场域。

3. 组织生态系统分为 4 层形态：学习型组织、赋能型组织、平台型组织和生态型组织。

4. 学习型组织以组织学习为导向，创新和深化学习方式，塑造组织学习环境。按照不同的沟通模式，可以将企业工作空间重塑为多种学习空间的集合，包括营火（教室）、水源地（茶水间）、洞穴（办公室）、山顶（会议室）和空气（互联网）。

5. 赋能型组织将组织的学习力转化为实战能力，将组织的思考力转化为行动力。训战结合和 OKR 都是提升组织实战能力和行动力的有效实践方式。

6. 平台型组织将组织结构去中心化，建立知识共享运作机制。双元系统组织结构在传统层级组织结构的基础上增加了网络组织结构，增强了组织的灵活性、敏捷性和创新性。知识共享运作机制以企业和员工的需求为核心，动态地连接创新个体，打造"人人为师，人人受益"的赋能型平台组织。

7. 生态型组织可以激活个体，构建生命智能系统，提升组织的应变进化能力。组织是完整的系统，组织中的人具有自组织能力，创造开放和具有催化性的组织环境，可以让组织实现协作式探寻，打造企业和员工的共赢生态圈。

8. 知识星云是企业的"智慧大脑"，是一个"永不下课、无处不在、随需即学、随学即用"的生态型成长系统。它的终极形态是实现信息的完全对称和价值的高效传递，把企业共享的网络密度从 0 发展为 100%，从而充分激发组织自驱动，使群体共治成为可能，实现"大共享平台+敏捷应用前端+富生态+共治理"的生态体系。

后 记

万物皆备于我，我为万物所用

本书是我对自己 17 年培训管理工作的总结，希望能够给大家提供一些帮助。本书分别回答了 9 个问题。

1. 培训是在做什么？核心是什么？

培训是激活个体，有效解决企业遇到的问题和挑战。它的核心是有用。

2. 培训体系是什么？

培训体系是培训部门支持业务的思路。

3. 培训计划是什么？

培训计划是落地执行的"作战图"。

4. 与业务部门合作的本质是什么？

与业务部门合作的本质是建立协同作战的伙伴关系。

5. 人才发展体系是在做什么？

人才发展体系是为企业打造人才供应链，建立一个能使真正优秀的人才成长、向上发展，并且不断生长的系统。

6. 课程设计与开发是在做什么？

立项是做正确的事情，课程设计与开发是把事情做正确。

7. 激励内训师是在做什么？

激励内训师就是在激励事业合伙人。

8. 培训总结是在做什么？

培训总结是在做复盘，探索如何更好地支持企业战略和运营工作。

9. 构建学习型组织是在做什么？

构建学习型组织是在建场域、赋能和强健企业生命体。

在每个问题的背后，我都尝试从本质出发，帮助大家分析工作中实际遇到的难题，并给出实际可操作的工具。因此，本书与单纯的工具书相比更"烧脑"，与单纯的理论书相比更"接地气"。那么大家如何将本书的知识为己所用呢？

学的心境：万物皆备于我

在学习过程中，人们需要输入大量的知识和信息，以便后期进行有效的整合和转化。"万物皆备于我"的心境是指每个人周边的事物（包括遇到的人、事和物）都是有价值的，它们的存在（或发生）都有利于人们成为更好的自己，因此人们应该更加主动地探索它们的意义，抓住身边的每个成长价值点。例如，当你读到书中的某个部分，心中出现了类似于"这部分内容对我真是太有启发了""这个工具我可以试着用一下""这个点让我想到了之前发生的一件事""我可以在这个基础上再创新一下"的声音时，本书就成了你成就自己的"养料"，而此刻的你正处于"万物皆备于我"的心境。我和本书都非常希望成为你成长的工具。

做的心境：我为万物所用

一个人的价值要通过输出来体现，即为这个世界和他人创造价值。与"万物皆备于我"的主动性和掌控感相比，"我为万物所用"的心境多了一些看似"被动"的主动。乍一看，"我为万物所用"是被动地输出，但其实是主动地探寻输出的机会。培训是一个需要"爱"的事业，人们需要通过成就他人来实现培训的价值。

对于本书，你可以进行系统的学习和应用，尝试打造完整的企业培训体系；也可以选择其中的某个模块或工具进行实践；还可以根据自己的工作需要随时查询使用。无论哪种应用方式都是很有价值的，关键是要把书中的知识"用起来"。本书中关于知识星云的构想还不够完善，但预测未来的最好方法是参与创造，将想法转化成行动，将行动转化成结果。知识星云正是在"学"和"做"的反复交替中成形的，而在这个过程中受益最多的正是我自己。"在学中做，在做中学"不仅是行动学习的精髓，也是高效成长的关键，它会让你的创意升华，想法落地。本书不是终点，而是我们共同成长关系的开始。在应用的过程中，如果你遇到任何问题或有任何更好的解决方案，欢迎在订阅号"匠心宇航"下留言。

对培训管理世界的探索是没有尽头的,作为这个世界的开拓者,我们既要躬身入局,又要抽身远望。在探索的过程中,我们将经历"见山是山,见水是水;见山不是山,见水不是水;见山还是山,见水还是水"的奇妙旅程,从懵然不知到幡然醒悟,从了然于胸到返璞归真,我们将为这个世界做出自己的贡献,并最终成就我们自己。未来要靠所有人共同书写,一起来吧!

致　　谢

知行合一。本书源于一个长期困扰我的问题——培训如何可以更有用。我在努力探索，也在持续和人们分享我对培训的看法，包括我所服务的企业客户、参加公开课和沙龙的学员、一对一咨询的培训从业者，以及观看线上课程和直播的学员等，本书就是来自这些实践和分享。正是在各种情境中的分享和复盘总结，帮助我不断对培训管理的认知和方法进行扩展、精简、凝练和完善。

在探索过程中，我努力以尽量简洁、清晰和准确的方式阐释培训管理的关键动作。期间面临的挑战不是寸草不生的荒原，而是广袤丛生的茂密雨林。有很多培训前辈的观点和经验都值得关注，每一个观点、方法和案例都是来自宝贵的实践总结。我需要对它们进行梳理和重新整合，并找到其中的核心本质，从而形成鲜明且系统的认知体系，同时能够保证对实战起到指导作用。

在我电脑中关于《重塑培训管理》图书出版文件夹中的历史文件显示：本书的初稿构思开始于大约 5 年前。为保证读者的阅读和实践效果，我在成稿后又将正文内容从 357 页缩减到 222 页，最终有了大家眼前的这本书。我衷心地希望它能够真正对大家有用。

本书能够问世离不开贵人的帮助。我要感谢我的家人和朋友，特别是我的妻子王晓璐、电子工业出版社经管分社总编辑晋晶、策划编辑吴亚芬，感谢她们对本书的信心。她们不仅为我的写作提供了诸多帮助，也为作品的书名、结构、内容和其他相关事宜提供了大量宝贵的建议。同时，感谢李家强老师，他是我成为职业培训师后结识的第一位前辈大咖，我们相识于 2016 年《培训》杂志的颁奖典礼上，这次邀请到他为我的第一本书作序，通过探讨使本书的立意更加清晰。对我来说，这一切都非常圆满。

最后，感谢你选择了本书，感谢你的阅读。

感谢缘分让你我相遇。

参考文献

[1] 埃里克·G. 弗拉姆豪兹，伊冯娜·兰德尔．成长之痛[M]．葛斐，译．北京：中信出版社，2017.

[2] 拉姆·查兰．领导梯队:全面打造领导力驱动型公司[M]．徐中，林嵩，雷静，译．北京：机械工业出版社，2011.

[3] 史蒂夫·斯温克．游戏感：游戏操控感和体验设计指南[M]．腾讯游戏，译．北京：电子工业出版社，2020.

[4] 斯蒂芬·德罗特．业绩梯队：让各层级领导者做出正确的业绩[M]．孙贺影，刘景梅，欧阳凌翔，译．北京：机械工业出版社，2012.

[5] 拉姆·查兰．高管路径：轮岗培养领导人才[M]．徐中，译．北京：机械工业出版社，2011.

[6] 李常仓，赵实．人才盘点：创建人才驱动型组织（第 2 版）[M]．北京：机械工业出版社，2018.

[7] 伊莱恩·碧柯．培训就是答案：中国学习与发展实操手册[M]．顾立民，译．北京：电子工业出版社，2020.

[8] 阿尔弗雷·德诺思·怀特海．教育的本质[M]．刘玥，译．北京：北京航空航天大学出版社，2019.

[9] 卡尔霍恩·威克．将培训转化为商业结果：学习发展项目的 6D 法则（第 2 版）[M]．周涛，宋亚南，译．北京：电子工业出版社，2013.

[10] 易虹，朱文浩．从培训管理到绩效改进[M]．北京：机械工业出版社，2013.

[11] 比尔·康纳狄，拉姆·查兰．人才管理大师：卓越领导者先培养人再考虑业绩[M]．刘勇军，朱洁，译．北京：机械工业出版社，2016.

[12] 丁晖，顾立民．管理的逻辑：高绩效组织的改进语言[M]．北京：电子工业出版社，2017.

[13] 芭芭拉·明托．金字塔原理[M]．汪洱，高愉，译．海口：南海出版公司，2019.

[14] 名和高司．麦肯锡&波士顿解决问题方法和创造价值技巧[M]．田中景，译．杭州：浙江人民出版社，2020.

[15] 刘绍荣．平台型组织：数字化时代传统企业面向平台型组织变革的系统框架[M]．北

京：中信出版社，2019．

[16] 凯文·凯利．失控：全人类的最终命运和结局[M]．张行舟，陈新武，王钦，译．北京：电子工业出版社，2018．

[17] 奥托·夏莫．U 型理论：感知正在生成的未来[M]．邱昭良，王庆娟，陈秋佳，译．杭州：浙江人民出版社，2013．

[18] 奥托·夏莫，凯特琳·考费尔．U 型变革：从自我到生态的系统革命[M]．陈秋佳，译．杭州：浙江人民出版社，2014．

[19] 亨利·明茨伯格．管理工作的本质[M]．方海萍，等译．杭州：浙江人民出版社，2017．

[20] 刘润．商业简史[M]．北京：中信出版社，2020．

[21] 刘润．商业洞察力[M]．北京：中信出版社，2020．

[22] 拉姆·查兰，诺埃尔·蒂奇．良性增长：盈利性增长的底层逻辑[M]．邹怡，译．北京：机械工业出版社，2019．

[23] 琼·玛格丽塔，南·斯通．管理是什么：人人都要读的管理启蒙[M]．慈玉鹏，译．北京：机械工业出版社，2020．

[24] 乔尔·布罗克纳．过程决定成败[M]．王培译．杭州：浙江人民出版社，2019．

[25] 大卫·梅斯特．专业服务公司的管理[M]．吴卫军，郭蓉，译．北京：机械工业出版社，2018．

[26] 彼得·布洛克．完美咨询：咨询顾问的圣经（原书第 3 版）[M]．黄晓亮，译．北京：机械工业出版社，2013．

[27] 彼得·布洛克．完美咨询指导手册[M]．邹怡，等，译．北京：机械工业出版社，2016．

[28] 拉姆·查兰．客户说：如何真正为客户创造价值[M]．杨懿梅，萧峰，译．北京：机械工业出版社，2016．

[29] 斯科特·麦克凯恩．用户真正需要什么？[M]．王绍祥，译．北京：中信出版社，2020．

[30] 邱昭良．复盘+：把经验转化为能力[M]．北京：机械工业出版社，2018．

[31] 富田和成．高效 PDCA 工作术[M]．王延庆，译．长沙：湖南文艺出版社，2018．

[32] 约翰·杜尔．这就是 OKR[M]．曹仰锋，王永贵，译．北京：中信出版社，2018．

[33] 迈克尔·J. 马奎特．学习型组织的顶层设计[M]．顾增旺，周蓓华，译．北京：机械工业出版社，2015．

[34] 戴维·德雷克，黛安娜·布伦南，金·戈尔茨．教练式管理：心理资本时代，企业适应和创造未来的智慧[M]．黄学焦，王之波，等，译．北京：北京大学出版社，2013．

[35] 达夫·尤里奇，史蒂夫·克尔，罗恩·阿什肯纳斯．通用电气案例：群策群力的企业文

化[M]．柏满迎，牟未丹，史鹏，译．北京：中国财政经济出版社，2005．

[36] 帕拉布·耐度，赖美云．SPOT 团队引导点燃群体管理的智慧[M]．唐长军，郝君帅，张庆文，译．南京：江苏人民出版社，2013．

[37] 麦克·克罗格鲁斯．史上最简单的问题解决手册：高效能人士做决定的 51 个思考模型[M]．胡玮珊，于淼，译．北京：中国青年出版社，2013．

[38] 古斯塔夫·勒庞．乌合之众：大众心理研究[M]．冯克利，译．北京：中央编译出版社，2004．

[39] 朱迪·奥尼尔，维多利亚·J.马席克．破解行动学习[M]．唐长军，郝君帅，曹慧青，译．南京：江苏人民出版社，2013．

[40] 庞涛．华为训战[M]．北京：机械工业出版社，2021．

[41] R.M.加涅，W.W.韦杰，K.C.戈勒斯，J.M.凯勒．教学设计原理（第五版）[M]．王小明，庞维国，等，译．上海：华东师范大学出版社，2018．

[42] 戴维·珀金斯．为未知而教，为未来而学[M]．杨彦捷，译．杭州：浙江人民出版社，2015．

[43] 彼得·圣吉．第五项修炼：知行学校[M]．李晨晔，译．北京：中信出版社，2018．

[44] 约翰·P.科特．领导变革[M]．徐中，译．北京：机械工业出版社，2014．

[45] 张磊．价值：我对投资的思考[M]．杭州：浙江教育出版社，2020．

[46] 托马斯·皮凯蒂．21 世纪资本论[M]．巴曙松，陈剑，等，译．北京：中信出版社，2014．

[47] 艾·里斯，杰克·特劳特．定位：争夺用户心智的战争[M]．邓德隆，火华强，译．北京：机械工业出版社，2021．

[48] 杰克·特劳特．重新定位[M]．邓德隆，火华强，译．北京：机械工业出版社，2017．

[49] 杰克·特劳特，史蒂夫·里夫金．新定位[M]．邓德隆，火华强，译．北京：机械工业出版社，2019．

[50] 唐·舒尔茨，等．重塑消费者—品牌关系[M]．沈虹，郭嘉，等，译．北京：机械工业出版社，2015．

[51] 埃德加·沙因，彼得·沙因．组织文化与领导力[M]．陈劲，贾筱，译．北京：中国人民大学出版社，2020．

[52] L.大卫·马凯特．授权：如何激发全员领导力[M]．袁品涵，译．北京：中信出版社，2019．

[53] 詹姆斯·卡斯．有限与无限的游戏：一个哲学家眼中的竞技世界[M]．马小悟，余倩，译．北京：电子工业出版社，2019．

[54] 德内拉·梅多斯．系统之美[M]．邱昭良，译．杭州：浙江人民出版社，2012．

[55] 彼得·圣吉．第五项修炼：学习型组织的艺术与实践[M]．张成林，译．北京：中信出

版社，2009.

[56] 丹尼尔·戈尔曼. 情商：为什么情商比智商更重要[M]. 杨春晓，译. 北京：中信出版社，2018.

[57] 丹尼尔·戈尔曼. 思考，快与慢[M]. 胡晓姣，李爱民，等，译. 北京：中信出版社，2012.

[58] 刘慈欣. 三体[M]. 重庆：重庆出版社，2010.